베르그손, 생성으로 생명을 사유하기

〰️ M 카이로스총서33

베르그손, 생성으로 생명을 사유하기
Bergson, Thinking of Life from Becoming

지은이 황수영

펴낸이 조정환
책임운영 신은주
편집부 김정연
디자인 조문영
홍보 김하은
프리뷰 김새롬

펴낸곳 도서출판 갈무리 등록일 1994. 3. 3. 등록번호 제17-0161호
초판 1쇄 2014년 10월 20일
2판 1쇄 2019년 11월 20일

종이 화인페이퍼 인쇄 예원프린팅 라미네이팅 금성산업 제본 경문제책

주소 서울 마포구 동교로 18길 9-13 [서교동 464-56] 2층
전화 02-325-1485 팩스 02-325-1407
website http://galmuri.co.kr e-mail galmuri94@gmail.com

ISBN 978-89-6195-085-5 04300 / 978-89-86114-63-8(세트)
도서분류 1. 철학 2. 서양철학 3. 자연과학 4. 생명과학 5. 인문학 6. 의학 7. 심리학

값 20,000원

이 저술은 2014년 서울대학교 철학사상연구소의 지원을 받아 수행된 연구입니다.

이 도서의 국립중앙도서관 출판예정도서목록(CIP)은 서지정보유통지원시스템 홈페이지(http://seoji.nl.go.kr)와 국가
자료공동목록시스템(http://www.nl.go.kr/kolisnet)에서 이용하실 수 있습니다. (CIP제어번호 : CIP2014029233)

베르그손
생성으로 생명을 사유하기

Bergson, Thinking of Life from Becoming

깡길렘, 시몽동, 들뢰즈와의 대화

황수영 지음

일러두기

1. 첨자로 표기된 외국어 단어는 대부분 불어인데, 명사의 경우 관사는 성별에 따라 의미가 달라지는 경우에만 붙였다. 영어의 경우 불어와 유사하면서도 다른 뜻을 가진 경우가 있어서 이런 경우에는 (영)이라는 말을 첨가했다. 독일어나 그리스어처럼 단어 자체만으로 국적을 알 수 있는 경우는 이 표시를 하지 않았다.

2. 자주 등장하는 원전은 약어나 연도로서 본문 내에 표시했다. 자세한 내용은 약어표를 참조하라.

3. 이외의 참고문헌 인용은 각주로 처리하였으나 연구서의 경우에도 자주 등장하는 것은 다음과 같은 형식으로 본문 내에 표시한 경우가 있다(예:Jankélévitch, 1931:168).

4. 인명, 도서명 등은 필요한 경우 한 번만 원어를 병기하였고, 원어는 모두 찾아보기에 수록했다.

차례

베르그손,
생성으로 생명을
사유하기

약어표 8
들어가며 10

베르그손,
생성으로 생명을
사유하기

비샤의 경우는 특별히 이름과 출판연도로 표시했다. 약어 옆에 표시된 숫자는 번역서의 쪽수가 아니라 원전의 쪽수임에 주의하기 바란다. 예외적으로 들뢰즈의 『차이와 반복』의 경우에는 원전과 번역서의 쪽수를 나란히 표기하였다.

앙리 베르그손
『창조적 진화』(EC)
『의식에 직접 주어진 것들에 관한 시론』(E)
『물질과 기억』(MM)
『도덕과 종교의 두 원천』(MR)
『사유와 운동자』(PM)
『정신적 에너지』(ES)
『잡문집』(Mél.)

마리 프랑수아 자비에르 비샤
『삶과 죽음에 대한 생리학적 탐구』(Bichat, 1800 : 12)
『의학과 생리학에 적용된 일반해부학』(Bichat, 1801 : 12)

조르주 깡길렘
『정상적인 것과 병리적인 것』(NP)
『생명의 인식』(CV)
「개념과 생명」('CV')

질베르 시몽동
『형태와 정보에 비추어 본 개체화』(IFI)
『기술적 대상의 존재양상에 관하여』(MT)

질 들뢰즈
『베르그손주의』(B)
『차이와 반복』(DR)
『천개의 고원』(MP)
「베르그손에 있어서 차이의 개념규정」(CD)

앙리 베르그손
(Henri-Louis Bergson, 1859~1941)

질 들뢰즈
(Gilles Deleuze, 1925~1995)

조르주 깡길렘
(Georges Canguilhem, 1904~1995)

질베르 시몽동
(Gilbert Simondon, 1924~1989)

근대 이후 생명이 철학적 사유의 진지한 대상이 된 적이 있는가를 묻는다면, 아주 한정된 시기 외에는 거의 그렇지 못했다고 대답해야 한다. 데까르뜨는 방법적 정확성에 대한 추구를 통해 세계를 의식과 기계로 양분하였다. 생명은 기계의 일부로 다루어지고 그 범주적 고유성을 잃게 된다. 이것은 생명 개념의 역사에서는 상당히 의미심장한 사건이다. 왜냐하면 이 사고방식은 수리물리학을 모범으로 하는 자연과학의 전형을 확립하고 이에 직간접적으로 생명과학을 종속시키는 근대적 패러다임을 형성하면서 생명 개념 자체의 독립성을 박탈하기 때문이다. 이때부터 생명에 대한 연구는 생명현상을 적극적으로 물질현상과 동일시하거나(하비의 심장의 혈액순환 연구) 아니면 소극적이기는 하나 이런 태도에 맞서는 저항(생기론)으로 이루어지게 된다. 그러나 18세기 후반부터 19세기 전반까지의 길지 않은 기간에 일정한 성과를 낳은 생기론은 베르나르의 실험생리학의 출현과 더불어 사라지는 운명을 맞는다. 결과적으로 환원주의자인 자콥은 "생물학자들의 실험실에서는 더 이상 생명을 탐구하지 않는다"라고 말함으로써 역설적으로 생명과학이 놓치는 명백한 지점을 암시하기도 했다.[1]

철학은 생명에 대한 경시라는 측면에서 정확히 근대과학의 개화와 같은 경로를 밟는다. 이것은 근대철학의 과학의존성으로부터 직접 유래한 결과이다. 물론 근대철학의 다른 축을 수놓은 관념론적 반발을 생각할 경우 철학이 정신성의 풍부한 영역을 열어놓은 것도 사실이다. 그런데 이러한 정신성의 영역은 이미 데까르뜨의 이원론 안에 내포되어 있었다. 거기서 정신은 기본적으로 지적 활동의 토대를 이루며 자연과학적 진리에 대한 인식론적 반성의 성격을 띤다. 사유[pensée]는 의식에 직접 드러나는 것 속에서 감각, 상상, 의지를 포함하지만 가장 명석판명한 진리에 도달할 수 있는 능력은 역시 지성이다. 왜일까? 감각은 외래관념이고 상상은 조작적 관념으로 이것들은 모두 신체를 관통하기 때문이다. 감각에서 생겨나는 오류는 지성의 본유관념에 의해 교정된다.[2] 물 속에 막대기를 넣으면 수면에서 꺾이는 것으로 보이지만 이러한 눈의 착각을 지성은 언제나 바로잡아 줄 태세가 되어 있다. 갈릴레오의 제1성질들 그리고 데까르뜨에게서 물질적 사물의 실체에 해당하는 연장적 성질들은 지성의 본유관념으로서 이미 그것들만으로 물질세계를 완벽하게 구성할 수 있는 기초가 마련된 것이다. 즉 의식은 합리적인 한에서 이미 수학적 진리를 모범으로 하고 있으며 여기에 의식과 물질의 일종의 동형성의 구조가 전제되어 있다.[3] 이 물질-정신 동형구조의 합리적 세계에서 신체는 정신은커녕 물질만큼의 합리성도 갖고 있지 못하다. 감각된 것, 상상된 것, 체험된 것은 무언가 애매함을 나타내고 있다.[4] 정신이 지성을 모범으로 작동하는 한 생명에 대한 올바른 평가를 내리기 어렵다.

생명에 대한 이러한 극단적인 인식태도는 서양 근대철학의 두드러진 특징이기는 하나 역사를 거슬러 올라갈 경우, 혹은 당장 우리

르네 데까르뜨 (René Descartes, 1596~1650)

동아시아의 전통적 사유방식을 볼 때 그다지 자명한 것은 아니다. 비록 데까르뜨 철학의 출발점인 코기토와 같은 집중된 지적 활동에서는 생명현상이 애매한 것으로 보일지 몰라도 일상적 삶에서 생명은 물질적 대상보다 더 우리에게 가깝고 친근한 것으로 나타난다. 우리는 고립된 존재가 아니라 언제나 다른 생명체들과 더불어 공동체를 이루고 살아간다. 그렇기 때문에 함께 느낌sympathie이라는 정서는 인간과 동물의 감정 중에서 가장 원초적인 것 중 하나이다. 사실 대부분의 원시사회가 정령주의animisme적 사고방식으로 무장한 것은 이런 사실의 반영이라고 하겠다. 그렇다면 생명은 이와 같은 통속적인 삶의 양식 차원에 머무는 현상일까. 그렇지 않다. 서양의 철학적 사유의 새벽을 알리는 고대 그리스에서도 프시케psyche(영혼), 비오스bios(생명), 프뉴마pneuma(숨) 등 생명을 지시하는 여러 단어들은 중요한 의미를 갖는다. 플라톤의 이데아론에서 생명현상은 이데아의 기능적이고 목적적 특성을 설명하기 위해 중요한 모범의 구실을 한다. 아리스토텔레스의 철학에서 영혼론은 그의 생명론이라고 바꿔 불러도 무방할 정도로 생명현상의 연구를 기반으로 하고 있다. 사실 그리스어에서는 영혼psyche이라는 말 자체가 생명이라는 말과 그렇게 다른 외연을 가지고 있지 않다. 베르그손은 넓게 보아 그리스적 형상주의가 생명현상을 본으로 하고 있다고 주장한다.

근대과학의 성과에 고무된 철학적 진영의 일부에서는 이와 같은 사고방식을 일괄적으로 '목적론적'이라 특징짓고, 생명현상에 대해서조차 이른바 '인과론적' 세계관으로 대체하자는 제안을 한다. 그러나 이것은 단순명료한 만큼 너무 손쉬운 일이어서 의심스럽기까지 하다. 오늘날 이런 환원주의적 태도 역시 많은 논란의 대상이며 좀 더 유연하고 포괄적인 관점이 요구되고 있다. 이 시점에서 철학은 생명에 대한 사유를 단지 물리화학의 일부로 취급되는 한에서의 생물학에 맡겨놓을 것이 아니라, 이를 적극적으로 심화하고 확대해야 한다는 생각이 새로이 대두하는 것도 당연하다. 이미 베르그손을 비롯한 몇몇 생명철학자들이 이런 생각을 제시하였고 깡길렘도 이 정신을 따라 독창적인 생명철학을 전개하였다. 근대적 과학주의의 압박을 뒤로 하고 생명에 대한 철학적 고찰을 시도하는 것은 용기를 필요로 하는 일임에 틀림없다. 베르그손의 경우 매우 일찍이 생명에 대한 거대서사를 썼다. 『창조적 진화』는 베르그손의 형이상학이 집약된 그의 대표작이다. 이 책은 베르그손의 독창적 개념인 지속에 기반을 두고 거기서 유래하는 생성과 창조의 형이상학으로부터 새로운 방식으로 생명에 접근하고 있다. 이 관점에서 볼 때 형상론이나 환원주의적 관점은 생명을 이해하는 적절한 태도가 아니다. 생성의 관점에서 개체의 삶과 진화현상을 바라볼 경우 전혀 다른 세계가 펼쳐진다. 베르그손의 생성철학은 법칙에 대한 사건의 우위, 필연성에 대한 우발성의 우위, 영원성에 대한 역사와 시간의 우위에서 생명과 세계를 바라보는 관점이다. 그런데 우발성과 사건을 강조한다고 해서 생성철학이 필연적으로 반과학주의여야 할까. 베르그손의 새로운 철학은 무엇보다도 시인들에게 영감을 준 것이 사실이지만 동시에 당대 과학과의 대결을 통해서 이루어진 작품이라는 것도 잊어서는 안 될 것이다. 그간의 베르그손 해석은 후자를 무시한 경향이 있으나 한 세기가 지난 후 이 작품은 오히려 생물학을 비롯한 자연과학의 발달에 힘입어 재조명되는 경향이 나타난다.

베르그손의 철학을 생성철학이든, 생명철학이든, 각자가 원하는 대로 부를 수 있을 것이다. 사실 베르그손 철학을 규정하는 이 두 가지 이름은 그의 철학이 형성되는 과정에서 서로가 서로를 참조하고 있다. 생명철학은 생성철학을 전제로 하며 생성철학은 생명현상, 특히 생명현상의 일부를 이루는 의식현상에 모범을 두고 있다. 양자 간의 우선순위를 말하기 어려울 정도로 상호 순환적인 관계를 맺고 있는 것이다. 이런 이유로 베르그손 이후에 그의 사유를 이어받은 철학자들은 각각 어느 한 측면을 부각시키면서 자신의 독창적인 이론을 세우고 베르그손에게 불명료하게 남아 있는 부분을 현대적으로 보완하는 것을 볼 수 있다. 그 가운데서 깡길렘은 의학에서 시작하여 생명의 구체적인 문제들을 철학적으로 구명하는 작업을 하고 시몽동은 물리학이 보여 주는 물질의 생성 과정을 연구하면서 그것과 생명현상의 관계를 보여 주려 하고 들뢰즈는 이 모든 배경 위에서 생성 자체에 대한 철학적 고찰에 돌입한다.

물론 이런 구도는 세 철학자를 베르그손 철학과의 관계에서 볼 때 그릴 수 있는 구도이다. 각 철학자를 그가 처한 시대적 배경이 요구하는 문제로부터 접근한다면 얼마든지 다른 그림이 그려질 수도 있을 것이다. 우리의 목적은 베르그손이 20세기 초반 프랑스 사상에 던져 놓은 씨앗이 흩어져 결실을 맺는 과정 혹은 이 결실을 통해 새로운 씨앗을 뿌리는 과정을 보여 주는 것이다. 깡길렘과 시몽동, 들뢰즈는 베르그손주의가 제시한 가능성들을 탐색하고 발전시키는 과정에서 스승 못지않게 때로는 스승을 능가하는 탁월한 추론과 상상력을 보여 준다. 그들이 공들여 다듬은 개념들의 구조물을 넘어가 보면 매혹적인 세계가 눈앞에 펼쳐지리라는 것을 믿어의심치 않는다.

이 책은 필자가 수년 동안 철학 잡지들에 게재한 연구를 일부 수정하고 경우에 따라서는 대폭 보완하여 생명철학과 생성철학이라는 두 키워드로 엮은 것이다. 각 부분이 독립적으로 쓰인 것이어서 핵심적 내용이 되풀이되는 경우도 더러 있지만, 논의하는 맥락이 다르기 때문에 반복이 불가피한 점이 있다. 이 점에 대해 독자의 양해를 구한다.

이 책의 1부는 베르그손의 생명철학에 진화론과 형이상학이라는 두 관점에서 분석적으로 접근하고 있으며, 2부는 유기체와 인간에게 있어서 정상성과 가치의 문제를 고민한 깡길렘과 베르그손의 입장을 비교하고 있고, 3부는 개체의 생성을 다루는 시몽동과 차이철학의 관점에서 생성을 이해하는 들뢰즈를 베르그손의 관점과 각각 비교하고 있다. 우리는 이들의 사유가 베르그손으로부터 나온 가지들을 매개로 서로 접속하면서 새로움을 창출하는 과정을 따라가 보고자 한다.

1부

베르그손,
『창조적 진화』의 생명철학

1부에서 우리는 진화론과 형이상학이라는 두 관점에서 베르그손의 생명철학에 분석적으로 접근하고자 한다. 1장의 내용은 베르그손의 『창조적 진화』에서 진화론과 관련된 논의를 현대적인 논의들과 비교, 분석하고 그 의미를 이끌어내려는 시도이다. 잘 알려진 것처럼 『창조적 진화』는 당시까지의 진화 이론들에 대해 숙고하였고, 생성철학의 입장에서 일종의 종합을 시도하였다. 이 작업은 일반적으로 알려진 것과는 달리 당대의 생물학자들에게 직간접적으로 영향을 주었고, 지금도 여전히 살아 있는 문제를 제기하고 있다. 그간 생물학의 여러 영역에서 일어난 발전은 눈부신 것이었고 따라서 베르그손의 작업을 오늘날의 관점에서 재평가해 보는 일이 필요하다. 그런데 여기에는 그의 철학을 자연주의적으로 해석한다는 전제가 필요하다. 우리는 생명의 약동(엘랑비딸élan vital) 개념을 생명현상에서 나타나는 우발성과 새로움(창조)이라는 두 가지 관점에서 해석함으로써 그의 진화론을 재구성해본다. 진화론에는 사실의 측면과 논리적이고 이론적인 측면이 공존한다. 사실의 측면에서 이 작업은 베르그손 당대의 진화론과 그것의 역사적 전개를 엿보게 해준다. 다른 한편 논리적이고 이론적인 면에서는 현대적 논쟁들과 비교할 수 있는 지점이 있다. 우리는 현대의 진화론에서 도킨스, 마이어와 같은 신다윈주의자들과 굴드 같은 고생물학자 등 두 대립하는 입장을 소개하고 이들과 베르그손을 차례로 비교하면서 몇 가지 흥미로운 문제들과 마주하게 될 것이다.

2장의 목적은 『창조적 진화』에서 나타나는 인식론과 형이상학의 문제들을 문헌분석을 통해 재검토하는 것이다. 분석의 텍스트는 주로 『창조적 진화』의 3장이 될 것이다. 사실 베르그손의 생명철학이자 우주론을 보여 주는 이 내용은 한 세기에 달하는 베르그손 연구사를 거치면서도 명확한 이해에 도달했다고 하기 어려운 면이 있다. 지성과 직관, 생명과 물질, 과학과 형이상학의 관계와 관련된 문제들은 그러한 어려움의 일면을 보여 준다. 이로 인해 표현이나 사고에 있어서 매우 명료하다고 알려진 베르그손의 철학에도 내재적 모순이나 부정합성이 존재하는 것은 아닌가 하는 의문이 생길 수 있다. 베르그손 철학에 대한 여러 해석들의 난립 및 편견들은 이런 배경에서 유래하는 것으로 보인다. 우리는 우선 문헌학적인 검토를 통해 문제들 자체를 정리한 다음, 여러 주장들의 면밀한 비교, 분석을 통해 유기적 전체의 모습이 어떤 것인지를 이해하고자 한다.

1장

생성철학과 진화론의 만남

베르그손의 진화론 해석의 현재성에 관하여

베르그손의 진화 개념을 자연주의적 입장에서 재해석하는 것이 가능할까? 현대의 연구가들 중에 직간접적인 논의를 통해 그러한 가능성을 점치는 사람들이 있다.[1] 물론 이러한 시도가 실제 베르그손의 생명 형이상학과 양립가능한가 하는 문제는 또 다른 논의가 될 것이다. 이 시도에 부정적인 태도를 보일 사람도 베르그손의 철학이 다층적인 면모를 갖는다는 데는 동의하리라 생각한다. 들뢰즈의 해석을 접한 연구자들은 베르그손의 철학을 물질-생명의 이원론보다는 생성의 일원론으로 보는 데 익숙해져 있다. 게다가 이러한 측면은 베르그손 철학의 내부에서도 충분히 정당화가 가능하다. 바로 이런 맥락에서 베르그손의 철학은 오늘날 프랑스 생성철학의 대표자들로 주목받는 시몽동이나 들뢰즈의 철학과 연결된다. 특히 시몽동의 생성철학은 자연주의적인 맥락과 양립이 가능하다. 우리의 연구도 이와 맥을 같이한다는 것을 밝혀 둔다. 물론 우리는 자연주의라는 말을 영미철학에서 사용되는 한정된 의미로 이해하고 있지 않다. 우리가 말하는 자연주의란 베르그손의 철학에서 정신주의spiritualisme(혹은 유심론)나 생기론vitalisme으로 지칭되는 부분에 대한 전제를 유보하고 자연과학적 논의와 어느 정도

조르주-루이 르클레르 뷔퐁(Georges-Louis Leclerc Buffon, 1707~1788)

양립가능한 분석을 실마리로 하겠다는 의미에 지나지 않는다. 물론 철학과 과학의 경계를 구획하는 데는 애매함이 있을 수 있기 때문에, 어떤 부분을 취하고 어떤 부분을 유보할 것인지를 정확히 말하기는 어렵다. 그러므로 자연주의라는 말은 우리의 논의를 시작하고 이끌어가는 지도 이념으로서만 생각하기로 한다. 생기론 혹은 유심론으로 알려진 베르그손의 철학에서 이러한 형이상학적 전제를 과도하게 강조할 경우, 그의 논의에서 나타나는 많은 구체적이고 섬세한 분석들을 놓치기 쉽다. 물론 진화에 관한 그의 논의에서 '생명의 도약'élan vital을 비롯하여 그가 사용한 많은 독특한 개념들에 대한 언급을 피하는 것은 불가능하다. 우리는 가능하다면 중립적인 태도를 견지하면서 그의 철학에서 오늘날에도 여전히 유의미한 개념들에 초점을 맞추어 재해석을 하려는 것이다.

장-바티스트 라마르끄(Jean-Baptiste Pierre Antoine de Monet, chevalier de Lamarck, 1744~1829)

진화론은 19세기 초부터 뷔퐁이나 라마르끄에 의해서 이미 진지한 '학설'로 주장되지만 설득력 있는 과학적 '이론'으로 서기 위해서는 다윈의 『종의 기원』(1859)을 기다려야 했다. 이후부터 1940년대의 이른바 '진화종합설'이 진화론의 패러다임으로 자리잡게 되기까지, 진화론은 80년간 다양한 이론들이 경합하는 지적 전장이자, 진화라는 개념 자체가 그 내포를 확대하는 과정이기도 했다. 1907년 출간된 베르그손의 주저 『창조적 진화』는 당시까지 진행된 진화론의 논의들을 적극적으로 검토하고 그 주요 쟁점들을 수렴하여 완성한 생명철학이다. 이 시기는 진화론의 역사에서 보면 어떤 결정적인 입장을 취하기에는 분명 이른 시기이다.[2] 20세기 초반의 프랑스 학계에서는 신학자들과 철학자들은 물론이고 과학자들, 심지어 생물학자들까지도 진화론에 호의적이지 않았다는 사실을 먼저 말해 두자. 가용J. Gayon은 이런 사실에 대해 다음과 같은 흥미로운 지적을 하고 있다. 즉 프랑스의 실증주의 전통은 진화론이 생물 변화의 기원에 대해 너무 많은 가설을 제시한다는 점에서 그것을 "형이상학이나 종교와 쉽게 접목할 수 있는" 이론이라고 보았으며 이 때문에 진화론에 대해 경계를 감추지 않았다. 유일하게 남아 있던 입장은 소르본느대학 생물학과 교수였던 르당떽으로 대표되는 신라마르끄주의였다. 게다가 『창조적 진화』는 영국과 독일에서조차 다윈주의가 외면을 받던 "어두운" 시기에 쓰였다. 보울러P. Bowler에 의하면 다윈주의가 언제나 승승장구했던 것은 아니다. 초기에는 오히려 다윈의 불독으로 알려진 헉슬리T. Huxley 등의 지원으로 종교적 보수주의에 대항하여 상당한 세력을 형성할 수 있었지만 이 상황이 계속되지는 못했다. 1940년대의 신다윈주의의 종합은 진화론의 제2의 물결에 해당한다. 베르그손은 기독교의 반反진화론을 포함하여 진화론에 대한 온갖 논의가 무성하던 시기에 진화론을 옹호하는 입장을 분명히 표현하고 있다.

우리가 지적하고 싶은 것은 바로 이러한 이유로 그의 철학은 가능성으로 충만한 사색을 보여 준다는 것이다. 즉 그는 문제 상황에 직면하여 가능한 모든 문을 열어놓음으로써 우리가 어디까지 갈 수 있으며 어디서 멈추어야 하는지를 몸소 보여 주었다. 물론 그 중에는 차후의 생물학상의 발전에 의해 해결되었다고 할 수 있는 것들도 있고, 생물학자 집단에서 어느 정도의 합의에 이르게 된 것들도 상당수 존재한다. 특히 20세기 중반 이후에는 분자생물학의 발전으로 진화론을 설명하는 환원주의적 틀이 공고해졌다고 보는 견해가 지배적이다. 그러나 고생물학상의 발견에 대한 새로운 해석 및 대물림(유전)의 견고한 단위로서의 유전자라는 개념의 존재 자체에 대한 문제제기를 통해 환원주의를 거부하는 움직임도 그에 못지않다. 즉 생물학상의 발전이 생물학 내부의 논쟁을 반드시 잠재우는 것은 아니며, 어떤 경우에는 진화론의 초기 단계에서 논의된 개념의 내포와 관련된 근본적인 문제로 우리를 되돌아가게 하기도 한다. 우리는 바로 이 점에서 베르그손의 사색이 현재성을 보여 준다고 믿는다. 특히 그의 생성철학과 관련하여 중요한, '창조'création(혹은 창발성émergence)와 '우발성'contingence, 시간(혹은 역사성)과 같은 개념들은 현대의 진화론 해석에서도 중요한 역할을 하고 있다. 우리의 목적은 이 개념들의 중요성을 부각시킴으로써 생성철학과 진화론의 양립가능성을 추적하는 데 있다.

문제의 제기, 진화론의 두 가지 논리

진화는 우선 다양한 생명체들 전체가 공동의 기원으로부터 오늘에 이르기까지 기나긴 지질학적 시간을 거쳐 부단히 변화해 왔다는 것을 의미한다. 여기서 곧바로 덧붙여야 할 두 가지 보조 전제들이 있다. 하나는 생물다양성이 개체들 간의 미소한 차이들이 아니라 종 이상의 차원의 근본적 차이라는 것, 다른 하나는 생물의 시간 속의 변화 역시 거시적 차원, 즉 종적 차원에서의 근본적인 변화라는 것이다. 생물다양성과 종의 변화 그리고 공동조상 이론은 관찰과 추론에 동시에 기초한다. 생물다양성은 아리스토텔레스 이래로 오랜 기간 형태학에 토대를 둔 분류학의 영역에 속했지만 19세기 초부터 발달한 비교해부학, 발생학 그리고 기관들의 기능에 대한 관찰로부터 생물이 진화한 계통la lignée들의 문제를 포함하게 된다. 오늘날 생물학자들은 분류학이라는 말을 전통적인 생물종

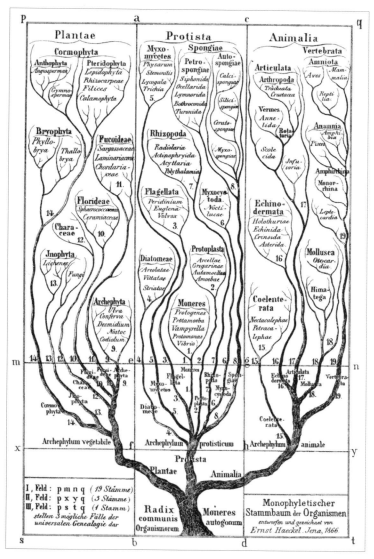

독일의 생물학자 헤켈의 『생물체의 일반 형태』(*Generelle Morphologie der Organismen*, 1866)에 수록된 생물계통수. 하나의 뿌리에서 식물계(Plantae), 원생생물계(Protista), 동물계(Animalia) 등 세 개의 계로 분기된 것을 볼 수 있다.

의 분류에 국한하고, 각각의 생물종이 진화의 역사 속에서 갖는 특징들의 비교연구에 토대를 둔 분류를 '계통분류학'이라고 한다.[3] 종의 변화는 각 지층들의 화석기록에 나타난 고생물학적 자료들이 말해준다. 공동조상 이론은 오늘날에는 분자생물학에 기초한 유전학을 통해 어느 정도 증명이 가능하다. 유전학이 아직 걸음마 단계였던 20세기 초에 베르그손은 신중할 수밖에 없었지만 비교해부학과 발생학 그리고 고생물학의 자료만으로 진화론을 주장하기에는 충분하다고 결론짓는다. 즉 "그것[고생물학]이 종들의 잇따름[succession]의 순서를 어느 정도 정확하게 재발견하는 곳에서, 이 순서는 발생학과 비교해부학에서 나온 고찰들이 가정하는 것과 일치하며 또한 고생물학상의 각각의 새로운 발견은 진화론에 새로운 확증을 가져다 준다"(EC, 24).

공동조상 가설과 생물다양성 그리고 시간 속에서의 종적 변화가 인정되면 진화의 연구는 "일정수의 분기하는[divergente] 방향들을 파악하는 것"이 될 것이다(EC, 102). 분기[divergence/bifurcation]라는 용어는 이미 다윈이 제시하였지만 베르그손의 진화 해석에서도 핵심적인 개념이다. 이는 종들이 공동조상으로부터 갈라지는 과정을 의미하는데 생물계통수로 보자면 커다란 줄기에서 가지들로 갈라지는 형태가 분기 현상을 나타낸다. 그런데 생물계통수는 단선적이기는커녕 그 이미지 자체에서부터 복수적이고 다층적인 혹은 계층적인 내포를 갖는다. 따라서 새로운 형태의 출현이 매번 동등한 의미를 갖는 것이 아니라, 계통의 뿌리에 가까워질수록 계[kingdom(영)], 문[phylum], 강[class], 목[order] 등 일반적으로 종보다 더 큰 범주의 분류 기준이 거기에 적용된다. 가령 식물계와 동물계, 그리고 동물계 내에서 척추동물문, 절지동물문 등과 같은 차이이다. 이 수준에서는 그 차이들이 동일종 내에서의 개체적 차이보다 훨씬 클 것임은 말할 나위가 없다. 그리고 물론 시간적으로도 아주 오래된 과거로 거슬러 올라감을 가정해야 한다.

찰스 로버트 다윈
(Charles Robert Darwin, 1809~1882)

그렇다면 한 가지 의문이 생길 수 있다. 진화론은 일반적으로 원시적이고 단순한 생물로부터 복잡한 것으로의 변화를 함축하는데, 초기의 단순한 생명계에서 어떻게 위와 같은 커다란 차이들 – 종보다 상위의 범주를 결정하는 차이들 – 이 이미 나타날 수 있었을까? 단순한 것으로부터 복잡한 것으로의 이행과정과 더 큰 범주에서 더 작은 범주들로의 이행과정이라는 양자 사이에는 어떤 모순이 존재하지 않는가? 오늘날 고생물학은 물론 일정한 해답을 주고 있다. 그것은 사실에 관한 문제이다. 그러나 논리의 측면에 집중해 보자. 이론은 사실과 논리 양자에 걸쳐서 비로소 완성되는 것 아닌가?

단순한 것에서 복잡한 것으로의 점진적 진화는 다윈 진화론의 핵심에 있다. 다윈 시대에는 고생물학적 자료의 불충분함 및 해석상의 문제로 인해 진화의 커다란 계통들을 종합하는 전체적 그림을 완성하기에는 어려움이 있었으나, 다윈은 자신이 관찰한 자료들과 독자적 추론을 통해 우연적 개체변이individual variation들 그리고 적응adaptation과 자연선택natural selection으로 알려진 진화론의 틀을 구성하였다. 이 개념적 도구들을 가지면 진화는 점진적인progressive 것으로 드러난다. 그것들은 어떤 실체론이나 목적론적 언어를 사용하지 않고도 진화 현상에 가지성과 설명적 힘을 부여하는 데 성공하였다. 종은 "생식적으로 격리된 개체군population의 집합"이며, 개체군 내의 우연한 변이들이 축적되고 유전되어 자연선택에 의해 점진적으로 새로운 개체군으로 변해간다.[4] 다윈 이래 오늘날 신다윈주의의 대표자로 알려진 도킨스R. Dawkins에 이르기까지 점진성의 강조는 진화에서 신비적이거나 불가지한 원인을 배제하는 데 꾸준히 힘을 행사해왔으며 진화를 고전적 기계론의 틀에서 크게 벗어나지 않는 방식으로 설명하는 데 기여하였다.

다른 한편 계통수가 보여 주는 대로 진화는 또한 커다란 범주에서 작은 범주들로 분기되는 과정이기도 하다. 이를 문자 그대로 해석하면 종 또는 그것을 넘어서는 단위들이 어떤 종류의 실체성을 가지며 진화는 이러한 거대단위 차원의 급진적 변화를 함축한다는 것이다. 그렇다면 문제는 이러한 범주들이 어떻게 생겨났는가 하는 것이다. 전통적으로는 돌연변이나 급변설이 그런 문제를 해명하기 위해 제시되었지만, 설명력의 부족으로 인해 신다윈주의에 의해 배제되었다. 오늘날 고생물학자 굴드S. J. Gould는 화석 기록을 통해 진화의 새로운 그림을 보여 주면서 진화에는 다윈식의 단선적 과정으로 설명하기에는 어려운, 매우 복잡하고 우발적인 원인들이 참여하고 있다는 것을 주장한다. 즉 진화에는 '우발성'contingency(영)의 역할이 점진성보다 훨씬 크다는 것이고 그런 만큼 고전적이고 기계론적인 접근방식에는 한계가 있다는 것이다.

물론 이 두 가지 논리가 사실의 설명에서 서로를 배제하는 것은 아니다. 점진주의자들도 우발성의 영역을 인정하며, 우발성의 지지자들도 다윈주의의 주요 개념들의 유효성을 부정하는 것은 아니다.[5] 다만 진화 현상을 설명할 때 이 두 논리는 자신의 입장을 더 강력한 근거로 제시한다. 이들은 서로를 완전히 부정하지는 않으면서도 기꺼이 서로 반대편의 입장에 서 있다. 베르그손의 『창조적 진화』는 후자 쪽에 가깝다는 것을 먼저 말해 두자. 그도 환경에 대한 적응이나 자연선택을 부정적인 형태로나마 효과적인 설명기제로 인정한다. 다만 그것들은 많은 비판자들이 이미 지적한 대로 변이의 원인이나 진화의 커다란 계통들을 설명하는 데는 문제를 노출한다. 굴드 이전에 이미 베르그손은 신다윈주의적 설명에는 우연과 기계적인 과정을 왕래하는 애매함이 있다는 것을 지적하고 있다. 베르그손의 '창조' 개념은 이런 애매함을 비판하면서 등장한다. 그러므로 베르그손의 진화 해석에서 중요한 것은 바로 이 창조라는 개념이다.

우발성과 시간 그리고 진화

베르그손에게서 창조라는 개념이 '무로부터의 창조'la création ex nihilo라는 기독교적 내용이 아닌 것과 마찬가지로, 그 개념의 형성 자체도 무로부터 갑자기 이루어진 것이 아니라 철학자의 내부에서 역사적 기원을 갖는다. 이 개념이 그의 철학의 주요어로 채택되고 본격적으로 논의되는 것은 『창조적 진화』이지만 그 내용은 그의 첫 저서 『의식에 직접 주어진 것들에 관한 시론』(이후부터 『시론』으로 줄임)에서부터 이미 무르익고 있다. 이 책에서는 '창조'라는 말의 전신이라고 할 수 있는 '우발성' 개념이 등장한다. 『시론』과 『창조적 진화』의 연속성 즉, 지속에 기초하는 심리적 상태의 분석에서 생명의 본질인 창조에 이르는 연속성에 대해서는 베르그손 자신도 언급하고 있지만, 구이예Henri Gouhier는 그 과정을 인과성과 창조라는 두 개념을 비교분석하면서 잘 보여 주고 있다. 그의 논지에 의하면 본래 베르그손이 『시론』에서는 물리적 인과성(결정론)과 심리적 인과성(자유의지)을 구분하고 있었으나 『창조적 진화』에서는 후자 즉, 심리적 인과성 대신에 창조라는 말을 사용하게 된다는 것이다.[6] 그러나 우리는 심리적 인과성보다는 우발성 개념에 초점을 맞추어 논의를 전개하겠다. 이 개념은 두 저서에서 공히 사용되고 있고 전자에서는 심리상태의 우발성, 후자에서는 생명현상의 우발성과 관련하여 언급되기 때문에 창조 개념의 기원을 이룬다고 여겨진다. 『시론』의 3장에서 이루어진 자유행위에 관한 그의 유명한 논의가 그 실마리를 제공한다. 결정론과 자유의지론을 논박하는 것으로 시작하는 이 논의는 나중에 진화에 대한 기계론과 목적론이라는 두 유형의 설명에 대한 논박으로 이어지기 때문에 중요하다.

　자유의지를 부정하는 결정론자들은 관념연합론자들을 대표한다. 이들에 의하면 심리상태는 관념들의 기계적이거나 우연적인 결합에 의해 결정된다. 자유의지가 불가능하다는 그들의 입론은 이러하다. 우리가 어떤 X라는 행위를 하기로 선택한 순간에는 Y라는 다른 선택지가 있어도 소용이 없다. X라는 행위를 선택하게끔 한 충분하고도 필연적인 이유들이 존재하기 때문에 다르게 행동할 수 없었다는 것이다. 반대로 존 스튜어트 밀 같은 자유의지론자들은 "자유의지를 의식한다는 것은 선택이 이루어지기 이전에 다르게 선택할 수도 있었다는 것을 의식함을 의미한다"고 말한다(E, 130). 베르그손에 의하면 이 두 입장은 동일한 전제 위에 서 있다. 즉 행위가 이루어지고 난 후에 회고적 관점에서 과거를 설명한다는 것이다. 그 경우 결정론의 입장은 부연설명이 필요없이 명확하다. 우리에게 착각을 주는 것은 자유의지론이다. 그것은 우리가 X라는 행위를 선택할 때 다른 선택지도 똑같은 힘을 가지고 우리를 유인하기 때문에, 그중 하나를 선택하는 것은 자유의지에 의해서라고 말한다. 그러나 우리가 이 논리에 끝까지 충실할 경우, 이러한 '무차별적'indifférent 입장에서 선택이 과연 가능한가? 중세의 뷰리당Buridan은 똑같은 힘을 가지고 유혹하는 밀과 귀리 사이에서 당나귀는 결국 굶어 죽을 수밖에 없을 것이라고 했다. 만약 이 상태에서 아무것이나 선택을 한다면 그것은 순전한 우연hasard이 될 것이며 자유의지라고는 할 수 없을 것이다. 만약 둘 중에서 어느 하나가 좀 더 유혹적이어서 선택하게 되었다면 그것은 결정론의 입장으로 되돌아가게 된다.

베르그손은 이 논의를 「실재적 지속과 우발성」이라는 절에서 다루는데, 그것은 자유의지론자들이 결정론자들의 필연성 입론을 거부하기 위해 우발성 개념에 의지하기 때문이다. 다르게 할 수도 있었다는 것, 즉 내 행위가 필연적이 아니었다는 것은 곧 우발적이었다는 것을 의미한다. 물론 이때 우발성은 확률적 우연이나 변덕과는 다르다. 그것은 단지 행위가 이루어지기 전에는 예견이 불가능하다는 것을 의미한다. 혹자는 스피노자의 자기원인 같은 내적 필연성을 예로 들어 자유행위가 우발성에 의지한다는 데 의문을 표할 수도 있겠다. 그러나 여기서의 논의는 관념연합론자들과 스튜어트 밀이라는 영국경험론 전통을 배경으로 한다. 그러므로 형이상학적 전제를 배격하고 관찰가능한 심리적 사실에서 출발한다는 것을 기억해 두자. 그 경우 자유의지론자들의 우발성은 사실상 두 선택지 사이를 끝없이 왕복하는 순수 우연 혹은 자신도 모르는 어떤 다른 이유에 의해 선택을 하고서는 자유의지라고 착각하는 결정론으로 용해되고 만다는 것이 베르그손의 주장이다.

그렇다면 진정한 우발성은 어떤 모습을 하고 있을까? 베르그손의 다음 문장을 보자. "의지의 돌연한 개입은 일종의 쿠데타와도 같다. 지성은 이에 대한 예감을 하고 적법한 의결에 의해 미리 그것을 합법화하는 것이다."(E, 119) 이 인용문은 심리적 상태에서 우발성이 어떠한 것인가를 예감하게 해준다. 물론 그것이 곧바로 자유행위로 연결되는 것은 아니다. 무엇보다 시간의 차원을 고려해야 한다. 합리주의의 양극단을 보여 주는 위의 입장들은 시간을 전혀 고려하지 않으며 행위가 이미 이루어진 후에 그것들을 공간적 도식에 의해 상징적으로 표상하고 있을 뿐이다. 이 상징적 도식이, 또한 미래에 대한 예측의 토대가 되기도 한다. 그러나 행위는 시간 속에서

'점차로' 전개되어 간다. 예측은 미래의 시간을 순간 속에서 '공간화' 함으로써 이루어지지만, 흘러간 시간이 아니라 흐르는 시간 속에서 보면 결정적인 방식으로 예측이 가능한 것은 없다. 이것이야말로 진정한 우발성의 영역이다. 그래서 자유행위는 부분적인 욕망에 의해 순간적으로 이루어지는 것이 아니라 "자아와 그 동기들 자체가 진정한 생명체들처럼 연속적 생성le devenir continu 속에 있는 역동적 진행과정le progrès dynamique으로 이루어진다"(E, 137).

결국 논리적 차원에서는 결정론에 손을 들어준 베르그손은 그럼에도 불구하고 자유의 존재가능성을 우발성 혹은 시간의 유효성이라는 더 근원적인 의미에서 긍정하고 있는 것이다. 그래서 '자유=시간'이라는 등식이 성립한다. 그렇다면 시간은 오로지 우발성의 무대이고 자유는 그것으로 충분히 설명가능한가? 우리는 혹시 우발성의 노예들은 아닌가? 이런 물음이 가능하다. 이제 『창조적 진화』로 건너가 보자. 여기서 문제가 되는 것은 심리적 차원이 아니라 생명현상, 특히 진화라는 좀 더 거시적인 차원의 보편적 현상이다. 그러나 그것들은 일종의 유비 추론을 통해 관련을 맺는다. 즉 자유행위가 시간 속에서 전개되기 때문에 예측이 불가능한 것과 마찬가지로 생명체의 성장과 진화는 본질적으로 시간적 현상이기 때문에 예측이 불가능하다. 게다가 양자 공히 "점진적인 성숙"maturation graduelle으로 표현됨으로써 첫 저서에 없었던 새로운 요소가 첨가된다(EC, 48). 이 성숙이라는 단어는 창조 개념의 중요한 내포를 이룬다. 우발성과 예측불가능성이라는 자유의 기본적 특징이 점진적인 성숙이라는 개념을 만나 창조로 승화된다고 할 수 있겠다.

결정론과 자유의지의 대립과 마찬가지로 기계론과 목적론의 대립은 이제 낡은 철학적 논의가 된 것으로 간주되지만 몇몇 중요한 물음은 여전히 해결되지 않은 채로 있다. 특히 베르그손 철학에서 시간과 창조의 문제를 근원에서부터 추적하기 위해 상기해 볼 필요가 있다. 토마스 헉슬리 같은 다윈의 지지자는 고전적 기계론의 입장에서 다음과 같은 주장을 할 수 있었다.

진화의 근본적인 명제가 사실이라면, 즉 생명계이건 물질계이건, 세계 전체가 우주의 초기 성운을 구성한 분자들이 가진 힘의 일정한 법칙들에 따른 상호작용의 결과라면, 현재의 세계가 잠재적으로 우주의 증기 안에 놓여 있었다는 것도 역시 확실하다. 또한 충분히 탁월한 지성이라면 이 증기 분자들의 속성들을 알고서, 예를 들면, 1868년 영국의 동물 분포의 상태를, 추운 겨울의 한나절 동안 숨쉴 때 나오는 증기에 대해 말할 때와 같은 확실성으로 예견할 수 있을지도 모른다.(EC, 38~39)

이런 태도는 원인 없는 결과는 없으며 우리가 어떤 현상의 원인을 안다면 그것의 결과도 알 수 있다는 기계론적 입장의 자연스러운 주장이다. 거기서는 생물종의 새로운 형태의 출현조차도 그 세부적 원인들에 대한 지식이 증가함에 따라 예측할 수 있다는 주장이 가능하다. 그러나 일어난 일을 설명하는 것과 사전에 예측하는 일은 다르다. 예측하기 위해서는 현상을 완벽하게 물리적인 형태의 법칙으로 기술할 수 있어야 한다. 그런데 생명현상에서는 원인에 해당하는 조건들이 갖추어진다고 해도 "이 조건들은 생명이 그때 자신의 역사에서 처해 있는 순간의 특징이며, [그 생명의] 형태와 합치하고 심지어 그것과 하나를 이룬다"(EC, 28). 다시 말해 생명현상은 외부적이건 내부적이건 자신을 만들어낸 조건들 자체와 하나의 전체로서, 그리고 그때까지 진행되어 온 역사적 기반 위에서 일어난다. 따라서 추상적 공간 속에서 정확한 원인과 결과를 구분하여 보편적으로 기술하고자 하면 "시간은 무용하게 될 것이고 심지어 실재하지 않게 될 것"이다(EC, 37). 생물학에서 물리적 의미에서의 법칙을 말할 수 있는가를 묻는 이 문제는 오늘날에도 여전히 유효한 문제로 남아 있다.

목적론의 고전적 형태는 생명이 이미 그려진 어떤 계획을 실현하고 있다는 입장으로서, 베르그손은 특히 라이프니츠의 이론을 범례로 든다. 목적론은 오늘날 학술 이론에서는 부정적인 함의를 띠는 것이 보통이지만, 의인화된 목적 개념을 제거한다면 '유전프로그램'이라는 오늘날의 분자생물학의 개념과 크게 다르지 않다는 것 또한 지적할 수 있다. 그런데 생명체의 진화나 발생이 이미 만들어진 프로그램을 실현하는 것이라면 거기에는 새로운 것이 출현할 가능성은 전무하다. 결국 진정한 의미의 시간은 거기서도 작동하지 않으며 목적론은 "거꾸로 된 기계론"에 불과하게 된다(EC, 40). 즉 기계론이 원인이라는 과거의 '충력'impulsion에 의해 작동한다면 목적론은 목적이라는 미래의 '인력'attraction을 가정하고 있을 뿐이다. 이처럼 최종 지향점이 아니라 작동방식을 고려할 경우 목적론은 기계론과 전혀 다르지 않다. 이것은 시간을 고려하지 않는다면 우리는 결국 언제나 기계론적 결정론으로 되돌아가리라는 것을 말하고 있다. 하나 덧붙이자면 기계론이나 목적론은 모두 우리 행동의 유형에 기초해 있다. 행위는 성공을 목표로 하고 이를 위해서는 합리적 계획이 필요하다. 그것을 위해 우리는 주어진 자료를 최대로 이용하여 계획을 세우고 결과를 가늠해 본다. 만약 모든 자료를 고려할 수 있고 그것이 세부사항까지도 완벽하다면 미래는 예측가능할 것이다. 결정론과 목적론은 우리 행동 속에서 이렇게 결합된다. 여기에는 우발성이 개입할 여지가 없다. 만약 우발성이 개입한다면 그것은 단지 모든 자료를 정확하게 분석하지 못한 지성의 오류일 뿐이라고 간주될 것이다. 거기서 시간은 그것의 본질적인 의미로 고려되지 않는다. 주어진 자료의 재구성에 지나지 않는 계획은 시간의 흐름 자체에 의해서 이루어지는 행위의 완성, 성숙 같은 것을 파악할 수 없다.

생명의 진화에 대해서도 사정은 마찬가지다. 자유행위가 동등한 선택지들 사이의 왕복이 아니라 점진적으로 이루어지는 행위 자체에 의해 창조된 것이듯이 생명의 진화가 만들어낸 길도 "그 위를 지나쳐간 행위에 의해서 창조되었으며 이 행위 자체의 방향에 불과하다"(EC, 52). 이 표현은 진화의 사건적이고 역사적인 성격을 강조하는 맥락에서 사용되었지만 생명 현상을 인도하는 힘의 실체화로 오인될 가능성도 있다. '생명의 약동'의 의미는 바로 이 모호함 안에 거주한다. 그러나 이 개념의 구상에서 중요한 역할을 한 두 가지 사실 혹은 이론이 있다. 하나는 앞서 고찰한 바 있듯이 고생물학과 비교해부학, 발생학 등의 성과에서 추론되는 공동조상으로부터의 분기이다. 베르그손에 의하면, "진화는 사실상 분기하는 노선^{ligne}(또는 계통)들 위에서 수백만의 개체들을 매개로 이루어졌으며, 그 노선들 자체도 각각의 분기점에 이르러 거기서 새로운 길들이 갈라지는 방식으로 무한히 계속되어 왔다"(EC, 54). 다른 하나는 생식요소들이 오로지 생식질을 통해 세대를 거쳐 대물림된다는 바이스만의 '생식질연계설'(EC,

아우구스트 바이스만(Friedrich Leop-old August Weismann, 1834~1914)

26)이다. 여기서 베르그손은 생명적 흐름의 부단한 연속성을 본다. 이 두 학설이 베르그손의 진화론의 주춧돌을 이룬다. 공통 근원에서 수많은 개체들을 매개로 진화의 노선들이 갈라졌다는 생각은 베르그손이 보기에 자연스러운 것이기보다는 설명을 필요로 하는 사실이다. 왜냐하면 논리적으로 생각할 때, '유일한 개체'가 수세기를 거쳐 스스로 진화한다거나 혹은 다수의 개체들이 '단선적' 계열 안에서 잇따라 생겨났다고 생각하지 못할 이유는 없기 때문이다(EC, 53~54). 그래서 베르그손은 처음에 '약동'^{élan} 혹은 '폭발'^{explosion}이 있었다고 생각한다. 폭발의 이미지는 분산 혹은 분기 현상을 설명하는 데 적합하다. 게다가 그것은 개체발생이라는 구체적 현상에서 이미 목격할 수 있는 사실이어서 우리는 베르그손의 설명이 발생학을 모범으로 하고 있다는 것을 알 수 있다. 수정란

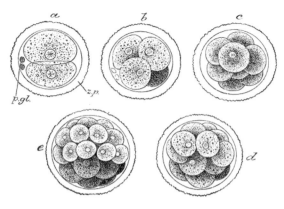

수정란의 분열과정

으로부터 새로운 개체가 생성되는 과정을 보면, 수정란 전체가 수직으로 이분되고 이 두 부위가 다시 수평으로 이분되는 식으로 무한히 분열하면서 성장한다. 그래서 "생명은 요소들의 연합과 축적에 의해서가 아니라 분리dissociation와 분열dédoublement에 의해 진행한다"(EC, 90). 다른 한편 폭발로 분리된 생명의 힘은 진화의 각 노선에서 그대로 보존되고 후대에 전달된다. 생식질을 통해 유전되는 것은 바로 이 생명의 흐름이다.

폭발이라는 물리적 이미지는 기계론적 입장에 유리하게 보일수도 있겠다. 하지만 이 비유를 좀 더 밀고 가면, 폭발은 대립되는 두 힘, 즉 "화약의 폭발과 거기에 대립하는 금속의 저항"을 가정해야 한다(EC, 99). 이 가정은 우선 생명-물질의 이원론을 함축하는 것 같다. 그러나 이 설명에서 베르그손이 보여 주고자 하는 것은 무엇보다도 생명의 진행 방식은 기계적 필연성에 의한 것도 아니고 확률적인 의미에서 순전히 우연적인 것도 아니라는 것이다. 그렇다고 해서 물론 목적의 추구 같은 것도 아니다. "있는 것은 단지 생명의 일반적 운동뿐이며 이것은 분기하는 [진화의] 노선들 위에서 언제나 새로운 형태들을 창조한다"(EC, 102). 생명의 운동은 언제나 예측불가능한 방식으로 전개되며, 그렇기 때문에 그것은 또한 새로운 것들의 탄생이다. 이 생명의 운동을 가능하게 한 힘이 바로 생명의 약동이다. 그런데 그것은 진화의 방향을 능동적으로 이끄는 무한한 힘이기는커녕 어떤 의미에서는 우발성 그 자체이다. 왜냐하면 "약동은 유한하고 단 한 번 결정적으로 주어졌을 뿐"이기 때문이다 (EC, 254). 약동 자체도 역사적이고 사건적인 성격을 갖는다. 그것은 이후에 계속되는 진화의 우발적 성격을 함축한다. 그래서 "생명의 진화 앞에서 미래의 문은 커다랗게 열려 있다. 그것은 최초의 운동 덕분에 끝없이 계속되는 창조이다"(EC, 106). 베르그손은 구체적으로 우발성과 진화의 관계를 이렇게 말하고 있다.

따라서 진화에는 우발성의 몫이 크다. 적응한, 또는 차라리 창안된 형태들은 대부분 우발적이다. 원초적 경향이 이러저러한 상보적 경향들로 분리되어 진화의 분기된 노선(계통)들을 창조하는 것도 우발적이고, 이러저러한 장소와 시기에 마주친 장애물에 대해서는 상대적이다. 정지와 후퇴 현상도 우발적이다. 적응들도 크게 보면 우발적이다.(EC, 255)

변이와 유전에서 우발성의 역할 — 유전학과 베르그손

『창조적 진화』에서 베르그손은 변이의 원인과 유전이라는 핵심적인 주제들에서 신다윈주의와 조우한다. 유전을 의미하는 'l'hérédité'라는 말은 당시에 유전자 개념이 없었기 때문에 오늘날의 전문적인 개념과 정확하게 일치하지는 않는다. 대물림이라는 용어 정도가 더 정확할 수 있는데, 우리는 연속성을 유지하기 위해 일단 유전이라는 말을 그대로 사용하기로 한다. 이미 본 것처럼 베르그손의 생명의 약동 가설에는 신다윈주의의 대부로 알려진 바이스만의 '생식질plasma germinatif 연계설'이 중요한 영감으로 작용하고 있다. 이 이론은 개체의 본질적 특징들이 부모로부터 자식유기체로 오로지 생식질(수정란과 난자, 정자)을 통해 직접 전달되며 자식 세대에서 획득된 형질과는 무관하다고 주장함으로써 획득형질의 유전을 주장하던 라마르끄주의를 진화론의 무대에서 사라지게 하는 데 결정적인 역할을 했다. 그러나 생식질 즉 수정란이 분화하기 시작할 때, 생식세포가 곧바로 형성되는 것은 아니기 때문에 당대에는 생식질이 연속적이라는 데 대해 의문이 제기되었다. 여기에 베르그손은 "생식질은 연속적이 아니라 해도 '유전적 에너지'l'énergie génétique에는 연속성이 있다"라고 주장함으로써 바이스만의 생각을 더욱 더 밀고나간다(EC, 27). 이 주장의 함의는 결국 생명의 외연을 개체들에 국한하지 않고 개체들을 매개로 하여 부단히 연속되는 흐름으로 보는 것이다. 그래서 베르그손은 다음과 같은 대담한 주장을 하게 된다.

생명은 성체를 매개로 하여 배le germe에서 배로 가는 흐름처럼 나타난다.……마치 유기체 그 자체는, 낡은 배를 돌출시켜 새로운 배로 연속되게 하는, 하나의 혹 또는 싹에 불과한 것 같다. 본질적인 것은 무한히 계속되는 과정의 연속성이다. 눈에 보이는 각 유기체는 자신에게 살도록 주어진 짧은 시간의 간격 동안 보이지 않는 과정 위에 말을 타듯 걸터앉아 있다.(같은 곳)

기수를 계속 바꿔가면서 달려가는 이 보이지 않는 말은 오늘날 우리에게 익숙한 유전자와는 어떤 관계가 있을까? 바이스만을 대부로 하는 탓에 베르그손의 생명의 흐름 이론은 비록 그가 신다원주의를 비판함에도 불구하고 그것과의 유사성을 보여 준다. 개체를 '생존 기계'survival machine에, 유전자(혹은 DNA)를 '불멸의 나선'immortal coil에 비유하는 도킨스의 입장과 비교해 보라.7 대물림되는 것의 우선성이라는 생각은 양자에게 동일하다.

그러나 비교는 여기에서 끝내도록 하자. 베르그손은 신다원주의가 진화를 야기하는 변이의 원인이 개체가 보유하는 "배에 내재적인 차이들" 즉 유전되는 차이들이라고 보았다는 점에서 그 입장을 지지하지만, 이 차이들이 단지 "우연적accidentelle이고 개체적"이라는 점에는 동의하지 않는다(EC, 86). 그는 "한 종은 오랜 기간이 지난 후에는 어떤 순간에 전체가 변화하려는 경향에 휩싸인다"는 드 프리스의 돌연변이 연구 성과를 인용하면서, 이 말은 변이가 "동일종의 전체 혹은 일정수에서 동시에 나타날 수 있다는 것"과 "변화하려는 경향은 우연적이 아님"을 의미한다고 해석한다(같은 곳). 즉

휘호 마리 드 프리스
(Hugo Marie de Vries, 1848~1935)

진화는 우연적이고 개체적인 미소변이들이 자연선택에 의해 점진적으로 축적되어 진행된다는 신다윈주의 테제를 정면으로 반박하는 것이다.

잠시 베르그손 이후 진화론의 간략한 역사를 보자. 베르그손이 『창조적 진화』 1부에서 다루는 이론들 중에서 드 프리스의 이론과 신라마르끄주의 및 후자의 영향을 받은 정향진화설은 차후 진화론의 역사에서 사라진다. 오늘날 신라마르끄주의의 부활을 논하는 학자도 있기는 하지만 이는 유전학과 발생학의 차원에서 주로 논의되기 때문에 위와는 상당히 다른 맥락이라는 것을 지적해 두자. 한편 드 프리스의 이론은 유전을 담당하는 불변의 입자적 요소들이 있다는 멘델의 이론을 재발견하고 이를 불변적 유형의 반복으로 해석하였기 때문에 거대 수준의 돌연변이 외에 점진적 진화와 자연선택의 개념들은 거부하게 된다. 결국 그것은 유전의 불변성과 거대 차원의 생물변이라는 모순된 생각을 양립시키기 어려워 설득력을 잃는다. 다만 멘델의 입자성 유전이라는 생각은 이후에도 미소변이를 설명하기 위해 살아남는다. 또 돌연변이는 그 관념 자체가 폐기된 것은 아니다. 신다윈주의에서는 미시 차원의 돌연변이만을 인정하고 있다. 그러나 베르그손이 드 프리스를

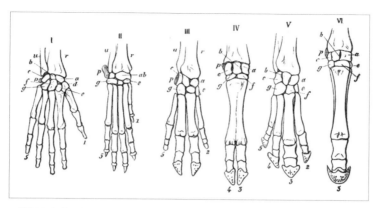

포유동물의 상동기관을 비교할 수 있는 삽화. J. 플레이페어 맥무리크, 『인간 신체의 발달』
(1902), 60쪽에서 가져온 삽화로, 인간(I), 개(II), 돼지(III), 소(IV), 맥(코가 뾰족한 포유류)
(V), 그리고 말(VI)의 앞발(인간의 경우에는 손) 골격을 비교하고 있다.

해석하면서 강조한 '변화하려는 경향'은 나중에 살펴볼 기회가 있
겠지만 최근까지도 중요한 함축을 갖는다. 베르그손이 가장 중요한
것으로 다루는 이론은 바이스만을 잇는 신다윈주의인데 이는 이
후 1940년대의 진화종합설 안에서 주도적 입장이 된다.

변이의 원인을 설명하기 위해 베르그손은 생명 진화의 초기에
분기된 두 다른 노선들에서 동일한 형태와 기능을 가진 기관들이
나타나는 사례에 주목한다. 이 사례는 잘 알려진 상동기관과 상사
기관의 사례들과는 다르다. 상동기관은 포유동물의 팔다리와 물고
기의 지느러미처럼 겉보기에는 다르지만 동일한 기원을 갖는 기관
들을 의미하며 상사기관은 박쥐의 날개와 새의 날개처럼 겉보기에
는 유사하지만 기원이 다른 것을 말한다. 이것들은 어느 정도 가까
운 계통 안에서 관찰되는 현상들이다. 그런데 진화의 분기하는 계
통들에서 상당히 초기에 분리되었음에 틀림없는 두 종류의 생명

형태들 중에는 상당히 유사한 구조와 기능을 갖는 것들이 있다. 예를 들면 포유류인 인간의 눈과 어패류인 가리비조개의 눈이 그러하다. 이 사례는 이미 다윈 자신이 제시한 바 있고 베르그손은 신다윈주의적 설명의 불충분성 때문에 재검토를 하고 있다. 그의 논지는 이러하다. 우연변이들이 야기한 변화가 돌연변이에서처럼 상당히 크다면, 눈이라는 기관을 이루는 여러 부분들이 상호조화를 이루지 않을 경우 기관의 기능을 계속 행사하는 것은 불가능하다. 그러나 우연이라는 속성상 이러한 조화를 이룬다는 것은 불가능하다. 한편 다윈이 제시한 미소변이처럼 그 정도가 사소한 것이어서 기관의 기능을 방해하지 않는 변이는, 반대로 도움이 되지도 않을 것이다. 그렇다면 그것은 자연선택에 의해 보존될 이유가 없다. 아무런 도움이 되지 않는데도 계속 축적된다면 그것은 차후의 건설을 위해 마련해 놓은 "대기석"la pierre d'attente이라는 것, 즉 목적론적 함의를 띠게 된다는 비판을 면하기 어렵다(EC, 65). 이 문제는 오늘날 기무라가 발견한 '중립유전자'에 의해 증명이 되고 있다. 현재 아무런 기능도 하지 않으면서 축적되어 있는 무수히 많은 중립유전자들은 자연선택 개념의 유효성에 근본적인 의문을 던지고 있다.[8] 한 종의 기관에서 상황이 이미 이러하다면, 극단적으로 다른 두 노선에서 나타나는 기관의 유사성을 설명할 때는 어려움이 훨씬 크리라는 것은 짐작할 수 있는 일이다.

이 문제에 대한 베르그손의 대답은 단순하다. 공통의 약동에 의해 공통의 근원에서 출발한 진화의 노선들이 서로 유사한 기관들을 나타내는 것은 어찌 보면 자연스러운 일이다. 이와 같은 결과의 수렴 현상은 '호모플라지아'homoplasia라고 불리는데 생물학사가인 드 리끌레A. de Ricqlès에 의하면 오늘날에는 물리학의 법칙에 비교할 수 있을 정도로 매우 보편적인 생명현상으로 알려져 있다.9 생명의 약동은 폭발에 의한 힘의 분산으로 여러 종들의 출현을 설명한다. 비록 그것은 예측불가능한 방식으로 진행하지만 원초적 힘에서 유래하는 우발적 사건의 축적은 시간 속에서 일정한 방향을 낳기도 한다. 진화의 다양한 노선들은 그렇게 해서 생겨난다. 이처럼 우발성은 진화현상의 설명에 이르러 일종의 역사적 필연성과 같은 성격을 띠게 된다. 동일한 변이가 개체 차원이 아니라 한 종의 전체나 일정수의 개체군(집단)에서 일어나는 현상 혹은 특정 시기에 변화하려는 경향이 생기는 것도 이와 같은 필연성에 의한다. 진화의 서로 가까운 노선들에서 생겨나는 상동기관이나 상사기관은 말할 것도 없고 먼 거리의 노선들에서 일어나는 동일한 결과들의 수렴도 마찬가지다(EC, 76~78). 비록 진화의 역사가 다르게 진행되더라도 유사한 작용이 유사한 '강도'로 축적될 경우 유사한 결과가 나타날 수 있다는 것이다. "각각에서 시각을 향한 진행이 똑같이 멀리 가면 양측에서 동일한 시각 기관이 있을 것이다. 왜냐하면 기관의 형태는 기능의 행사가 획득된 정도를 표현할 뿐이기 때문이다."(EC, 98) 기관과 기능의 관계는 간단하지 않다. 기관이 기능을 결정하는 경우도 있고 그 반대의 경우도 있을 것이다. 베르그손은 아메바와 같은 원시생물이 특별한 기관에 의해서보다는 신체 전체로서 환경에 작용하는 것을 자주 사례로 든다(MM, 55/ES, 7). 즉 진화의 근원에서 볼 때 생명은 무기물질에 작용하려는 경향이며, 이 경향은 특정한 기관의 형성에 앞서 작용하는 생명의 본성이다.

　이 작용의 방향은 결정되어 있지 않지만 적어도 선택의 흔적을 내
포하며 선택은 몇몇 가능한 행동들을 예상하는 표상을 전제하고
있다. 따라서 생명체가 행동하기 전에 행동의 가능성들이 그려져
야 한다. 시지각은 이와 다른 것이 아니다. 물체들의 가시적 윤곽은
그것들에 대한 우리의 가능적 행동의 구상이다. 그러므로 시각은
아주 다양한 동물에서 서로 다른 정도로 나타날 것이다. 그것은
같은 정도의 강도intensité에 도달한 곳에서는 어디든지 같은 복잡
성의 구조로 나타날 것이다.(EC, 98)

　신다윈주의자가 보기에 이러한 설명은 여전히 형이상학적인 것
으로 여겨질지도 모른다. 포퍼K. Popper가 이미 잘 보여준 바와 같이
과학적 설명은 완벽한 검증verification은 아니더라도 반증falsification
이 가능한 것이어야 한다. 베르그손의 주장은 반증할 수 없는 것이
라는 점에서는 분명히 과학적 설명이 아니다. 우리는 과학적 설명이
기계적이고 법칙적인 데 머물러 있는 한에서 과학의 설명을 넘어서
고자 하는 것이 베르그손의 의도라는 데 주목하고 싶지만, 다른 한
편으로 베르그손이 문제를 상당히 구체적인 형태로 제시했기 때문
에 오늘날 위의 사례에 관한 그의 설명을 과학적 성과와 비교해서
설명하는 것도 어떤 측면에서는 가능하다는 것을 밝혀둔다. 실제
로 이런 연구들이 진행되고 있다. 이는 당연히 유전학의 발전과 관
련된다. 우선 당대 유전학에 관한 베르그손의 입장을 간단히 정리

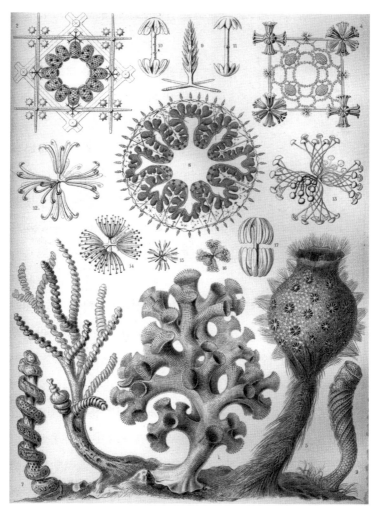

후생동물(metazoa)이란 단세포 원생동물을 제외한 모든 다세포생물로서 발생시에 배아단계를 지나는 생물을 말한다. 후생동물은 다시 조직의 분화가 분명하지 않은 측생동물(parazoa)과, 진정후생동물(eumetazoa)로 나뉜다. 현존하는 측생동물은 위 그림과 같은 해면동물이 유일하다고 한다. 독일의 생물학자 에른스트 헤켈의 『자연의 예술형태』(*Kunstformen der Natur*, 1904)에서 가져온 삽화이다.

해 보자.

윌리엄 베이트슨
(William Bateson, 1861~1926)

신라마르끄주의가 지배하던 20세기 초 프랑스 학계의 상황에서 바이스만의 생식질연계설을 적극 수용한 베르그손은 멘델에 기원을 두고 전개되기 시작하여 1905년에 베이트슨이 명명한 유전학에 관해서는 거의 언급하고 있지 않다. 물론『창조적 진화』는 드 프리스, 베이트슨, 모르간Morgan 등 유전학자들의 작업을 인용하고 있지만 유전학의 적극적 성과에 대해서는 침묵하고 있다. 여기에는 두 가지 정도의 이유를 들 수 있을 것 같다. 우선 신라마르끄주의의 영향으로 신다원주의를 거부한 프랑스 학계의 태도는 유전학의 발달을 저지한 요인으로 작용했다. 베르그손이 이러한 환경과 무관할 수는 없었을 것이다.[10] 다른 하나는 초기 유전학이 입자성 유전 요소를 중심으로 전개되었던 데 기인하는 듯하다. 유전요소는 독립된 원자와 같은 것으로 생각되었고 생명의 물리적 환원을 거부하는 베르그손이 이를 받아들이기는 어려웠을 것으로 여겨진다. 게다가 그의 생명의 흐름 이론은 지속 개념의 연장선상에서 구상된 것이라는 사실을 상기할 필요가 있다.

오늘날 어떤 연구자는 분자생물학의 연구 성과에 따라 베르그손이 제시한 유사기관의 사례를 다음과 같이 해석한다. 척추동물과 무척추동물의 진화노선들이 갈라지기 훨씬 이전의 후생동물에서 이미 이미지를 형성하는 다양한 유형의 시각기관의 유전자가 발견된다. 그러므로 양자에서 나타나는 시각기관이 동일한 원시형태에서 유래했음은 분명하다.[11] 생명 형태들이 서로 다른 진화 노선으로 갈라졌다고 하더라도 시각유전자의 구조와 기능이 유지된다면 양자에서 유사한 형태가 나타나는 것은 있을 수 있는 일이다. 게다가 가리비조개와 인간의 눈의 외견상의 유사성은 유전자의 관점에서는 차이가 크다고 한다. 여기에 베르그손의 결정적인 오류가 있는데 이는 그가 당대에 참조한 자료의 오류에 기인한다. 즉 인간의 눈의 구조와 유전적으로 상당히 높은 수준의 유사성을 보여 주는 것은 가리비조개가 아니라 오징어의 눈이라고 한다. 이 두 노선에서 눈의 구조와 기능의 유사성은 이후에도 많은 학자들을 사로잡아 왔고 유전자의 수준에서도 이미 입증되고 있으며 문제는 이 사례에 국한된 것이 아니라 생물계에서 나타나는 광범위한 유사기관들 자체와 관련된다.[12] 그렇다면 생명의 약동이라는 공통 기원은 분자적 기원으로 환원될 수 있을까? 태초에 유전자가 있었다고 하면 문제는 해결될까? 하지만 유전자라는 정적인 개념으로부터 계통의 분기 혹은 종분화spéciation라는 진화의 동적인 차원의 현상이 과연 완벽하게 설명될 수 있을까? 더 큰 문제는 유전자라는 개념의 실재성 자체가 오늘날 도마 위에 올랐다는 점이다.

1953년 왓슨과 크릭이 DNA에서 RNA 그리고 단백질로 나아가는 일방향의 과정에 의한 복제 기작mécanisme을 발견하고 후에 이를 '중심 도그마'central dogma라고 명명했을 때, 이것은 바이스만의 생식질연계설 및 유전에 대한 그간의 무수한 가설들에 대하여 분자 수준의 확증을 가져온 것으로 평가된다. 1960년대에 프랑스에서는 모노J. Monod와 자콥F. Jacob이 조절유전자 이론을 통해 이러한 유전자 결정론을 보완하였다. 같은 시대를 살던 베르그손주의자 깡길렘마저도 이를 일종의 아리스토텔레스주의라고 하면서 그 철학적 함축을 제시했다.[13] 원자론적 환원주의이든, 형상적 실재론이든 유전체genomics가 고정된 프로그램과 유사하다는 점은 일치하고 있다. 특히 1970년대에 도킨스로 대표되는 신다윈주의는 분자생물학과 결합하여 어느 때보다 더 위력을 떨치게 된다. 유전자는 분자 수준의 안정성을 토대로 동일 개체를 재생산하며, 변이는 분자 차원의 우연한 돌연변이들에 의해 설명할 수 있고, 진화는 이러한 변이들의 집적이 자연선택에 의해 보존되거나 제거됨으로써 이루어진다는 생각은 전통적 다윈주의를 분자 환원론으로 재구성한 것이다.

하지만 오늘날 이러한 엄격한 유전자 결정론의 입장은 도전받고 있다. 20세기 후반에는 유전자만이 아니라 유전자를 감싸는 세포질 내의 요소들(주로 단백질)에 대한 연구가 활발해지면서 사람들은 이것들의 기능과 대물림과정에 주목하고 있다. 이와 같은 '후성유전학'l'épigénétique의 발달로 상당수의 생물학자들은 DNA는 유전적 안정성을 담보하는 유일한 작용인이 아니라, 그 자체가 "생화학적 네트워크를 구성하는 역동적 체계 전체의 일부"에 지나지 않는다는 견해를 보여 주고 있다.[14] 이러한 역동적 생화학 체계인 유기체의 관점에서 볼 때, 유전적 안정성은 의문에 붙일 수 있다. 켈러E. F. Keller에 의하면 생물 복제의 신뢰성은 절대적인 것이 아니라, 생물체가 처한 조건에 따라 달라진다. 예를 들면 돌연변이는 유전적 안정성을 유지하는 데 필요한 유전자의 결함이 있을 경우 증가한다. 심지어 그것은 이러한 자극이 없을 때도 생겨난다. 이러한 사례들은 "생물이 단지 진화의 수동적인 매개체가 아니라 자신의 변화 발동기를 가지고 있다는 것" 즉 "무작위적 유전적 변이와 점진적인 표현형 변화에 의존하는 느린 과정이 아니라, 생물학적 되먹임 네트워크의 인도를 받는 급속한 유전체 재구성"이 가능하다는 것이다.[15] 앞서 베르그손이 드 프리스의 연구로부터 주목한 "변화하려는 경향"이라는 개념을 이와 다르게 생각할 수 있을까? 이는 진화가 타성적이고 수동적인 우연들의 집적에서 비롯하는 것이 아니라, 생물 자체의 역동적 변화의 경향에서 비롯한다는 것을 극명하게 보여 주는 것 같다.

위와 같은 역동성의 실체가 무엇인지에 대해서는 누구도 말하기 어려울 것이다. 게다가 이 문제는 현재진행형의 논쟁이어서 더욱 더 그러하다. 그러나 적어도 유전자 환원주의의 실패에 대해서는 어느 정도의 합의가 이루어진 것 같다. 극단적 신다윈주의자인 도킨스조차도 유전자 작용의 복잡다양한 기작에 대해서는 동의하고 있다. 킴 스티렐니K. Stirelny에 의하면 도킨스와 같은 유전자 선택론자들도 이러한 사실들을 인지하고 있기 때문에 그들의 입장은 "유전자의 표현형 효과가 어느 정도의 일관성을 보여 주어야 한다는 정도이며 그 이상은 아니다."[16] 하지만 이러한 중재가 『이기적 유전자』의 저자로 하여금 유전자의 배타적 중요성을 거부하게 하는 것은 아니다. 우리가 보기에 이 문제는 유전 현상의 수준에서조차 우발성의 영역은 크게 열려 있다는 것을 말해주는 것 같다. 베르그손은 "유전은 형질들만을 전달하는 것이 아니라……형질들을 변형시키는 약동도 역시 전달한다"(EC, 232)라고 말한 바 있는데 유전과 진화의 연속성을 강조하는 그에게서 진화가 우발성과 창조를 향해 있다면 유전도 그러할 것이 당연하다. 유전적 안정성이 담보된다 해도 그것은 변이의 경향에서 자유로울 수가 없는 것이다.

진화의 계통들과 우발성 ― 굴드와 베르그손

역사에는 재미있는 우연의 일치가 종종 있다. 베르그손이 극단적 결정론의 대표자로서 인용한 다윈주의자 토마스 헉슬리의 손자이며 동물학자인 줄리안 헉슬리는 1923년 자신이 베르그손의 철학에서 얼마나 깊은 영감을 받았는지를 고백하면서 "진화에 대한 베르그손의 관점은……넘어설 수 없는 것"이라고 극찬을 아끼지 않았다.[17] 그는 생명의 약동 개념에는 별 관심을 보이지 않았으나, '분기하는 진화의 노선(계통)들에 대한 베르그손의 설명에서 "진화의 비결정적이고 예측불가능하며 창조적인 특징이라는 생각"을 전폭적으로 수용한다.[18] 그런데 이 친베르그손적인 태도는 피셔R. Fisher, 도브잔스키T. Dobzhansky, 라이트S. Wright, 홀데인J. Haldane과 같은 개체군 유전학자들에게서 공통적으로 발견된다. 특이한 것은 이들이 모두 1940년대에 이루어진 진화종합설의 주요 인물들이라는 것이다. 비록 진화종합설이 결국 신다윈주의의 우세로 굳어지기는 했지만, 사실은 다양한 태도의 종합이라는 것을 알 수 있다.

좀 더 현대로 가까이 와 보면 베르그손의 진화론은, 누구보다도 신다윈주의에 대한 격렬한 비판자로서 20세기 후반에 이르러 새로이 진화의 우발성을 주장하는 고생물학자 스티븐 제이 굴드의 그것과 상당히 닮아 있음을 지적해야겠다. 본질적인 유사성을 설명하기 전에 우선 다음의 일반적인 유

스티븐 제이 굴드
(Stephen Jay Gould, 1941~2002)

사성을 확인하고 넘어가도록 하자. 베르그손이 신다윈주의를 비판하는 것은 그들이 우연변이와 적응만을 강조하기 때문이다. 우연변이와 적응은 진화의 소극적 원인은 될 수 있어도 적극적 원인은 될수 없다. 이러한 비판에도 불구하고, 베르그손은 진화가 획득형질과 무관하게 생식요소들 내에서 변이들의 연속적 생성에 의해 일어난다고 보았다는 점에서 신다윈주의와 일치한다. 게다가 다윈주의를 과학적 진화론의 대명사로 본다면 베르그손이 다윈주의를 부정하는 것은 결코 아니며 단지 진화에 대한 기계론적 해석을 경계할뿐이다. 이것은 굴드도 마찬가지다. 굴드가 종종 다윈의 점진주의를 비판하지만 그 대상은 진화설의 과학적 창시자로서의 다윈이 아니라 신다윈주의적으로 굳어진 진화설이다. 실제로 다윈 자신의 신다윈주의적인 측면은 그의 사상의 일부에 지나지 않을 정도로 다

원주의는 (획득형질의 유전까지도 포함하여) 복합적인 내용을 가지고 있다. 굴드는 "다윈 혁명"을 이야기하면서, 플라톤의 본질주의가 변이에 대한 다윈의 사유에 와서 비로소 종결된 것으로 본다.[19] 그래서 "우리가 거부해야 하는 것은 점진주의이지 다윈주의 그 자체가 아니다."[20]

고생물학자인 굴드의 관심사는 변이나 유전을 직접 다루는 미시적 진화보다는 어마어마한 기간에 걸쳐 있는 화석 기록을 가지고 추론하는 거시적 진화이다. 이 입장에서는 '역사성'이라는 주제가 뚜렷이 부각된다. 굴드가 자신의 방식으로 이해한 생명 진화의 역사는 결정론의 세계가 아님은 물론이고 순수 우연의 놀이도 아니다. 1989년에 출간된 『경이로운 생명』에서 그는 이 불행한 이분법을 극복하는 대안으로 우발성contingency 개념을 제안한다.

우발성이란 그 자체로 존재하는 어떤 것이며 결정론determinism과 우연randomness(혹은 무작위성)의 조합이 아니다. 과학은 오랫동안 역사라는 유형의 설명을 고려하는 데 늑장을 부려 왔다. 지금까지 공식화된 해석들은 이러한 태만으로 인해 훼손되어 왔다. 과학은 또한 역사를 무시하는 경향이 있었다. 역사와 대면하게 될 때 우발성에 호소하는 것은 무시간적인 '자연법칙'에 직접 기초한 설명보다는 덜 우아하며 덜 중요한 것으로 간주되었다.[21]

위 인용문에서 굴드가, 진화는 결정론과 우연의 조합이 아니라고 한 말은 자끄 모노의 『우연과 필연』을 상기시킨다. 실제로 모노

캄브리아기 대폭발은 5억 3천만 년 전 캄브리아기에 분류학적으로 매우 높은 수준의 차이를 나타내는 동물들이 갑작스럽게 대규모로 출현한 사건을 말한다.

는 우연변이와 분자적 결정론에 토대를 두고 환원주의를 공고히 한 사람이다. 유전학에서의 환원주의, 그리고 진화론에서의 신다 원주의는 나중에 서로 통합되면서 주류 생물학의 태도를 구성하 게 된다.

생명진화의 역사는 화석 기록의 증거를 갖는다. 굴드는 1905년 발견되어 수십 년 동안 위와 같은 편견으로 인해 올바로 해석되지 못한 버제스 이판암의 캄브리아기 동물 화석들에 대한 정밀한 연 구를 통해, 점진적 진화론을 단호히 거부하기에 이른다. 5억 3천만 년 전 캄브리아기에 다세포 동물 문phylum들이 그야말로 폭발적으 로 증가한 사건이 있었다. 이 시기는 단세포생물에서 초보적인 다 세포생물로 이행한 지 얼마 안 되는 때였고 따라서 이 수많은 동물

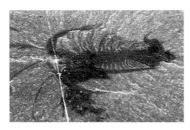

버제스(Burgess) 이판암(또는 혈암, shale)의 캄브리아기 화석들. 버제스 이판암은 캐나다 남서부 브리티시컬럼비아 주 버제스 산에 있는 거대한 암석층으로 캄브리아기 생물군의 화석을 세세한 것들까지 잘 보존하고 있는 것으로 알려져 있다. 왼쪽은 마렐라 스펠렌데스(Marrella splendens)라는 절지동물의 화석이며 오른쪽은 포식동물 아노말로카리스 카나덴시스(Anomalocaris canadensis)이다.

문들을 그 조상으로부터 분리하는 차이는 어마어마한 것이다. 이들로부터 수억 년 전에 살았을 조상동물의 화석기록은 부재하지만, 킴 스티렐니에 의하면 분자시계 기법에 의해 이를 추정하는 것이 가능하다.[22] 하지만 캄브리아기에 이르러 비로소 위와 같은 이질적인 특질들을 가진 동물들이 생겨났기 때문에 이를 폭발이라 부르는 것은 여전히 타당하다. 굴드에 의하면 이 차이는 단순히 유사종들 간의 차이가 아니라 몸 형성의 '기본 설계'basic design와 관련된 폭넓은 '해부학적 이질성'anatomic disparity이다. 캄브리아기 대폭발로 불리는 이 사건은 생명의 역사에서 단 한 번 일어났다. 거기서 나온 동물문들은 많은 수가 멸종하였고 나머지는 진화의 주요 노선들로 분기되면서 점차로 막대한 수의 종들로 급속히 분화되고 안정되어 갔다. 결국 진화의 역사는 이 시기에 "확립된 설계를 변형한" 것이다.[23]

이처럼 굴드가 생명 형태들의 폭발과 분기, 분화를 부각시키면서 진화가 우발성의 영역에 속한다고 보는 것은 자연선택의 중요성을 현저히 약화시킨다. 이러한 기본적인 태도는 베르그손의 생각과 일치하는 것임을 볼 수 있다. 베르그손에게서 폭발로 상징되는 약동의 특징은 자연선택의 영역 밖에 있는 새로움의 출현이다. 일단 진화의 노선(계통)들이 나타난 후 국소적 영역에서 자연선택이 작용한다는 것은 굴드도 베르그손도 부정하지 않는다. 이들이 신다윈주의를 비판하는 것은 자연선택이 진화의 커다란 노선들 자체를 조건짓는다고 할 때이다. "한 종이 자신에게 만들어진 생존 조건에 적응하지 못할 때 사라진다는 것은 너무나 명백하다. …… 사실인즉 적응은 진화운동의 여러 굴곡을 설명하지만 그 운동 자체는 말할 것도 없고 그것의 일반적 방향들에 대해서도 설명하지 못한다."(EC, 103~104) 굴드 역시 자연선택이 본래 다윈에게서조차도 국지적 환경에 대한 적응에 지나지 않는다는 것을 강조하면서 그것은 "일반적 진보나 복잡화complication의 증대에 대한 이론적 근거가 되지 못한다"고 말한다.[24]

그렇다면 진화에 의한 생명 형태의 복잡성은 어떻게 해서 가능하게 되었을까? 우선 복잡화라는 현상은 인간적 의미의 진보도 아닐 뿐더러 위에서 말한 이유로 해부학적 이질성의 탄생은 더더욱 아니다. 생명의 형태들이 진화의 과정 중에 점점 더 복잡성을 띠는 것처럼 보인다고 해도 그것은 일정한 기본 설계 위에서 단지 몇몇 세부사항이 배가되는multiplier 현상이라는 것을 명확히 해 두자. 굴드는 '이질성'disparity과 '다양성'diversity이라는 두 용어를 구분하면서 전자는 문 수준의 기본 설계를 결정하는 말로서, 후자는 종적 다양성을 지칭하는 말로서 사용한다.[25] 그러므로 조직화organisation

나 복잡화는 종분화와 관련된다. 캄브리아기 폭발 이후 오늘날까지 많은 수의 종들이 탄생하고 더 복잡한 형태들이 출현했다는 것은 사실이다. 그런데 일정한 해부학적 기본 설계가 만들어진 후에는 전문화specification 이외에 다른 방식의 변화는 불가능하다는 것이 굴드의 설명이다. 그러므로 종들 간의 다양성이 아무리 크다 하더라도 거기에는 일정한 한계가 있다. 가령 포유류는 네 개의 다리를 가지고 있다든지, 또는 동물의 크기와 형태 간에는 밀접한 관계가 있는데, 물리적으로 볼 때 크기가 증가하면 부피는 증가하지만 작은 유기체에 비해 표면적이 상대적으로 감소하기 때문에 복잡한 내부기관(허파 등)을 발달시킬 수밖에 없다든지 하는 것이다.[26] 즉 진화가능성은 그렇게 해서 제한된다. 자연선택은 이렇게 한계지어진 가능성에 대해서만 작용한다. 베르그손 역시 생명 계통의 분기로 인한 진화가능성의 한계를 말하면서 이를 성장과정에 비유하고 있다.

> 약속으로 충만한 불확실성이야말로 유년기의 최대 매력 중의 하나이다. 그러나 상호침투하는 인격들은 성장하면서 양립 불가능하게 되고 우리 각자는 하나의 삶을 살 수밖에 없기 때문에 선택을 해야 한다. 사실 우리는 끊임없이 선택하고 있으며 끊임없이 많은 것을 버리고 있다.(EC, 101)

물론 베르그손의 경우 이러한 진화가능성의 한계가 창조로서의 진화에 장애 요인이 되지는 않는다. 그에게 있어 생명의 창조적 특성은 변화의 해부학적 크기와 관련된 것은 아니기 때문이다. 이런 관점은 오히려 신다윈주의에 가깝다. 스미스J. M. Smith와 서트머리Szathmary에 의하면 진화의 역사에서 주요한 전환기가 존재하는데, 가령 벌거벗은 복제자에서 최초 개체로의 이행, 진핵생물의 탄생, 세포분화, 동식물의 탄생, 사회생활의 탄생 같은 것들이다.[27] 도킨스의 '진화가능성evolvability의 진화'도 이러한 맥락에서 이해된다.[28] 진화의 가능성이 역사적 사건들에 의해 변화한다는 말이다. 이런 개념들은 진화가 특정 조건에 의해 제한되는 것이 아니라 미래를 향해 열려 있다는 것을 표현하기 위한 것이지만, 사실 논리상으로 볼 때는 시간의 적극적 역할을 인정하는 것이어서 우연변이와 자연선택의 기계론적 설명을 뛰어넘는 것이라고 할 수 있다. 아무튼 굴드에게서 계통들의 분기는 동시에 가능성의 제한을 나타내지만 신다윈주의와 베르그손의 경우 가능성의 개방을 본다는 점에서는 공통점을 갖는다.

그렇다면 이제 계통들의 분기가 아니라 좀 더 구체적으로 신종의 탄생이라는 문제로 들어가 보자. 베르그손에게서 변화와 창조는 각 종과 개별 유기체에서 연속적으로 나타난다. 이것은 생명의 흐름의 부단한 역동적 과정에 기인한다. 하지만 변이의 크기가 일정한 한도에 달할 경우에만 변화는 눈에 띄게 된다. 연속적 변화 속의 질적 비약, 베르그손은 종의 탄생을 이와 같이 설명한다(EC, 28~29). 신종의 탄생은 진화생물학에서도 가장 해명하기 까다로운 문제이다. 현재 가장 설득력 있는 설명은 굴드와 엘드리지N. Eldredge의 단속평형설punctuated equilibrium이다. 화석기록에 의하면 종들은 수백만 년간 안정된 형태로 존재하며, 단지 매우 제한된 시공간에서 기후의 급속한 변화나 지질학적 격변 등 강력한 선택압에 노출된 주변종들의 극적인 변화에 의해 그것들은 단속적으로 출현한다는 것이 거의 정설로 되어 있다. 이는 실제로 화석 기록에서 종들이 언제나 모[母] 계통과의 급속한 단절로서 나타나며, 중간 단계를 보여주는 증거가 거의 없다는 오랫 동안의 문제점을 해결하고 있다. 이런 이유로 굴드는 점진주의를 19세기 진보 이데올로기의 잔재라고 보는 것을 주저하지 않는다. 베르그손은 이것을 기계론적 본성을 맹목적으로 따르는 지성의 오류라고 본다. 반대로 굴드나 베르그손을 비판하는 자들은 이러한 입장을 비합리주의로 매도한다.

하지만 문제는 고생물학상의 증거를 어떻게 해석하느냐가 될 것이다. 굴드의 단속평형설의 기본적 생각은 신다윈주의자인 마이어E. Myer에 의해서도 이미 제기되어 적극 채택되었다. 그러나 마이어는 이것을 개체군 사고와 결합함으로써 점진주의와 화해시킨다. 즉 종분화는 조상종으로부터 지리적으로 격리된 일부 개체군에서 급속하게 일어나는 까닭에 별로 화석을 남기지 못한다는 것, 그럼에도 불구하고 이 단절은 외양에 지나지 않으며, 결국 개체군 내의 극심한 "유전적 재조직화"와 잇따르는 자연선택으로 설명할 수 있기에 점진주의와 모순되지 않는다는 것이다.[29] 진화에서 종의 실체성을 부정하고 개체군적 사고를 주장한 것이 마이어의 독창성으로 인정된다. 게다가 거기서는 유전학의 역할도 충분히 고려된다. 하지만 개체군적 사고와 유전학의 결합이 다윈적 점진주의를 받쳐주는 필요충분조건이 될 수는 없다. 지리적 격리에 따른 짧은 종분화

기간의 "매우 급속한 진화의 속도"라는 생각이 과연 점진적 변화의 축적에 의한 진화와 어떻게 양립할 수 있을까? 오히려 굴드의 생각대로 단절적이고 우발적인 사건에 더 가깝지 않은가? 일반적으로 신다윈주의가 주장하는 국소개체군 내의 미소변이와 자연선택에 의한 변화는 소진화를 설명하는 데 적합하며, 굴드가 주장하는 우발성과 단절(대멸종을 포함하여)에 기초한 종분화 기작은 대진화를 설명하는 데 적합하다고 평가된다.[30] 양자가 각기 자신의 영역을 다른 곳으로 확대하고자 할 때 문제가 생기는 듯하다.

결론을 내려 보자. 진화에 대한 베르그손의 관점 중에서 생명형태들의 폭발적 탄생과 분기, 역사성과 이에 따른 진화가능성의 상대적 제약, 자연선택의 제한적 역할, 종분화에서의 광범위한 예측불가능성 등과 같은 우발성 논제들은 굴드의 그것에 매우 가깝다. 하지만 개체를 초월하는 생명의 유전적 전달의 연속성, 그리고 진화가능성이 한계만을 갖는 것이 아니라 더 활발한 창조에 열려 있다는 생각은 신다윈주의에 가깝다. 물론 후자에서 창조라는 말은 선호되고 있지 않지만 말이다. 한편 역사성의 문제에 대해서는 신다윈주의자인 마이어도 적극적인 입장이다. 그에 의하면 역사성이야말로 생물학을 물리과학으로부터 구분하게 하는 기본적인 특징이다. 그는 말하기를, "역사적 서술이 설명적 가치를 갖는 이유는 보통 역사적 연쇄 속에서 앞선 사건들이 차후의 사건들에 대해 인과적 기여를 하기 때문이다. …… 그것은 엄밀하게 경험적으로 도달된 특수한 인과성이다."[31] 게다가 마이어는 공룡 멸종의 원인으로 가장 유력하게 지목된 운석낙하 역시 역사성의 사례로 제시하는데 이것은 생명의 역사에서 우발성이 중요한 역할을 하고 있다는 것을 보여 준다. 하지만 우연변이와 자연선택이라는 기계론적 도식에서 우발성으로서의 역사성은 본질적인 역할보다는 부차적인 역할을 하기 쉽다. 신다윈주의의 역사성에 대한 입장은 이런 측면에서 굴드나 베르그손의 그것과 다르다. 물론 베르그손과 굴드의 유사성도 서두에서 얘기했듯이 베르그손의 생명의 약동을 순수한 우발성의 형상화로 해석할 때 가능하다. 철학이 과학에 대한 상위méta 이론에 머물지 않고 구체적인 문제에서 과학과의 대화 또는 소통에 적극적이어야 한다는 베르그손의 주장은 그 경우에 훨씬 더 의미 있게 다가온다. 우리는 이러한 태도가 일정한 한도 내에서는 가능하며 또 그래야 한다고 생각한다. 철학과 과학의 근본적인 전제나 목적, 태도의 차이에도 불구하고 베르그손 자신이 이런 작업을 했기 때문에 100년이 넘은 지금의 시점에서 이러한 비교를 다시 해보는 것이 무리한 일이라고 생각되지는 않는다.

2장

『창조적 진화』에 나타난
몇 가지 근본적 모순들을 이해하기
지성과 직관, 생명과 물질, 의식과 초의식

이 글은 『창조적 진화』에서 나타나는 인식론과 형이상학의 난 문들을 명료화하고 그것들의 상호정합성을 검토하려고 한다. 『창 조적 진화』는 베르그손주의의 본령에 해당하는 내용, 즉 시간의 진 정한 의미에 기초한 생명철학과 우주론이 주요한 내용을 이루는 데, 거기서 지성과 직관, 생명과 물질의 관계와 관련된 매우 까다로 운 형이상학적, 인식론적 문제들이 나오는 것은 주지의 사실이다. 명확성을 생명으로 하는 베르그손의 철학이 과연 이런 문제들을 '명확하게' 해결하고 있는지는 명확치가 않다는 것이 필자의 생각이 다. 베르그손 철학에 대한 여러 해석들의 난립 및 편견들은 이런 배 경에서 유래한다고 생각된다. 우리는 일차적으로 이 책에서 제기된 주장들에 대한 정밀한 분석을 통해 어떤 모순들이 공존하는가를 드러낸 후, 저자의 다른 문헌들과의 유기적 관계 속에서 문제에 대한 이해의 폭을 넓히고자 한다. 그렇게 해서 문제들이 무엇인지를 보여 주고 문제들의 발생 배경과 원인을 분석하려 한다. 그러나 이 글은 곧장 문제의 해결을 의도하는 것은 아니다. 사실 베르그손 철학에 대한 다양한 해석들은 어떤 의미에서 이미 문제 해결의 시도들이다. 그러므로 우리는 기존의 해석들 중에서 가장 중요하고도 잘 알려진 장껠레비치와 들뢰즈의 해석을 살펴본 다음, 거기서 생겨날 수 있는 오해나 문제들도 간단히나마 살펴보려고 한다. 베르그손주의의 역사가 한 세기가 넘은 만큼 그 해석의 역사도 살펴보고 거기서도 여전히 남는 문제들이 무엇인지 가려낼 필요가 있다. 바로 그때에만 베르그손 철학의 현재적 의미를 드러낼 수 있다는 것이 우리의 생각이다.

직관과 지성은 화해할 수 있는가? — 지속의 체험과 과학적 인식의 위상 변화

지성과 직관은 베르그손 인식론의 핵심을 이루는 개념들로 꽤 알려진 편이다. 이것들은 종종 상반되는 정신 기능들로 소개되고 있다. 두 기능의 관계에 대한 가장 명료한 정식은 『사유와 운동자』에 실린 1903년의 글 「형이상학 입문」의 서두에 나타난다. 지성은 무엇보다 분석analyse 능력이고 "사물의 주위를 도는 것"으로 표현되며 직관은 사물과 '공감'sympathie하는 능력으로 "사물의 내부로 들어가는 것"으로 표현된다. 전자는 고정하는 '부호'symbole를 통해 작업하는 인식이고 후자는 직접 사물과 하나가 되는 인식이라는 점에서 각각 상대적 인식, 절대적 인식으로 대립된다(PM, 177~178, 181). 직관의 실질적 근거는 의식의 자기 인식이다. 나는 나 자신과 동일한 하나로서 나 자신에 대한 직접적인 체험을 가질 수 있지만, 이 체험을 개념들로 분석하고 재구성한다면 그것과 본래의 나 자신 사이에 간극이 있을 것은 분명하다. 한편 사물들에 대한 직관은 나의 자기인식 체험을 다른 대상에 전이하는 '공감'에 의해 그 가능성을 추정할 수 있다. 같은 책에 실린 1922년의 글 「서론 2 - 문제의 소재」에서는 이러한 확대된 공감을 더 상세히 설명하고 있다. 직관은 우선 나 자신의 직접적 의식을 의미한다. 두 번째로는 확대된 의식으로서 나 자신의 무의식을 포함하고 타인의 의식으로 갈 수 있는 가능성, 즉 일종의 '심리적인 삼투현상'에 의해 의식 일반에 도달할 가능성 및 약동 자체인 생명 전체와 공감할 가능성이다. 마지막으로는 지속하는 우주 전체에 이를 가능성까지 말하고 있다. 결국 여기서 나오는 결론은 직관은 절대에 도달할 수 있지만 분석은 상대적 인식에 머무르고 따라서 분석과 부호를 수단으로 하는 '실증과학'도 그러한 운명을 피할 수 없다는 것이다.

이 명료해 보이는 내용에서 많은 부분은 베르그손에 특유한 것이 아니다. 우선 나 자신의 의식에는 분석에 의해 접근하는 것보다 직관하는 것이 더 효과적인 인식임은 분명해 보이는데, 그것은 데까르뜨 이래 많은 철학자들이 주장한 사실이다. 또 직관지와 분석지의 구분은 철학사에서 자주 나타나는 인식론의 전형들 중 하나이다. 다른 한편 과학적 인식이 지성의 개념범주들에 상대적이란 사실은 칸트의 『순수이성비판』이 결정적으로 선언한 것이다. 실제로 이 문맥에서 베르그손은 칸트를 길게 언급하고 있다. 베르그손의 독창성은 의식의 본질을 시간성과 운동성으로 정의하고 그것들에 우리가 직접적 체험에 의해 도달할 수 있다는 주장으로 이루어지는데, 이는 초기 저서에서부터 그의 사유의 핵심을 이루는 내용이 아닌가. 다만 「형이상학 입문」은 직관이라는 말로 그것을 명료하게 정의하고 있다는 점에서 자주 참조되고 있는 것이 사실이다. 결국 베르그손이 고대와 근대의 이른바 합리론 철학과 대조되는 것은 직관지를 지속의 인식으로 본다는 점, 이런 면에서 직관지가 지성적 인식과 극명하게 대립된다는 점에서 유래한다.

그러므로 베르그손을 처음 소개할 때 자주 등장하는 분석과 직관의 구분은, 철학사적 맥락과 베르그손의 지속의 철학의 교집합에서 자연스럽게 나오는 것이다. 이 구분 자체에는 베르그손의 어떤 강한 의도가 들어가 있지 않다. 실제로 베르그손은 이 구분을 소개할 때 우리nous라는 말보다는 사람들on이라는 말을 쓴다. 즉 "사람들이 그렇다고들 한다"라는 정도의 뉘앙스인 것이다. 그렇다면 실증과학에 대한 베르그손의 입장도 마찬가지일까. 사실 과학적 인식의 상대성에 대해 말할 때, 논의가 진행되면서 베르그손의 어조가 달라지는 것을 볼 수 있다. 앞부분에서는 우선 부호에 의존하는 실증과학과 부호없이 활동하는 형이상학을 구분하고 전자는 분석, 후자는 직관에 기초하는 인식을 주장하는 아주 뚜렷한 이분법을 제시하고 있으며, 과학의 상대성에 대해서도 비교적 명확하게 말하고 있다. 하지만 그것이 자신의 입장이라고 밝히기보다는 이미 대부분의 철학자들에 의해 동의된 사항임을 암시하는 데 그친다. 한편 분석적 방법은 생명과학에서 그 한계를 가장 뚜렷이 나타낸다(PM, 181~182). 사실 이 생각은 1901년에 발표한「물리생리적 평행론과 실증형이상학」이란 글에서 이미 나타나는데 베르그손은 거기서 실증과학 중에서도 생물학과 인간과학은 기계론적 방법으로 환원되지 않는 고유한

이마누엘 칸트
(Immanuel Kant, 1724~1804)

'경험적인 방법'에 의거해야 한다고 주장하면서 이것을 '실증형이상학'이라고 불렀다(Mél., 463~502). 여기에는 아직 직관의 방법은 소개되고 있지 않은데,「형이상학 입문」에서 제시하는 직관에 의거한 형이상학은 그것(경험적 방법)의 연장이라고 볼 수 있다. 직관의 형이상학이 필요한 이유는 생명현상의 복잡성을 기호들의 단순한 논리로 환원하는 것이 그 진정한 의미를 훼손할 수 있기 때문이다. 한편 수리물리학에 대해서는 구체적인 언급을 하지 않고 칸트의 입장을 논하는 것으로 대신하고 있다. 흥미롭게도 이 글의 말미에서는 칸트적인 도식적 사유에 근대과학의 전부를 설명하도록 맡겨놓는 일이 불합리하다는 것을 강도높게 비판하고 있다. 그에 따르면 근대과학은 그렇게 "일직선적인 단순성을 보여 주지 않으며" 그것의 인식론적 의미도 그렇게 명백하지 않다는 것이다(PM, 214). 예

를 들면 근대수학의 독보적 발견인 미분법은 사물의 윤곽을 파악하는 데 그치는 것이 아니라 그것의 운동과 발생을 추적하려는 노력, 즉 "이미 만들어진 것le tout fait을 만들어지고 있는 것ce qui se fait으로 대치하려는 노력"으로서 이해해야 하는데, 여기에는 지성의 자연적 사유를 역전시키는 직관적 사유가 엿보인다는 것이다(같은 곳). 이와 관련하여 앞에서 인용한 1922년의 글에서는 물질을 분석, 분해함으로써 작업하는 과학적 체계들과 시간 속에서 지속하는 물질적 우주 전체를 분리하고, '미분법'이 그 기원에서는 우주의 지속과 운동을 파악하는 직관적인 사고에서 태동했다는 점을 상기시킨다(PM, 27~29).

결국 「형이상학 입문」에서 과학의 상대성의 문제에 대한 베르그손의 입장은 유보적이라고 할 수 있다. 여기서는 미분법의 의미에서 암시한 것처럼 직관과 지성의 긴밀한 관계 그리고 과학과 형이상학의 '통일'이 강조된다. 다만 직관의 중요성을 강조하는 「형이상학 입문」에서는 마치 지성이 직관에 의해 그리고 과학이 형이상학에 의해 인도될 때에만 절대에 도달할 것처럼 이야기한다.

철학과 과학은 직관 안에서 결합된다. 참으로 직관적인 철학은 형이상학과 과학 간에 그토록 열망되었던 통일을 실현할지도 모른다.(PM, 216)

이 내용은 『창조적 진화』의 4장에서도 되풀이되고 있다. 즉 "공감의 노력으로 생성의 내부에 자리잡는" 직관적 인식이 성공할 경우 "사람들은 지성을 움직이는 것 속에 자리잡는 데 익숙하게 함으로써 지성과 물질에 대한 인식을 완성할 뿐만 아니라 지성에 상보적인 다른 능력을 개발함으로써 실재의 나머지 절반에 대한 조망을 스스로에게 열어 줄 것이다"(EC, 342). 그런데 이 부분은 베르그손이 꼴레주 드 프랑스에서 1902년에서 1903년에 이르는 기간 동안 강의한 '시간 관념의 역사'를 축약하여 덧붙인 것이어서 「형이상학 입문」(1903)의 집필 시기와 거의 같은 시기라 할 수 있고 『창조적 진화』의 일반적 구도와는 좀 다른 것이 사실이다.

실제로 『창조적 진화』의 내부에서 볼 때 지성과 직관은 비교적 일관된 방식으로 설명되지만 「형이상학 입문」과 비교해 보면 상당한 변화가 존재한다. 가장 두드러진 것은 양자의 관계설정에서의 변화이다. 이제 직관과 지성은 전자가 후자를 포섭하는 방식이 아니라 각각 자신의 영역에서 절대지에 도달하는 인식기능으로 이야기된다. 그러므로 과학과 형이상학도 마찬가지일 수밖에 없다. 이 입장은 서문에서부터 명확하게 제시된다. 베르그손은 "개념들은 고체들의 형상을 따라 만들어졌으며 우리의 논리는 무엇보다 고체의 논리"인데 논리적 사유와 타성적 물질의 세계에서 지성이 왜 절대l'absolu에 도달하지 않겠느냐고 반문한다(EC, V~VIII). 『창조적 진화』의 독특성 중의 하나는 지성에 일종의 실용주의적 해석을 제공하는 것인데 그것은 생명진화의 과정을 고찰하는 2장 전체의 내용과 관련되어 있다. 즉 지성은 사변을 목적으로 생겨난 기능이기보다는 행동을 목적으로 하는 기능이다. 그런데 지성의 실용주의적 의미와 그것이 절대지에 도달한다는 주장을 조합하면 상당히 어색해 보인다. 그러나 이 조합이 가능한 이유는 지성의 실용주의적 의미가 더 근본적인 생명진화에 뿌리를 두기 때문이다. 베르그손에 의하면 "행동은 비현실적인 것 속에서 움직일 수는 없으며" 물질에 적응하여 무언가를 얻어낼 것을 목표로 하기 때문에, 생명 진화 속에서 지성의 형식 자체가 바로 물질과의 상호작용에서 형성된다. 고로 무기물질이 바로 지성의 고유한 활동영역이며 "물리학으로부터 그 세부적 실현이 아니라 일반 형식만을 고려한다면 그것은 절대에 접근한다고 말할 수 있다"(EC, 199~200).

반면 「형이상학 입문」에서와 같이 의식과 생명은 직관의 영역이다. 지성이 생명에 행사할 수 있는 영향력과 관련하여 『창조적 진화』는 더 단호하다. 베르그손은 생명과 지성의 선후관계를 분명히 함으로써 지성이 자신보다 더 근원적인 생명의 운동을 이해한다는 것은 원천적으로 불가능하다고 선언한다. 이 영역에서는 지성은 "생명에 대한 자연적인 몰이해"로 특징지어진다(EC, 166). 그러므로 생명과학에서, 물리과학에서 볼 수 있는 바와 같은 엄밀한 법칙은 불가능하다. "어떤 생명체에도 그 자체로서 자동적으로 적용되는 보편적인 생물학적 법칙은 존재하지 않는다"(EC, 16). 이제 직관은 생명의 인식으로부터 좀 더 견고한 정의를 부여받는다. 직관은 직접적 인식이라는 점에서 정의상 단순해 보이지만 사실 단순하지 않은 기능이다. 그것의 뿌리는 본능에서 시작되는데 그 전개의 방향과 의미는 지성과 공유하고 있기 때문이다. 지성은 그것이 의지하는 형식성으로 인해 무한한 대상에 적용되지만 본능은 자신의 특정한 대상에 관한 인식에 한정된다. 그것은 거리를 둔 인식이 아니라 직접적인 공감이라는 점에서 생명에 대한 절대적 인식일 수 있다. 문제는 그것이 생명체의 생존이라는 관심에 한정되어 있고 무의식적이라는 점이다. 직관은 본능의 공감능력을 연장한다는 점에서 본능에 기원을 갖는다. 그러나 두 가지 조건을 충족시켜야 한다는 전제가 필요하다. 즉 본능적 공감이 자기의식적인 것이 될 수 있다면, 그리하여 자신의 대상을 무한히 확장할 수 있다면, 특정 대상에 부착된 공감이 아니라 생명 전체로 확장되는 의식적 공감의 가능성을 구상할 수 있을지도 모른다. 그런데 놀랍게도 베르그손은 이 가능성이 현실화되는 조건을 지성에서 구하고 있다. "직관은 지성을 넘어서는 반면, 직관을 그것이 있는 지점으로까지 올라가게 하는 것은 지성의 도움으로부터 가능할 것이다."(EC, 179). 지성의 특징은 무엇보다도 명료한 의식이다. 직관은 지성의 작용으로 자기의식을 회복한다. 즉 깨어난다. 그럼으로써 자신의 인식 대상을 무한히 확장한다. "직관은 무사심하게 되어 자기 자신을 의식하고 대상에 대해 반성할 수 있으며 그것을 무한히 확장할 수 있게 된 본능이다"(EC, 178). 결국 직관의 정의는 의식적 공감이라는 일견 모순된 기능들의 조합으로부터 가능하게 된다.

그러므로 직관이 그 정의 안에 지성적 연원을 포함함으로써 이전에는 직관이 지성에게 일방적으로 시혜적인 관계였던 상황에서 이제 양자가 순환적이고 상보적인 관계로 재정립된다는 것을 알 수 있다. 양자가 각기 자신의 영역에서 독립성을 가지고 절대지에 도달하지만, 직관은 그 기원에서 지성에 빚지고 있으며 지성은 생명의 영역을 연구할 때 직관의 도움을 받을 수 있다. 직관만이 생명에 대한 적합한充塡的, adéquate 인식일 수 있다고 해서 생명과학의 가능성을 부정하는 것이 아니다. 지성이 생명체를 포함한 모든 물체를 무기체corps inorganiques로 다루는 것은 "과학적 의미에서는 정당하다"(EC, 200). 다만 생명에 대한 과학적 인식은 부호에 의존하는 만큼 적확하다기보다는 상징적이고 일면적일 수밖에 없다. 바로 이런 상황, 즉 생명은 논리적 범주에 완전히 포섭되지 않는다는 것, 단일성, 다수성, 인과성, 목적성 등의 개념 범주는 생명의 과정을 충분히 설명할 수 없다는 한계에 대한 인식이 필요하다(EC, VI, 179). 바로 여기서 과학과 철학의 새로운 결합가능성이 타진된다. 그렇게 함으로써 우리는 "존재 자체의 심층에 도달한다"(EC, 200). 베르그손이 "인식론과 생명이론이라는 두 가지 탐구는 재결합해야 하며 순환적 과정에 의해 서로를 무한히 진전시켜야 한다"고 말할 때 의미하는 것도 바로 그것이다(EC, IX).

이제 과학과 철학의 결합의 이상은 직관 속에서 모든 것이 용해되는 「형이상학 입문」과는 매우 다른 그림이 된다. 『창조적 진화』는 지성의 발생학을 면밀히 연구할 뿐만 아니라 지성의 위상을 직관과 거의 동등하게 정립했다는 점에서, 강한 의미의 비합리주의라는 해석이 들어설 여지를 남기고 있지 않다. 더 나아가서 『사유와 운동자』에 실린 1922년의 글 「문제의 위치」에서는 "형이상학은 과학보다 우월하지 않다. 그것들은 둘 다 실재 자체에 근거한다"고 말하고 있으니 『창조적 진화』의 입장은 변화하기는커녕 더 견고해졌다고 보아야 할 것이다(PM, 43).

이와 같이 직관과 지성의 관계는 『창조적 진화』에서는 생명의 인식을 중심으로 해서 무리없이 맞물린다. 그런데 이제 지성적 인식의 위상을 둘러싸고 꽤 심각한 문제가 나타난다. 지금까지 본 것처럼 지성은 자신의 영역에서 즉 물질에서는 절대지를 제공한다. 그럼에도 불구하고 형이상학과 인식론의 가장 까다로운 문제들을 다루는 이 책의 3장에서 베르그손은 물질의 법칙들이 객관적 실재성을 표현하는 것이 아니라 정신의 "아주 부정적인 경향들"을 나타내는 것이며(EC, 219), 수학적 질서는 "부정의 체계"système de négations이자 "진정한 실재성의 현존이기보다는 부재"라고 말한다(EC, 209). 이러한 규정은 그것이 무엇을 의미하는가를 살펴보기 전에 그 표현방식만으로도 문제거리가 될 수 있다. 지성은 물질에서 절대지에 도달하며 과학은 물질적 실재 자체에 근거하는데, 지성적 인식과 물질적 실재는 부정 혹은 부재에 불과하다는 말은 진술 자체만으로도 모순처럼 들린다. 그래서 들뢰즈도 부정의 문제에 관해 "최악의 모순이 체계의 한복판에 자리잡고 있는 것 같다"고 지적한다(B, 74). 특히 베르그손의 철학을 부정이 아니라 긍정의 철학, 차이들의 철학으로 해석하는 그에게서 이 모순은 중대한 것임에 틀림없다.

이 문제를 이해하기 위해 과학적 인식에 대한 베르그손의 견해를 살펴보자. 베르그손은 과학이 보여 주는 탁월한 성과를 이중적으로 해석하는데, 하나는 협약주의conventionalisme적 관점이고 다른 하나는 점진주의approximatisme라 할 만한 관점이다. 우선 과학은 사물을 전체로서가 아니라 특정한 측면에서 부분적으로 고찰할 수밖에 없고, 측정의 단위들을 정하며 일정한 변수들을 선택하지 않을 수 없다. 게다가 과학이론은 문제들이 제기되는 순서에 상대적인 방식으로 구성될 수밖에 없다(EC, 219~220). 생리학자 비샤는 생리학을 물리화학의 용어로 표현하는 데 거부감을 보이면서 만약 생리학이 물리학보다 먼저 나왔다면 강의 흐름, 결정의 응집, 행성들의 운동 등이 모두 자극과 반응, 감수성, 수축성 등의 생리학 용어로 표현되었을 것이라고 말한 바 있다.[1] 과학에 필수적인 단위나 법칙들, 이론들이 자연 안에 그 자체로 존재한다는 실재론적 입장을 거부한다는 점에서 베르그손은 협약주의적 관점을 취한다. 베르그손의 협약주의는 그의 제자인 수학자 에두아르 르루아E. Le Roy에게 빚지고 있다(EC, 219). 르루아는 「새로운 실증주의」라는 논문에서 자신의 입장을 유명론nominalisme과 구별하면서 과학적 사실들과 법칙들은 규약에 속하지만 임의적인arbitraire 것은 아니라고 말한다.[2] 그것들은 인간 행동의 필요성에 근거하기 때문이다. 그런데 이러한 르루아의 실용주의적 입장은 베르그손에게서 빌려온 것이다. 따라서 우리는 베르그손에게서 실용주의와 협약주의가 상호 순환적 관련을 맺고 있음을 알 수 있다. 과학적 인식이 일종의 부정적 경향이라는 주장은 그것이 진리 자체가 아니라 실용성을 목적으로 한다는 점에 기초한다. 하지만 곧이어 베르그손은 "물질에는 근사적으로 수학적인 질서가 내재하며, 그것은 일종의 객관적 질서라 할 수 있고, 과학의 진보는 거기에 가까워짐을 가능하게 할 것"이라고 말한다(EC, 219). 이 내용은 물질이 기하학의 무대인 순수 공간을 향하는 운동으로 구성된다는 베르그손의 형이상학과 연관되는데 이에 대해서는 다음 장에서 다루어 보겠다. 여하튼 이 맥락에서 협약주의가 과학법칙들에 대한 부정적 묘사를 가능하게 한다면, 점진주의는 과학적 인식의 절대성을 확신하게 해 주는 것 같다. 물론 협약주의가 반드시 부정성과 관련되는지, 그리고 점진주의가 과연 인식의 절대성을 기초할 수 있는지는 여전히 따져보아야 할 문제로 남는다. 게다가 한 철학의 내부에서 이 두 가지 관점이 어떻게 화해할 수 있는가 하는 것도 문제이다. 적어도 우리는 이 두 가지 관점이 베르그손에게서 모순된 형태로 공존하는 것은 아니라는 말은 할 수 있을 것 같다. 우리는 그가 "자연의 밑바닥에는 수학적 법칙들로 정의된 어떤 체계도 없으며, 수학은 일반적으로 물질이 다시 떨어지는 방향을 나타낼 뿐"이라고 말할 때 그것을 짐작할 수 있다(EC, 220). 이는 수학실재론을 부정하면서도 수학이 물질의 운동을 표현하는 방향 혹은 지침을 주고 있다는 것을 의미하기 때문이다.

생명과 물질, 위계인가, 평등인가 — 부정성이라는 수수께끼

『창조적 진화』에서 부정성의 문제는 인식론에 국한되지 않는다. 여기서 인식론과 존재론은 분리되지 않는 순환 구조를 형성하고 있다. 그러므로 이 절에서는 인식론의 문제를 존재론의 배경 위에서 살펴보려고 한다. 기계론과 목적론의 관점을 동시에 비판하는 이 책의 1장 말미에서 베르그손은 유기체를 단순한 기계로 간주하는 기계론의 입장을 비판하는 이유를 다음과 같이 말한다. "이 기계[유기체]의 물질성은 더 이상 사용된 수단들의 전체가 아니라 극복된 장애물obstacles의 전체이다. 그것은 적극적 실재라기보다는 부정négation이다"(EC, 94). 이 말의 의미는 생명 진화의 방향들을 추적하는 2장에 가서야 이해될 수 있는데 거기서 생명은 물질이라는 '장애물'을 극복하고 "물질에 비결정성을 덧붙이려는 노력"으로 정의된다(EC, 116, 127). 따라서 장애물이라는 비유는 부정이라는 표현과 함께 단순히 인식적 차원이 아니라 사물 자체, 물질 자체에 적용되는 것임을 알 수 있다. 2장 전체의 작업은 생명 진화를 물질에 적응하고 거기서 자신의 창조적 경향들을 전개시키는 '생명의 약동'의 적극적 활동으로 설명하는 것이다. 그러면 노력과 장애물로 묘사된 생명과 물질은 서로와 관련하여 어떤 위상을 차지하고 있는가. 즉 그 관계설정은 어떠한가 라는 질문에서 시작해 보자.

베르그손이 묘사하는 생명은 물질과 대면하여 승승장구하는 전사의 그것이 아니다. 극복이니 노력이니 하는 것은 바로 이 대면의 어려움을 묘사하는 표현들이다. 생명의 약동은 유한한 힘에 지나지 않는다는 어구가 수차례 반복해서 나타난다(EC, 127~128, 142, 252, 254). 두 가지만 들어 보자.

약동은 유한하고 단 한 번 결정적으로 주어졌을 뿐이다. 그것은 모든 장애물을 다 넘을 수는 없다.(EC, 254)

가장 완벽한 작품에서 노력이 외적 저항들과 자신의 고유한 저항을 이긴 것처럼 보인다 해도, 거기서조차 그것은 자신이 의지할 수밖에 없었던 물질성에 좌우되고 있다.(EC, 128)

생명의 진화를 이끄는 추진력으로 제시된 일종의 생명원리가 시간 속에서 결정적으로 주어진 것이며 물질의 장애물을 넘고자 하는 노력임에도 불구하고 결코 완벽하게 성공할 수 없다는 사실은 물질적 원인이 결코 우연적인 것이 아니라 필연적인 것임을 말해 준다. 즉 생명현상에서 물질은 없어도 되는 사소한 요인이 아니라 생명의 활동에 적극 개입하여 진화의 방향을 되돌려 놓거나(마비, 퇴화) 소멸시키고(멸종), 유기체가 생존에 성공한 것처럼 보이는 경우에도 그것의 구조나 환경으로서 필수적 요소를 구성한다. 이런 상황에서 부정이나 장애물이라는 말은 정확히 무엇을 의미하는가? 가장 단순한 대답은 이것이 상대적인 표현이라는 것이다. 즉 물질은 생명의 관점에서 볼 때 부정적인 요인이다. 나중에 보겠지만 『창조적 진화』에서 이러한 생각은 하나의 해답으로 제시될 수 있다.

그러나 생명과 물질의 관계를 본격적으로 다루는 3장으로 가면 이 대답으로 만족할 수 없는 상황이 펼쳐진다. 생명과 물질의 관계 문제는 이미 이 책의 서두에서부터 중요한 주제라고 할 수 있고 전체적으로 보아 양자의 대립이라는 구도에서 이해할 수 있지만, 1장에서는 주로 기계론에서 전제하는 고정된 물질관을 비판하고, 2장에서는 생명의 활동의 관점에서 물질을 극복해야 할 장애물로 묘사한다면, 3장에서 그것은 새로운 국면을 띠게 된다. 여기서 물질과 생명은 정반대되는 방향의 '운동' 속에 있는 두 흐름으로 제시되고 그 과정에서 "지성의 발생을 추적하는" 작업이 수반된다. 베르그손 형이상학의 최종적 구도를 형성하는 이 국면은 독자에게 일종의

'관념적'idéal 기획 안에 위치하는 노력을 조건으로 요구하면서 "지성과 물질의 동시발생"의 과정을 설명한다. 베르그손 자신은 좀 더 나중에 '물질의 관념적 발생genèse idéale'이라는 제목으로 물질 자체의 형이상학적 발생을 다루지만(EC, 238~251), 이미 의식체험으로부터 물질과 정신의 두 방향의 운동을 이끌어내는 이 시도에서 그 내용이 충분히 암시되고 있다. 이 지점에서 우리는 베르그손식의 사유실험에 참여하게 된다. 그러므로 여기에서의 출발점은 생명이 아니라 의식이라는 점을 기억해 두자.

베르그손 철학의 최초 동력인 의식적 지속의 체험을 상기하면, 우리의 과거기억 전체를 초긴장 상태에서 단일하게 밀집시키는 '의지'의 극한 상태와 그와 반대로 주의를 흩뜨림(이완)détente으로써 과거가 추억의 단편들로 흩어지고, 결국 신체와 관련된 감각들에 이르게 되는 양극단을 차례로 상상할 수 있다. 이 양극단의 운동에서 전자는 '정신성'spiritualité의 방향임에 틀림없고 후자는 '물질성'matérialité의 방향이라고 "추정할 수 있다"(EC, 201~202). 베르그손이 정신성을 무엇보다도 '의지적인'volontaire 특징으로 규정하는 것은 멘 드 비랑에서 라베송으로 이어지는 프랑스 유심론의 맥락에서 이해할 수 있다. 반대로 데까르뜨적 의미에서 지성적인 것은 물질성과 같은 본성으로 간주된다. 왜냐하면 흩어진 감각질의 단편들은 '서로 외재적인 부분들'partes extra partes로 되어감에 따라 우리에게 비록 물질 자체는 아니라도 그것의 이상적 배경이 되는 '순수공간'을 엿보게 해주기 때문이다. 순수공간은 정신이 자신의 이완되는 운동의 끝지점에서 형성하는 도식schéma인데 지성의 극한적 형태, 즉 '지성성'intellectualité은 바로 거기서 활동한다. 베르그손은 지성의 본질적 기능을 분석(또는 분할)으로 보고 있으므로, 이러한 분석이 완벽하게 행해질 수 있는 지성적 상상력의 공간이 바로 순수공간이다. 지성은 물론 정신esprit의 기능이다. 하지만 정신은 직관과 지성으로 이분되어 직관이 정신의 본래적 방향으로 운동한다

프랑수아-피에르-고티에 멘 드 비랑
(François-Pierre-Gonthier Maine de Biran, 1766~1824)

면 지성은 거꾸로 된 운동을 하는 것으로 묘사된다(EC, 179, 224). 그것은 지성이 물질에 적응하는 기능이고 위에서 가정한 바와 같이 물질은 정신과는 반대의 운동을 하기 때문이다. 그러나 물질은 "아무리 짧은 것이라 해도 아주 약하고 사라져 가는 지속에 속하는 것이지 무는 아니기 때문에"(EC, 202) 무한히 분할 가능하고 동질적인 부분들이 서로에 대해 완벽하게 외재적인 물질의 이상(연장실체)은 바로 지성에 의해 재구성된 물질이다. 그 점에서 지성성과 물질성은 일치하게 되며 이것이 바로 지성과 물질의 '관념적' 동시발생을 의미한다. 지성과 물질은 공간이라는 동일한 형식을 향해 '상호적응'하는 과정에서 유래하며(EC, 207), 이상적 공간에서 그것들은 지성성과 물질성으로 변형되어 순환적으로 정의된다. 연장실체(물질성)로서의 물질은 지성에 의해 무한히 분할가능하고 지성

펠릭스 라베송(Jean Gaspard Félix Ravai-
sson-Mollien, 1813~1900)

은 그 극한적 의미에서(지성성)
물질을 동질적이고 상호외재
적인 부분들로 무한히 분할하
여 인식하는 기능이기 때문이
다. 그렇게 해서 지성이 추구하
는 과학적 법칙이 물질에 적용
되는 사태가 설명된다. 실재론
자들이 생각하듯 물질의 법칙
들이 그 자체로 물질 속에 존
재하는 것도 아니고 칸트가 주
장한 것처럼 지성이 자신의 형식을 물질에 부과하는 것도 아니다.

지성과 물질의 동시발생을 가능하게 하는 운동은 정신성을 향
한 운동과 대립되는데, 베르그손은 양자의 관계를 특이한 용어로
규정하고 있다. 그에 따르면 정신성은 물질성으로 "역전inversion의
방법에 의해, 심지어는 단순한 중단interruption에 의해 옮겨갈지도
모른다"(EC, 202). 일단 조건법으로 제시된 이 문장은 다시 한 번
"물리적인 것은 단지 심적인 것을 역전시킨 것이라고······ 가정해 보
자"(EC, 203)고 함으로써 이것이 관념적 기획임을 분명히 한다. 역
전이라는 말이 의미하는 바를 즉시 이해하기는 어렵지만 아무튼
그러한 존재론적 관계설정으로부터 수학적 질서와 물질의 존재에
서 "부정의 체계" 및 "진정한 실재성의 현존보다는 부재"(EC, 209)
를 보는 것을 정당화할 근거가 마련되는 것은 틀림없는 것 같다. 이
로써 베르그손의 '유심론적'spritualiste 전제가 가감없이 드러난다. 물

질적 실재성은 정신적 실재성의 역전으로 구성된다는 것이라면 전
자에 대한 후자의 우월성은 분명하고 베르그손은 잘 알려진 것처
럼 플로티노스와 라베송의 철학에 가까워진다. 그렇다면 이들에게
서와 같이 '타락'dégradation이라는 말보다 역전이나 중단이라는 말을
선호하는 이유는 무엇일까? 가령 라이프니츠의 유심론에서도 물질
은 '정신의 타락'이자 '순간적 정신'이다. 플로티노스와 라베송에 대
해서 베르그손은 3장의 한 각주에서 자신과의 유사성을 말하고
있다. 물론 이 고대철학자는 "플라톤과 같이 수학적 본질을 절대적
실재로 삼고" 변화를 "불변성의 타락"으로 본 점에서 여전히 베르
그손이 비판하는 지성주의 철학의 반열에 속한다. 마찬가지로 그
가 "연장을 근원적 존재l'Être originel의 역전은 아니지만 그 본질의
약화, 유출과정의 마지막 단계로 본 점"도 지적되고 있다(EC, 211).
약한 어조이기는 하나 역전과 타락의 차이를 베르그손 자신은 의
식하고 있다. 이제 그것은 다른 문맥에서 훨씬 더 중대한 차이로
나타나게 된다.

　그 차이는 우선 생명의 질서와 기하학적 질서를 다루는 곳에서
두드러진다. 앞에서 본 것처럼 생명에 대한 직관과 마찬가지로 지성
과 과학은 나름의 실재성에 근거하며 절대에 접근한다고 주장되었
다. 생명의 유적générique 실재성과 물리적 법칙의 관계적 특성을 비
교하는 맥락에서, 베르그손은 전자는 "유전hérédité이라는 의심할
수 없는 사실"(EC, 228)에 의해 **사물 자체**la chose en soi에, 실재réalité
자체에 근거"할지도 모르고 따라서 절대에 접할지도 모른다고 조건
법으로 말하고 나서, 후자의 경우에도 그것이 "역전된 질서의 실재

réalité d'ordre inverse에 근거한다면 …… 상대적 인식은 아닐 것"이라고 역시 조건법으로 말한다(EC, 231).[3] 여기서 우리는 여전히 관념적 기획 안에 있기 때문에 단정적 어조를 볼 수 없지만 역전된 질서라는 말은 분명 위에서 본 역전된 운동과 관련된 용어이다. 그러면 역전된 질서의 실재는 실재의 부정인가 혹은 타락인가 아니면 또 하나의 실재인가? 다시 말해 양자의 관계는 위계적인가 아니면 평등한가? 여기에는 일원성과 이원성 사이에서 일종의 주저 또는 왕복이라 할 만한 태도가 발견되는 것이 사실이다. 물질의 인식이 지성에 상대적인 것이 아니라 그 자체적인 것, 절대적인 것에 접한다면 물질 자체는 실재이지 허상은 아닐 것이다. 그러면 물질과 정신은 두 종류의 실재, 혹은 적어도 한 실재의 두 국면을 이루는 평등한 관계라고 추정할 수 있다. 다른 한편으로 물질이 진정한 실재의 전도 혹은 역전에 지나지 않는다면 이 관계는 위계적이다. 왜냐하면 여기서 역전의 관계는 '상호적인' 것이 아니라 '일방적'이기 때문이다. 즉 이 지속의 철학자는 정신성을 향하는 운동의 역전으로부터 물리적 운동의 발생을 이야기하고 있을 뿐 그 반대의 관계에 대해서는 말하고 있지 않다.

이제 무질서와 두 질서에 대한 본격적인 고찰은 이러한 모순을 더욱 심화시킨다.[4] 베르그손은 "인식론은 무질서의 관념에 대한 비판으로부터 시작해야 할지도 모른다"고 말할 정도로 이 문제에 무게를 두고 있다(EC, 221). 무질서의 관념은 혼돈에서 세계의 기원을 설명하는 신화적 사고에 이미 내재해 있다. 플라톤의 이데아론, 아리스토텔레스의 질료형상설로부터 감각적 다양성을 지성의 범주에 의해 질서지우는 칸트의 인식론에 이르기까지 지성은 무질서를 극복하는 나름의 형식에 의해 고유한 가지성intelligibilité을 확보하는 것으로 간주되어 왔다. 다만 고대의 형상적 사유는 생명의 질서를 모범으로 하는 목적론적 체계였다면 근대의 과학적 사유는 수학적 질서를 모범으로 하는 기계론적 체계로 흔히 대립되고 있다. 그래서 고대에는 생명의 유적 사고를 물질의 영역에까지 확대한 반면, 근대과학은 법칙적 사고를 생명과 정신에까지 확대한다. 베르그손은 양자에서 보이는 자의적 일반화를 비판하면서 두 입장을 각각 제자리로 돌려보낸다. 유적 사고는 생명현상에 대한 설명에서 강점이 있다. 그것은 유전이라는 사실에 기초하여 생물학의 분류체계를 정당화해 준다. 반면 법칙적 사고는 물질에 대한 정밀한 인식에서 찬란한 승리를 거두었다(EC, 225~232). 그러나 두 입장 모두 무질서를 두 질서의 "공통의 기체"로 전제하는데(EC, 223) 전자는 생명의 질서를 먼저 놓고 이의 감소나 단순화에 의해 물질의 질서로 내려오는 반면, 후자는 수학적 질서를 통해 자연의 운동방식을 설명한 다음 생명의 질서를 그것의 복잡화 정도로 간주하는 것이다. 따라서 양자에서 모두 무질서에서부터 생명적 질서에 이르는데는 계층화된 직선적인 과정이 있다(EC, 237). 매우 단순명료한 사고방식이라고 할 수 있다.

다시 부정성에 대한 베르그손의 주장으로 되돌아 오자. 베르그손이 위와 같은 자의적 일반화를 비판하는 것은 질서와 무질서는 언제나 '상대적'인 것이라는 존재론적 이유에 근거한다(EC, 235). 예를 들어 시집을 찾아보려고 도서관에 들어갔다가 산문집들만을 본 사람은 "시집은 없다"고 말할 것이다. 하지만 그가 "시의 부재"를 본 것은 아니다(EC, 222). 산문집을 찾으러 간 반대의 경우도 마찬가지다. 또 어떤 정돈되지 않은 방에 들어갔다가 '무질서하다'고 판단하는 경우에, 그것은 인간적 삶이 요구하는 특수한 종류의 질서를 '기대'하고는 그것이 충족되지 않자 자신의 '실망'을 표시한 것이다. 그러나 그 방에는 기계적인 종류의 질서는 (근사적인 형태로나마) 언제나 존재하고 있었다. 즉 "두 질서 중 하나의 부재는 다른 질서의 현존"이라는 것이다(EC, 234). 기계적인 것도 인간적인 것도 아닌, 질서의 기체로서 무질서가 먼저 있고 그것이 두 질서에 의해 채워진다는 생각은 철학적 사변이 낳은 착각들 중에 대표적인 것이다. 그래서 부재 혹은 무질서라는 부정성은 특정한 질서에 대한 우리의 기대가 충족되지 않았다는 "마음의 상태"état d'âme를 표현한다(EC, 235).

이제 베르그손은 존재론의 좀 더 심층적인 문제인 '무'의 개념을 살펴보면서 동일한 종류의 착각을 발견한다. 라이프니츠의 유명한 물음, "도대체 왜 무가 아니고 무언가가 존재하는가?"의 배후에는 존재가 "무의 극복"이라는 생각이 있다. 게다가 무를 극복할 정도의 강력한 존재는 심리적이거나 물리적인 것보다는 논리적 존재이다. 왜냐하면 A=A라는 논리적 공식의 존재는 시간과 무관하게 '영원성' 속에 단번에 위치하기 때문이다(EC, 277). 이런 이유로 고대 이래 존재의 모범은 논리적이고 수학적인 본성을 갖게 된 것이다. 그러면 시간적 본성을 갖는 모든 존재는 부차적인 실재성만을 갖게 된다.

그런데 여기서 문제가 되는 것은 모든 것의 부재를 지칭하는

"절대무"le néant absolu이다. 이러한 무의 관념이 도대체 상상할 수 있는 것일까. 절대무는 우선 '전체'의 관념과 외연이 같다. 왜냐하면 그것은 존재 전체를 삭제한 후에 성립할 수 있기 때문이다. 그런데 전체를 삭제한다는 일이 어떻게 가능할까. 내가 두 눈을 감고 의식 속에서 일어나는 모든 것들을 하나하나 지워나간다고 상상해 보자. 외적 지각들을 모두 제거한다고 해도 나는 내적 지각의 세계에 잠긴다. 내적 지각들을 지탱하는 의식 자체를 제거한다고 생각해 보자. 그러면 곧바로 "또 다른 의식이 나타나 사라지는 의식을 지켜보고 있다"(EC, 278). 이와 같은 의식의 분열 현상은 데까르뜨의 방법적 회의의 전제를 근본적으로 문제삼는 것이다. 모든 것을 삭제한다는 행위는 우리의 직관을 넘어서는 일일 뿐 아니라, 베르그손에 의하면 "사각의 원"처럼 그 자체로 모순되는 관념이다(EC, 280). 왜냐하면 그것은 "그 실행을 가능하게 하는 조건 자체를 파괴하는 것"이기 때문이다(EC, 283). 결국 삭제라는 행위는 언제나 상대적인 것에 머물러 있을 수밖에 없고 무의 관념은 무질서의 관념과 마찬가지로 어떤 존재에 대한 기대가 충족되지 않을 때 생겨나는 실망을 표현한다. 무질서가 다른 질서의 현존이듯이 무의 관념도 다른 존재로의 '대치'substitution를 의미할 뿐이다(EC, 282). 이어서 베르그손은 삭제하는 행위에 내재하는 부정의 힘은 기존재하는 무언가에 대한 긍정에 이차적으로 개입하는 것에 지나지 않기 때문에 순수한 실재(즉 무 자체)를 표현하는 것이라기보다는 '교육학적'이거나(잘못을 교정하겠다는 의지) '사회적인'(타인에게 나의 반대 의사를 알리는) 본성을 갖는다고 지적한다(EC, 286~288).

이제 무질서와 무가 주관에 상대적인 것이라면 실제로는 두 종류의 실재 또는 "서로 환원이 불가능한 두 종류의 질서"를 인정해야 한다(EC, 236). 베르그손의 용어로는 "생명적인 것le vital과 자동적인 것l'automatique"의 질서들이다. 이미 베르그손이 의식의 긴장과 이완이라는 사유실험에서 가정했듯이 정신은 자연적 방향을 좇을 때 "생명적인 것 또는 의지된 것le voulu"의 질서를 발견하며, 반대 방향 즉 지성의 방향을 따를 때 "타성적인 것l'inerte 혹은 자동적인 것"의 질서를 발견한다. 여기서 베르그손이 생명적인 것을 "의지적인 것"le volontaire과 구분해서 "의지된 것"이라고 표현하는(EC, 224~225) 이유는 의지적인 것은 정신성 자체를 말하며 생명적 운동은 정신성 자체는 아니기 때문인 것으로 보인다. 질서는 현실화된 존재의 존재방식이며 따라서 모든 존재는 생명적인 것(심리적인 것을 포함하여)과 물리적인 것으로 나누어질 뿐이다. 그러므로 베르그손은 '정신적spirituel 질서'라는 말은 하지 않는다. 베르그손은 생명적 질서의 사례로 베토벤의 교향곡 같은 예술작품을 드는데 이것은 오히려 정신성spiritualité에 가까운 것이 아닌가 하는 의문이 들 수도 있다. 이는 아마도 이렇게 나타난 정신성이 생명의 옷을 입고 개체적인 의식 안에서 구현된 것(즉 심적인 것)le psychologique이기 때문이 아닐까 생각된다. 이런 구분이 가능한 것은 베르그손이 나중에 개체화되기 이전의 정신성(잠재성 혹은 초의식supraconscience) 자체에 대해 말하기 때문이다. 아무튼 생명의 질서와 기계적인 질서는 두 질서의 이론에 의하면 환원불가능한 관계, 즉 평등한 관계를 누린다. 왜냐하면 무질서는 거짓 개념이며 두 질서 중 하나의 부재는 다른 것의 현존 또는 대치이고 이것은 양자에 상호적으로 적용되는 사실이기 때문이다.

무질서와 무의 관념은 『창조적 진화』 말미에서 상당히 강력한 논변을 구성하고 있다. 그러면 앞에서 수학적 질서와 물리적 법칙들에 가한 부정적 규정들을 이 입장에서 회고적으로 해석해도 될까. 그러나 여기에는 여전히 애매함이 존재한다. 사실 무질서와 두 질서의 이론은 수학적 질서의 부정적 본성을 보충설명하고 심지어 '증명'하기 위해 제시된 것이다. 베르그손은 앞서 우리가 사유실험이라고 말한 것을 상기하면서 두 질서 사이의 관계가 "의식과 감각 경험에 의해 동시에 암시되고 있음을 확립하는 것으로는 충분하지 않고, …… 기하학적 질서는 단지 반대편의 질서의 제거일 뿐이기에 설명이 필요없다는 것을 증명해야만 했다"고 말한다(EC, 237~238). 그런데 위에서 본 것처럼 제거가 대치에 불과하다면 부정성은 상대적 의미로 이해된다. 그래서 이번에는 생명적 질서 또한 기하학적 질서의 제거로써 자연스럽게 설명될 수 있다. 그렇다면 생명 역시 부정성으로 규정할 수 있지 않겠는가? 그 경우 부정이라는 말은 상대적인, 아주 사소한 의미밖에 갖지 않을 것이고 베르그손이 물질과 기하학의 체계에 대해 그처럼 강조한 부정적 규정이 가진 고유한 뉘앙스는 소멸하게 될 것이다. 무질서와 두 질서, 그리고 절대무의 불가능성에 대한 고찰은 긍정성에 기초한 새로운 형이상학의 단초를 제공한다고 할 수 있겠지만 수학적 질서의 부정성을 증명하는 데는 별로 효과적이지 않다. 오히려 우리가 보기에는 그것의 실재성을 증명하는 데 더 효과적일 것 같다.

의식 일반과 생명, 물질의 관계 — 생성의 관점에서

앞에서 본 바로는 생명과 물질은 '진정한 실재'와 '역전된inverse 질서의 실재'라는 이분법으로 설명되는데, 두 질서의 이론으로는 무엇이 정확하게 더 우위에 있는가를 말하기는 어렵다. 인식의 관점에서는 둘 다 절대지라고 말하고 있기 때문이다. 사실 무질서와 두 질서, 그리고 무에 대한 고찰은 존재와 질서를 이미 만들어진 것, 베르그손의 용어로 말하면, 생성의 '단면'coupe을 놓고 탐구하는 데서 나타난 오류를 드러내는 시도이기도 하다. '단면' 또는 '절단면'이라는 용어의 존재론적 의미는 『물질과 기억』 1장의 이미지 이론과 밀접한 관련을 맺고 처음 나타난다. 이미지는 "생성 일반 속에서 어떤 순간적인 절단을 행사하면서 매 순간 얻게 되는 것"으로 정의된다 (MM, 81). 이러한 존재론적 차원에서 부정의 궁극적 의미는 "흘러가는 실재에 등을 돌리고" 이미 만들어진 것, 고정된 것, 지나온 궤적만을 보려고 하는 것으로 이루어진다(EC, 293). 이것은 이미 산출된 것, 생성된 것의 관점이 아니라 생성 자체의 의미에서 볼 때는 명확해진다. 거기서는 '역전시킨다'inverser는 말의 동사적 의미가 되살아난다. 물리적인 것은 정신적인 것(생명적인 것이 아니라)의 역전이고 거기서 위계관계는 분명하다. 그렇다면 물리적인 것에 대한 부정적인 규정은 생명보다는 정신의 관점에서 그렇다고 보아야 할 것이다. 하지만 그때 정신이란 무엇인가? 그리고 그것은 생명과 어떤 점에서 구분되는가? 왜냐하면 생명적인 것은 정신성의 방향과 동일한 운동을 하는 것으로 이야기되기 때문이다.

사실 베르그손은 정신이라는 말보다 의식이라는 말을 선호한다. 『창조적 진화』 전체에서 정신이라는 말보다 의식이라는 말이 더 자주 사용되고 있다. 그러나 의식은 이제 개인적 체험과는 무관한 어떤 종류의 '원리'의 지위를 가지게 된다. 베르그손은 이 책의 2장에서 마비, 기생, 퇴화, 자유를 향한 도약 등 생명의 진화가 보여주는 변화무쌍한 현상들을 후반부로 갈수록(EC, 180sqq.) 의식의 잠듦과 깨어남이라는 이중의 특징에 의해 재구성하고 있다.[5] 지성과 본능을 가르는 기준도 의식이며 직관을 본능의 상태에서 깨어나게 하는 것도 결국 의식이다. 사실 앞에서 진화는 '생명의 약동'의 결과로 설명되는데, 그러면 의식은 약동보다 우월한 원리인가? "생명, 즉 물질을 통해 던져진 의식"이라는 표현을 보면 그런 결론이 도출될 것 같다(EC, 183). 앞서 본 약동의 유한성은 거기서 유래한다. 이제 의식은 "의식 일반"la Conscience en général 또는 "보편적 생명la vie universelle과 동일한 범위의 것"으로 자연스럽게 규정된다(EC, 187). 후자의 표현은 이후에는 거의 사용되지 않는다. 좀 더 나중에는 "더 좋은 말이 없어서 우리는 그것을 의식이라 불렀다. 그러나 문제는 우리 각자의 안에서 기능하고 있는 감소된diminuée 의식이 아니다"라고 함으로써 이를 재확인한다(EC, 238).

이 원리는 결국 끝없는 변화, 성장, 창조로 규정되는 지속 이외에 다른 것이 아니다. 베르그손은 의식의 체험에서 지속을 발견하였기 때문에 일종의 우주적 의식이라 할 수 있는 것을 최고의 원리로 놓는 것 같다. 이와 더불어 "물질의 관념적 발생"이 다루어진다. 물질의 발생과정은 "원인의 중단은……결과의 역전과 등가"이며

"이완되기se détendre만 하면 확장되는s'étendre 원리"에 의한 과정으로 묘사된다. 이완은 앞에서 본 것처럼 의식이 긴장을 향한 자신의 본래 방향과 반대로 가는 운동이며 확장은 연장l'étendue을 향해 가는 운동이다. 그러니까 정신적 원리의 이완으로부터 곧장 연장으로 가는 운동을 도출하려고 하는 것이다. 의식의 차원에서는 자기 운동의 중단인 것이, 결과인 물질에서 볼 때는 역전된 운동을 낳는다. 하지만 이러한 발생은 앞에서 그랬던 것처럼 여전히 조건법과 가정법으로부터 추정되고 있다. 형이상학적 동기에서 베르그손이 드는 사례는 언제나 위로부터 아래로 내려가는 방식으로 다루어진다. 가령 시인이 시를 창조하는 행위는 정신의 단순한 행위이고, 그 창조 행위가 일시적으로 중단되면 그의 사유는 저절로 단어들과 문자들로 흩어진다. 그 반대는 불가능하다. 마찬가지로 물질적 우주를 구성하는 원자들의 수가 증가한다는 생각은 부조리하지만 "시인의 사고가 알파벳의 문자들과 구분되듯이, 원자와 뚜렷이 구분되는, 아주 다른 질서에 속하는 실재가 있어서 갑작스런 첨가로 성장한다면 그것은 용납할 수 없는 것이 아니다"(EC, 241). 이러한 실재의 '이면'l'envers은 "원자들의 병렬"로 표상되는 물질적 세계이고 그것은 결국 더 우월한 다른 실재의 역방향으로부터 생성된다는 것이다.

　이제 적극적 실재를 구성하는 정신적 원리의 본성을 좀 더 구체적으로 설명하면 이러하다. 그것은 어떤 고정적 실체라기보다는 "영속적 성장"이며, "끝없이 이어지는 창조"(EC, 239)이자, "연속되는 분출"jaillissement이기도 하다. 심지어 "신이 그와 같이 정의된다면 전혀 완성된 것이 아니다. 그것은 끝없는 생명이고 행동이며 자유이다.

창조가 그와 같이 생각된다면 그것은 신비가 아니다"(EC, 249). 『창조적 진화』가 종교철학자들에 의해 범신론논쟁에 휘말린 대목이 여기이다. 신토마스주의자 자끄 마리땡J.Maritain은 베르그손의 형이상학을 "심층적으로 무신론"이며 "창조적 범신론"이라 표현했다.6 신 또는 우주가 끝없는 창조라면 그것은 '능산적 자연'이고 이미 만들어진 것은 '소산적 자연'이라 할 수 있을지도 모른다.7 들뢰즈의 다음과 같은 언급도 이 해석에 가깝다고 할 것이다. "지속은 능산적 자연이며 물질은 소산적 자연이다"(B, 94). 베르그손은 모든 것이 이미 만들어져 있다는 의미를 나타내는 "우주 전체"라는 말을 비판한다. 그에 의하면 "우주는 완성된 것이 아니라 끊임없이 만들어져 가는 중이기 때문이다. 그것은 아마도 새로운 세계들이 첨가되면서 무한히 증대하고 있을 것이다"(EC, 242). 우주가 지속한다는 것은 바로 이러한 의미이다(EC, 11). 『사유와 운동』에서는 "전체로서의 우주는 자기 자신을 기다린다"고 말한다(PM, 28). 완성된 우주란 이미 만들어진 것을 가지고 생성을 사유하는 지성적 사유의 전제이다. 전체로서의 우주는 미완성이자 생성 그 자체라는 것이고 그것은 우리의 시간 체험이 증명하는 것이다.

그런데 '생성하는'se fait 운동이 그 자체로서 존속할 수 있을까? 스피노자의 용어로 다시 물으면, 능산적 자연은 소산적 자연 없이 존속할 수 있을까? 의식과 생명 그리고 물질은 바로 이 지점에서 서로 얽히는데, 특히 의식과 생명의 관계는 단순하지 않은 구조 속에서 설명되고 있다. 의식과 물질은 반대 방향의 두 흐름이며 전자는 생성하는 운동, 후자는 해체되는 운동으로 규정된다. 한편 생명의 운동은 "해체되는se défait 운동"을 거슬러 올라가는 운동이다. 즉 "생명적 활동성이란 역전된 운동 속에 있는 직접적 운동으로부터 잔존하는 것이자 해체되는 실재를 가로질러 생성되는 실재"이다 (EC, 248). 이 중요한 문장의 후반부는 2장에서 길게 논의된 내용과 연결된다. 즉 생명은 "물질로부터 잠재적 에너지를 축적하는" 노력이고 물질적 변화의 진행방향을 "돌릴" 수는 없지만 그것을 "늦춤으로써" 그렇게 한다. 그래서 생명은 "낙하하는 무게를 들어 올리려는 노력"과 같다(EC, 246~247). 위 문장의 전반부는 생명의 운동이 생성하는 운동 자체는 아니라는 것을 보여 준다. 그것은 "역전된 운동"으로 표현된 물질 속에 있는 "직접적 운동으로부터 잔존하는 것"이고 자신의 운동을 역전시키는 주체는 생명보다 높은 원리인 의식이기 때문에, 생명적 운동은 결국 의식의 직접적 운동이 물질 속에서 잔존하는 형태이다.

사실 생명과 의식의 혼동은 베르그손 해석에서 자주 나타나는 오해 가운데 하나이다.[8] 다음의 표현을 보자. "생명이 순수의식이라면, 또는 차라리 초의식supraconscience이라면 그것은 순수한 창조적 활동성일지도 모른다"(EC, 246). 베르그손은 가정법으로 표현된 이 구절 바로 아래서 그 반대의 내용을 주장하고 있다. 즉 생명은 "실제로는 무기물질의 일반 법칙에 종속된 유기체에 얽매여 있다"(같은 곳). 베르그손은 생명이 "심리적 질서에 속함"을 강조하면서 생명의 약동이 물리 세계에서 빌려온 이미지라고 하지만(EC, 258), 물리세계에서 빌려오지 않을 수 없는 이유는 생명이 어디까지나 거기에 구현된 형태로서만 의미있는 활동일 수 있기 때문이다. 혼동하기 쉬운 표현 하나를 더 들어 보자. 즉 "생명은 물질과의 접촉에서 충동이나 약동에 비교되지만 그 자체로 고찰되었을 때는 막대한 잠재성virtualité이며 수천의 경향들의 상호 침투이다"(EC, 259). 잠재성이나 수천의 경향들의 상호침투라는 특징들은 의식과 기억의 본질적 특징이어서 생명과 의식의 동질성을 표현하는 것처럼 보이기도 한다. 하지만 여기서 "그 자체로 고찰한다"는 가정의 비현실성을 잊어서는 안 된다. 의식과 생명을 동일시할 경우 베르그손의 일반적 용법과는 맞지 않는다. 생명을 의식에 비교하는 경우는 자주 발견되지만, 의식은 언제나 그 자체로서 고찰되며 생명 현상에 비교되는 경우는 단지 예외적이거나 주로 비유를 통해서이다. 게다가 생명적 힘의 유한성에 대한 강조는 2장 초반부터 3장의 마지막까지 일관되게 반복되는 주제이다. 이 문제는 베르그손주의를 유심론으로 볼 것인지 또는 생기론으로 볼 것인지 하는 문제와 관련하여 중요성을 갖는다.『창조적 진화』에 대한 면밀한 독서는 명백히 전자의 손을 들어준다.

『창조적 진화』의 유심론적 경향은 앞에서 본 의식 체험을 근거로 하는 관념적 기획에 이미 암시되어 있다. 다음의 표현을 보자. "순수의지, 즉 물질 속에 생명을 전달하며 관통하는 흐름"에 도달한다는 것은 거의 어려운 일이지만, 그럼에도 불구하고 "모든 생명의 원리와 모든 물질성의 원리에 도달하기 위해서는 더 멀리 나아가야 할지도 모른다"(EC, 239). 이원성을 넘어서고자 하는 노력은 베르그손의 저작 전체에서 발견된다. 양과 질, 지속과 공간, 지각과 기억, 정신과 신체, 지성과 직관, 생명과 물질 등은 잘 알려진 베르

블라디미르 장껠레비치(Vladimir Jankélévitch, 1903~1985)

그손의 이분법적 도식들이다. 이러한 이원성은 베르그손이 매번 새로운 문제를 제기할 때마다 그것을 명확히 구성하는 데 도움을 주었다. 마치 양극을 진동하는 추의 운동처럼 한 개념의 의미가 그 대립적 힘에 의해 어디까지 확장될 수 있는지를 보여 주는 것이다. 베르그손 자신도 강조하지만, 이원성은 사실 두 대립항의 극한을 탐험하는 방법적 기획의 성격을 갖는다. 들뢰즈는 이 문제를 잠재성과 현실성의 차원들과 연관시키며 상당히 중요하게 다루고 있다(B, 93~99). 대립항들을 넘어서고자 하는 관념적 기획은 아마도 잠재성의 차원에서 정당성을 가질 수 있을 것이다. 그런데 『창조적 진화』 3장의 후반부에서 우리는 저자가 관념적 기획을 넘어서서 실제적 생성의 과정을 묘사하는 것을 볼 수 있다. 베르그손은 '생명의 의미'라는 3장의 마지막 절에서 이제까지 가설적 차원에서 논해 오던 것을 다음과 같이 종합, 정리하고 있다.

생명의 기원에 있는 것은 의식이다. 차라리 초의식超意識, supracon-science이 더 적절한 말이겠다. 의식 또는 초의식은 하나의 불꽃이며 그것의 꺼진 잔해들은 물질이 되어 떨어진다. 그 잔해들을 관통하고 그것들을 유기체들로 조명하면서 불꽃 자체로부터 살아남는

것도 여전히 의식이다.(EC, 261~262)

베르그손에게서 의식의 실재성은 지속의 직관에서 도출되기 때문에 절대적으로 주어진다. 의식과 생명의 친연성도 비교적 수월하게 알 수 있다. 생성으로서의 우주 전체와의 유사성도 그렇게 이야기된다. 여기에는 일종의 확대된 공감으로서의 직관 그리고 '유비'analogie의 방법이 사용된다.[9] 하지만 원리로서의 의식과 물질의 관계, 특히 그것들의 발생적 관계는 그의 형이상학에서 가장 까다로운 부분이고 그런 만큼 가설적으로 설명되고 있는 것인데, 위 문장에서는 더 이상 가정법이나 조건법을 이용한 주저의 흔적을 볼 수 없기 때문에 지금까지의 관념적 기획에 익숙해진 독자들은 당혹감을 느끼게 된다. 다만 몇 가지 '비유'가 등장함으로써 여전히 그 차원에 머물러 있음을 암시하는 것인지도 모르겠다. 여하튼 이 '위로부터의 형이상학'과 우리가 앞 절에서 제기한 지성적 인식의 절대성 사이에 존재하는 난점은 여전히 해결되지 않고 있다. 초의식이라는 원리에서 볼 때 역전의 운동으로 발생한 물질은 일종의 부정성이 될 것이며 따라서 지성적 인식의 부정적 규정에 대한 기초가 된다. 비록 물질이 약한 지속을 한다고 하더라도 말이다. 하지만 두 질서의 이론에 의하면 지성의 절대지가 가능하기 때문에, 그의 인식론은 위와 같은 위계적 존재론과는 화해하기 어렵다. 베르그손의 유심론은 이러한 모순을 잉태하고 있다.

실제로 베르그손 자신이 드러낸 유심론적 입장과 베르그손 철학에 대한 다양한 해석들 사이에는 좁히기 어려운 거리가 있는 것이 사실이다. 우리는 두 가지 상반되는 해석을 간단히 살펴보고자 한다. 우선 장껠레비치의 유명한 해석이 있다. 베르그손의 형이상학에서 보이는 일원성과 이원성 사이의 망설임은 그의 해석에서 다음과 같이 꽤 명료하게 정식화된다. "실체substance의 일원론"과 "경향들tendances의 이원론"이 바로 그것이다.[10] 실체일원론은 지속을 가리킨다. 베르그손 자신이 물질도 약화된 지속을 한다고 말하고 있고, 또 지속에 대해서 드물기는 하나 "실체적"이라는 형용사를 쓰고 있다.[11] 또 지속은 운동이자 다양한 경향들이기도 하지만 상승(생성)하는 운동과 하강(해체)하는 운동은 본성차를 나타내는 두 대립된 경향으로 간주된다. 그런데 장껠레비치는 지속의 원리에 해당하는 것과 생명을 동일하게 취급하고 있다. "유일한 적극적 실재이자 진정으로 최초의 실재는 저항하는 물질을 향상시키고 정신화하는 생명의 노력 자체"이며, 심지어 생명은 "신체를 필요로 하지 않고 [할 수 있다면] 독자적으로 존재하고자 할 것이다"(Jankélévitch, 1931 : 168). 한편 물질은 실체는 아님에도 불구하고 우리 안에 존재하는 모든 '악'le mal의 근원이다. 여기에 "경향들의 잔인한 대립"이 있다. 즉 "의식은 자신 안에 자신의 적을 묶게 해 주는" 것이고 이 "반생명적 경향은 진정으로 무언가"를 나타내기 때문에 의식은 "찢겨진"déchirée 체험을 하게 된다(Jankélévitch, 1931 : 174~175). 역설적으로 표현하면 긍정성은 자신 안에 부정성을 내포하며 이 부정성 자체가 (무가 아니라는 의미에서) 일종의 긍정성으로 기능한다. 마치 헤겔을 보는 것 같다. 다만 여기에서는 긍정과 부정의 한결같은 대립이 존재한다는 것을 제외한다면 말이다.

장껠레비치 해석의 장점은 명료한 용어로서 일원성과 이원성의 모순을 화해시키고 있다는 것이지만, 생명을 더 고차적인 원리로서의 의식과 동일시한 것은 오류이다. 베르그손에게서 물질의 발생과 무관하게 자체로서 존립하는 것처럼 묘사되는 것은 의식(또는 초의식)의 지속이다. 이러한 초의식이 찢기는 체험을 한다는 것은 상상하기 어렵다. 베르그손이 지속과 물질의 관계에 대해 제시하는 것은 "두루마리의 풀림"처럼 일종의 자동운동의 이미지이다(EC, 11). 실제적 대립은 개체적 의식과 신체 그리고 생명-물질의 관계에서 나타나지만 그것들은 대립과 동시에 필연적으로 상보적인 운동을 한다. 신체는 정신적 자유를 제한하기도 하지만 운동의 습득과 같은 신체적 습관에서 나타나듯이, 의식은 신체를 길들이면서 그것을 제어하고 자유를 획득하기도 한다. 또 진화 현상에서 나타나듯이 생명의 노력은 물질의 저항에 굴복하기도 하지만 그것을 극복하기도 한다. 물질 없이는 생명계가 보여 주는 장관을 상상할 수 없다. 그것들의 상보적 관계는 장껠레비치가 보여준 것처럼 그렇게 비극적인 구조가 아니다.

두 번째로 장껠레비치는 생명(또는 의식)과 물질의 위계적 구조를 필요 이상으로 강조하는 동시에 그것들의 대립 또한 여전히 강조하고 있는데, 그 때문에 우리가 앞에서 본 문제점, 즉 위계구조와 평등구조의 화해불가능성이 여전히 해결되지 않은 채로 남아 있다. 흥미롭게도 장껠레비치는 무 개념과 부정성을 다루는 맥락에서 이러한 말을 한다. "부정은 무가 아니다. 그것은 다른 운동을 무화하는 운동이자 다른 경향을 중화하는 경향이며 적극적인 저항이다. 부정은 그 자체로서 더 이상 부정이 아니다. 즉 그것은 거부이며 긍정적인 힘이다."(Jankélévitch, 1931 : 221) 이 말은 결국 부정이 상대적인 행위라는 베르그손의 주장을 명료화한 것인데 그 경우 어느 한 가지에 배타적으로 적용되는 것은 아니다. 하지만 다음의 말이 기다리고 있다. "그렇지만 생명의 역전이 물질인 것이다"(같은 곳). 여기에서도 여전히 생명과 의식을 혼동하고 있다. 물질의 운동은 근원적인 정신적 운동의 역전이지 생명적 운동의 역전이 아니다. 아무튼 장껠레비치는 물질의 역전이 생명인 것은 아니라는 입장이다. 왜냐하면 "베르그손주의의 최종 입장은 생명의 관점에 위치하기" 때문이다(같은 곳). 결국 그는 이 생명의 철학자가 "기계적 질서에 대항하여 생물학적 질서 쪽에" 자리를 잡았다는 것이다(같은 곳). 부정을 상대적 행위로만 본다면 물질과 생명의 동등한 실재성을 인정해야 하고, 생명의 관점에 자리를 잡는다면 반대로 생명적 실재성의 우위를 인정해야 하며 여기서 부정은 절대적인 것(되돌릴 수 없는 것)이 된다. 장껠레비치는 이 두 가지를 동시에 선언하는 것이 모순이 아니라고 생각하는 듯하다. 이는 칸트 윤리학이 순수이성의 이율배반을 무릅쓰고 실천이성의 요청에 의해 자유의지 쪽에 자리를 잡은 것을 생각나게 하지만, 베르그손은 여기서 윤리학의 영역에 있지 않다는 것을 기억해야 할 것이다.

장껠레비치의 해석이 베르그손에 대한 강력한 해석으로 자리 잡은 지 35년 후에 들뢰즈는 카메라의 각도를 완전히 돌려 베르그손의 다른 얼굴을 드러낸다.[12] 새로운 해석은 내적 차이différence interne, 분화différenciation, 잠재성virtualité이라는 열쇠 개념들에 의해 이루어진다. 들뢰즈는 우선 "지속은 자기 자신과 달라지는 것"이라고 정의한다.[13] 이 과정은 지속 자체가 자신이 본질적으로 포함하고 있는 '타자성'altérité에 의해 분화하는 내적 차이의 운동이다. 지속은 절대적 일자가 아니라 『의식에 직접 주어진 것들에 관한 시론』에서 그것을 질적 다양성으로 규정한 데서 암시되듯 분화가 가능하다(E, 90~91; B, 36). 의식 사실은 요소들이 분리될 수 없게끔 종합되어 있지만 동질적homogène이 아닌 '이질적'hétérogène 종합을 이룬다. 이질성은 지속의 부정적 요소이기는커녕 오히려 풍부함의 근원, 다양한 경향들의 근원이다. 들뢰즈의 차이화 운동은 이런 점을 강조한 것이다. 들뢰즈는 이 생각을 진화의 다양한 경향들을 창조하는 생명의 영역에 적용한다. 생명적 경향들의 전개는 생명의 내적 차이의 분화이다. 이 사태는 다시 『물질과 기억』에서 소개하는 '잠재성virtualité의 도식'을 매개로 설명된다. 현실화되지 않은 기억들은 의식의 다양한 잠재적 수준들에서 공존하는데 기억의 현실화는 곧 잠재성의 현실화이다. 마찬가지로 생명 진화에서도 경향들의 분화는 잠재성의 현실화이다. 잠재성은 이미 결정된 형상적 본질이 아니라 질적으로 무한히 변화가능한 힘이다. 여기서 문제는 분화 혹은 현실화의 동력이 무엇인가 하는 점이다. 베르그손에게 그것은 물질과의 접촉이다. 들뢰즈의 도식에서 잠재적인 것은 언제나 현실적인 것과 쌍을 이루기 때문에 이원적 대립은 존재하지 않으며, 전자에서 후자로 가는 과정은 자연적이라고 볼 수 있다. 즉 "잠재성은 단지 자신 안에 공존하던 정도들degrés로부터 분화될 수 있었을 뿐이다. 분화는 단지 지속 안에 공존하는 것들의 분리이다. 생명의 약동의 분화들은 차이 자체의 정도들이다." 여기서 물질에 관해서는 언급되지 않는다.

들뢰즈는 베르그손의 지속이론을 잠재성과 차이의 분화로 재구성함으로써 베르그손주의의 이원성을 상대화하고 목적론적(생기론적) 뉘앙스를 제거하는데, 그렇다면 여기서 물질의 위상은 어떻게 될까? 들뢰즈는 지속과 물질의 개념들을 교환가능한 것으로 보고 일종의 유물론적 해석의 여지를 남긴다. 즉 "지속은 물질의 가장 수축된contracté 정도이며 물질은 지속의 가장 이완된détendu 정도이다"(B, 94). 이 대담한 주장은 사실 두 질서의 이론을 생성의 과정에 공평하게 적용한 데서 유래하는 것이다. 그러므로 여기서 위계적 대립의 뉘앙스를 가진 역전이라는 용어는 폐기되고 수축과 이완이라는 용어쌍으로 모든 것이 설명된다. 게다가 대비되는 개념들은 정신(또는 생명)과 물질이 아니라 지속과 물질이다. 지속은 '정신적' 특징이 아니라 차이와 잠재성으로 규정됨으로써 전통적인 유심론의 얼굴은 가려진다. 이와 더불어 우리가 문제삼은 『창조적 진화』의 비정합성의 문제도 사라진다. 어떤 의미에서 들뢰즈의 해결은 개념상의 혁명으로 이루어진다. 베르그손 철학에서 내용적으로 커다란 훼손을 가져오지 않고 개념들의 정교화를 통해, 그리고 유심론적 혹은 생기론적 전제를 제거함으로써 새로운 해석을 완성한 것이다.

물론 그의 해석에서 내용적 훼손이 없다는 말은 과장된 것일지도 모른다. 나는 유심론과 생기론의 전제를 제거한 것을 문제삼고 싶지는 않다. 그러나 들뢰즈가 명백하게 놓친 것 한 가지는 대립의 측면, 혹은 장껠레비치가 잘 표현했듯이 "양극성"polarité의 측면이다(Jankélévitch, 1958 : 174). 두 가지의 다른 실재이든 아니면 동일한 실재의 두 측면이든 간에, 물질의 현상과 생명(또는 정신)의 현상 사이에는 일정한 대립이 관찰된다. 어떤 의미에서 들뢰즈의 해석에는 물질의 의미가 극소화되었거나 또는 반대로 극대화되어 있다. 우선 물질은 차이화 운동의 한 극단(지속의 가장 이완된 정도)에 불과하다. 아마도 그것은 기계론적 관점의 물질이 될 것이다. 다른 한편으로는 물질의 활동 전체가 잠재성의 현실화 과정(지속은 물질의 가장 수축된 정도)과 동일시된다. 이것을 들뢰즈의 유물론이라 할 수도 있을 것이다. 양쪽 어느 경우에서도, 베르그손이 해체되는 운동과 생성하는 운동의 상보적 대립으로 표현한 독창적인 내용은 설명되지 않는다. 생명의 창조적 측면은 잠재성의 현실화로 파악될 뿐 물질적 운동을 거스르는 노력과 같은 것, 즉 기계적 질서를 이용하여 새로운 질서를 창조하는 측면은 무시되고 있다. 베르그손이 다음과 같이 말할 때 의미한 것이 바로 그것이다.

문제는 필연성 그 자체인 물질과 더불어 자유의 도구를 창조해 내고 기계장치를 제압하는 기계를 만들어내며, 자연의 결정론을 이용하여 그것이 쳐 놓은 그물코를 관통하는 것이었다.(EC, 264)

나가는 말 — 새로운 질서의 창조를 향하여

『창조적 진화』에서 우리가 길게 논의한 '비정합성'의 문제는 베르그손이 지속을 정신적인 본성을 가진 것으로 규정한 데서 유래한다. 그것은 정신이 근본 원리가 되는 '위로부터의 형이상학'에서 물질과 과학의 유효성을 설명하려고 할 때 맞닥뜨리게 되는 문제라고 할 수 있다. 사실 지속은 들뢰즈의 해석이 잘 보여 주었듯이 반드시 정신적 특성으로 정의되어야 할 이유는 없다. 비록 초의식이라 하더라도 그것을 정신적인 것으로 특징지을 경우 일단 개인적 의식에서 그 전형을 가질 수밖에 없다. 그런데 개인적 의식으로부터 우주적 지속의 실재성으로 나아가는 과정에는 확대된 공감인 직관 그리고 유비의 방법만으로는 뛰어넘을 수 없는 심연이 존재한다. 지속은 무엇보다도 시간의 존재방식이자 작동방식이다. 그것이 의식의 사실만이 아닌 것은 분명하다. 베르그손이 "한 컵의 설탕물을 만들기 위해 우리는 기다려야 한다"(EC, 11) 또는 "우주 전체는 자기 자신을 기다린다"(PM, 28)라고 말할 때 지시한 것이 그것이다. 비록 기다린다는 말이 의식과의 유비로부터 이해된다고 해도 그러하다. 우주는 예측불가능한 새로움의 연속일지도 모른다. 그렇다고 해서 그것을 정신적 원리로 이해할 필요가 있을까? 모든 은유와 모든 유비조차도 넘어서서 지속의 맨얼굴을 드러내주는 것은 시간이다. 시간은 사건이자 역사이다. 그것은 물질적 현재의 타자성 자체에 의해 전개된다. 사건의 현재성은 지속 자체의 본질인 창조와 새로움을 구성하는 요소이다. 그리고 일단 일어난 사건 그리고 그것들의 연속으로부터 사람들이 '시간의 화살'이라 부른 것, 즉 되돌릴 수 없는 방향성이 생겨난다. 『물질과 기억』에서 베르그손이 순수과 거에 의존하여 정신의 실재성을 주장한 것은 잘 알려져 있다. 하지 만 지속은 과거 못지않게, 과거로부터 자동적으로 추출될 수 없는 현재의 물질적 '요동'fluctuation에 의해 새로워진다.

경험의 세계에 충실할 경우 사건의 시간성, 우주 전체의 시간성 은 모든 원리의 자체완결성이 불가능함을 반증해 준다. 연속적 창 조, 생성, 또는 '불꽃'의 은유로 묘사된 베르그손의 원리도 마찬가지 다. 그래서 우리는 물질과 생명의 발생을 더 높은 원리로부터 탐구 하는 베르그손의 관념적 기획 자체는 유효하지만 그 역시 어디까지 나 가설적 차원에 머물러 있어야만 했을 것이라고 믿는다. 생성은 언제나 해체되는 것과 동시에 있다. 베르그손이 생명과 물질의 관 계에서 보여준 양극성은 그런 한에서만 의미가 있을 것이다. 창조 적 지속이 새로운 질서를 구성하는 것을 지칭한다면 약화된 지속 은 기계론적 우주를 향한다. 하지만 새로움은 언제나 낡은 것으로 해체되고 또 이 해체되는 지속 속에서 다시 새로운 질서가 생겨난 다. 오늘날의 과학이 그려주는 자연의 모습은 그러하다. 오늘날 기 계론적 자연의 그림은 더 이상 절대적인 것이 아니다. 이것을 일찍 알아차린 사람들은 물론 낭만주의자들이었다. 하지만 그들의 반과 학주의는 출구를 보여 주기보다는 더 깊은 내면으로의 도피에 머 물렀다. 베르그손은 과학적 지성에 대한 실용주의적 해석으로부터 과학의 탁월함과 한계를 동시에 드러낸다. 그가 과학의 모범으로 분석한 고전과학은 비가역적인 이상적 세계를 대상으로 하는 한에

이사벨 스텐거스(Isabelle Stengers, 1949~)와 일리야 로마노비치 프리고진(Ilya Roma-novich Prigogine, 1917~2003)

서 적법한 활동이지만 시간의 비가역성은 이를 벗어난다. 그래서 베르그손은 과학만으로는 접근할 수 없는 지속에 대한 직관을 창안하게 된다. 그러나 오늘날 과학은 비가역적 시간의 영역을 탐험하기 시작하고 있다. 해체되는 과정을 통한 새로운 질서의 창조에 대해서도 실제적인 관찰과 명확한 개념규정이 이루어지고 있다. 그래서『새로운 연합』에서 프리고진과 스텐거스는 베르그손의 과학비판을 "과학적 시도의 영원한 한계들에 대한 규정이 아니라 과학의 현재적 변신이 실현하고자 하는 기획으로서 나타난다"고 보고 있다.[14] 베르그손이 그토록 강조한 비가역적 시간이 바로 증가하는 무질서로부터 유래하는 새로운 질서의 근원이 되고 있는 것이다.

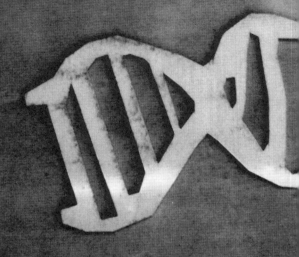

2부

비샤, 깡길렘의 생기론과 베르그손

2부에서 우리는 베르그손과 깡길렘의 대화의 장을 마련하고자한다. 베르그손의 생명 형이상학은 거대서사라는 이유만으로 비판의 대상이 되기도 했다. 하지만 미시서사는 거대서사가 있을 때 의미가 있는 것이고, 그런 점에서 베르그손의 작업의 선구적 특징은 아무리 강조해도 지나치지 않으리라 본다. 깡길렘은 그런 면에서 몇가지 장점을 가지고 있다. 그는 어떤 의미에서 베르그손의 학문적후예라고 할 수 있지만, 의학박사 학위논문으로 제출한 『정상적인 것과 병리적인 것』(1943)에서는 거대서사로서의 생명 형이상학이 빠질 수 있는 아포리아들을 피해가면서, 생명의 세부적인 문제들에 집중하여 실증주의의 난점을 지적하고 자신의 고유한 관점을 제시한다. 깡길렘의 독창성은 의학에서 기계론적 일반화를 배척하고 개체성과 가치 그리고 규범에서 출발하면서 새로운 의미의 생기론을 옹호하는 데 있다. 그러나 깡길렘의 철학은 우리나라에 많이 알려져 있지 않으며 더구나, 그의 철학은 프랑스 생기론의 전통을 이어받고 있기 때문에 우리는 그의 철학을 베르그손과 비교하기 이전에 1장에서 대표적인 프랑스 생기론자 비샤의 입장을 소개하고, 이어서 깡길렘의 의철학을 소개한 다음, 마지막 장에서 베르그손과 깡길렘의 생명철학을 비교하면서 그 수렴의 지점들과 분기의 지점들을 살펴보고자 한다. 사실 베르그손의 입장은 생기론보다는 유심론spiritualisme으로 분류되는 것이 보통이다. 대부분의 연구자들은 베르그손의 생명 형이상학을 바르떼즈, 비샤 등의 이론으로 대표되는 프랑스 생기론과 분명히 구분한다. 베르그손은 진화와 같은 거시적인 차원이나 생성철학의 관점에서 작업을 하고 있고 프랑스 생기론자들은 개체생명체 내부의 활동으로 한정해서 논의하고 있기 때문이다. 하지만 우리는 생명현상을 다루는 이 맥락에서 이러한 명칭들이 크게 문제되지는 않는다고 본다. 비샤는 개체생명의 현상을 주로 연구하지만 물리화학으로 생명의 모든 것을 환원하는 데 반대하기 때문에, 이런 점에서 비샤와 베르그손의 생명철학에는 공통되는 지점이 분명히 존재한다.

1장

프랑스 생기론과
자비에르 비샤의 의학사상

생기론이라는 말은 넓은 의미에서 생명현상을 지배하는 비물질적 원리를 인정하는 입장을 말하는데 이런 의미에서는 아리스토텔레스의 영혼론에서부터 히포크라테스와 갈레노스의 의학 그리고 르네상스에서 근대에 이르는 다수의 의학사상들이 여기에 분류될 수 있다. 하지만 좁은 의미에서 프랑스 생기론은 데까르뜨의 동물기계론에 반대하여 18세기 말에서 19세기 초에 활동한 일군의 의사, 생리학자들을 일컫는다. 대표적으로 몽뻴리에 학파로 알려진 보르되, 바르떼즈와 이들을 계승한 비샤, 뷔쏭이 있다. 이들은 공통적으로 물리화학적 원리에서 독립된 '생명원리'라는 것을 가정하고 그에 따라서 생리적 현상과 다양한 질병을 설명하고 있다. 이들이 의사였다고는 하나 당시의 의학은 정밀한 기술을 결여하고 있어서 생기론적 의학은 오늘날의 관점에서 보면 인간과 생명에 대한 철학적 이론으로 보이기도 한다. 그러므로 끌로드 베르나르 이후의 실험생리학, 그리고 현대의 유물론적 생물학에서 볼 때는 생기론의 설명이 비과학적이라고 평가되는 것도 사실이다.

마리 프랑수아 자비에르 비샤
(Marie François Xavier Bichat, 1771~1802)

하지만 공정한 역사가라면 신중할 필요가 있다. 이들은 막연한 형이상학적 입장을 옹호한 것이 아니라 생명현상을 경험적으로 밝히고자 하는 상당한 노력을 기울였고, 무엇보다 그것을 유물론적 자연과학으로 완벽하게 환원할 수 있는지 즉, 생명현상의 고유성은 무엇인지에 대해 뚜렷한 논거와 목적의식을 가지고 당시의 기계론적 입장과 논쟁했다. 구체적으로는 생명체를 기계로 보는 데까르뜨식의 생리학적 설명이 한계에 도달했을 때 의학자의 입장에서 인간 신체의 진행과정 및 질병의 여러 현상들에 대해 좀 더 상식에 부합하는 설명을 목표로 기계론적 설명을 거부한 것이다. 특히 생명현상을 경험적으로 밝히고자 하는 비샤의 끈질긴 학문적 태도는 철학자 꽁뜨로 하여금 생물학을 실증주의 학문체계의 중심에 놓게 하였을 뿐 아니라, 베르나르의 실험생리학에 결정적인 영향을 준 것으로도 알려져 있다.

의사이자 생리학자인 마리 프랑수아 자비에르 비샤는 근대 생리학의 기초를 세웠고 특히 조직학histologie의 선구자로 알려져 있다.[1] 그는 1771년 프랑스 쥐라Jura 지방의 뚜아레뜨Thoirette라는 소도시에서 태어나 1802년 빠리에서 숨을 거둘 때까지 31년의 짧은 생애 동안 조직학과 해부학, 생리학, 병리학의 역사에서 기념비적인 업적을 남겼다. 그의 부친은 의사로서 몽뻴리에 대학의 생기론자 바르떼즈에게서 수학하였으며, 아들에게 직접 해부학 강의를 하고 함께 고양이 시체를 해부하기도 했다고 한다. 비샤는 리용 시립병원에서 외과의 쁘띠Antoine Petit의 임상의학 강의를 듣고 1793년 빠리로 가서 당시의 명망있는 외과의 드조에게 사사하였다. 그는 드조가 창간한 『외과학 잡지』의 편집을 맡았고 거기에 여섯 편의 논문을 게재하였다. 그러나 1795년 스승의 갑작스런 죽음 이후에는 외과학이 아니라 생리학 연구에 몰두하게 된다. 이후 『막에 관한 소론』(1799), 『삶과 죽음에 관한 생리학적 연구』(1800), 『생리학과 의학에 응용된 일반해부학』(1801)이 출판된다. 1800년에는 빠리 시립병원의 보조의사로 임명된다. 죽음 직전까지 일과 연구에 열정적으로 임했던 비샤는 1801년에는 6개월 동안 600구의 시체를 해부했다고 한다.[2] 이렇게 많은 시체를 단기간에 해부할 수 있었던 것은 프랑스혁명의 여파로 단두대에서 죽어간 무수한 죽음들이 있었기에 가능했다. 그러나 불행히도 그것이 바로 비샤의 죽음의 원인이 된 듯하다. 그는 1802년 병원 계단에서 추락하여 머리를 다친 후에 죽었지만 이미 고된 작업으로 건강이 많이 나빠져 있었다. 비샤는 운동결핍과 수면부족에 위염과 결핵 등을 앓고 있었는데, 혹자는 결핵을 죽음의 결정적인 원인으로 보기도 한다. 그가 해부작업 후에 해부실에서 잠을 자기도 했고 해부 시에 상처를 입기도 했다고

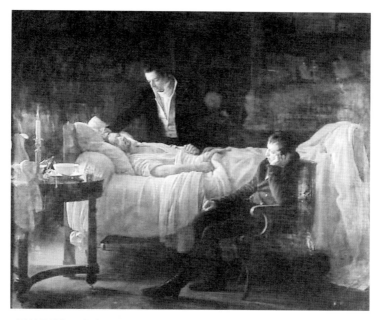

비샤의 죽음을 그린 작품. 작가는 프랑스 신고전주의 미술가 루이 에르쌍(Louis Hersent)
이다. 죽어가는 비샤 곁에 있는 이는 의사 에스파롱(Esparon)과 필리베르 조젭 루(Philib-
ert Joseph Roux)이다.

전해지는 것을 보면 죽음의 원인이 그의 작업과 연관이 있는 것은
분명하다. 아무튼 해부학에 관한 그의 연구는 이 시기의 작업을 토
대로 하고 있다.

　우리는 비샤의 작품 중에서 생리학 외의 다양한 분야에까지 영
향을 미친 『삶과 죽음에 관한 생리학적 연구』를 분석하여 비샤의
가장 핵심적인 사상을 살펴보고자 한다. 이 책은 생리학과 병리학
그리고 조직학의 문제들을 종합적 관점에서 다룬 것인데 비샤 자신
의 고유한 생명철학 사상이 담겨 있다. 그의 생명철학은 위로는 데
까르뜨에서 영국 경험론, 프랑스 계몽사상과 생기론 전통의 맥을

이으면서 아래로는 꽁뜨, 마장디François Magendie, 베르나르의 실증주의 전통으로 연결된다. 이러한 역사적 맥락을 모두 다룰 수는 없고, 우리는 비샤의 이해를 위해 필요한 몇 가지 사상적 배경에 주목할 것이다. 그래서 비샤 이전부터 시작되어 그가 활동한 시대에 형성된 지적 분위기를 살펴보고, 다음으로 비샤의 작품들의 내용과 의미를 분석한 후, 마지막으로 그의 유산과 비판적 수용과정을 보고자 한다.

사상사적 배경

비샤의 생리학은 오늘날의 관점에서 볼 때는 모순되는 두 가지 생각을 결합해 놓고 있다. 그 하나는 제1원인과 같은 형이상학적 원리에 의지하지 않고 오로지 관찰과 경험에 충실하겠다는 것이고, 다른 하나는 생명의 속성들propriétés은 물리화학적인 방식으로는 설명되지 않는다는 것이다. 전자는 디드로와 꽁디약 그리고 이데올로그Idéologues들로 대표되는 당대의 경험론 철학의 분위기에서 불가피하게 나온 발상이다. 후자는 생리학이 물리학의 일부로 간주되던 전통, 즉 데까르뜨에서 시작하지만 경험론자들도 역시 그대로 답습하던 전통에 대한 반발이며, 생리학에 고유한 영역을 확보하고자 하는 그의 야심에서 비롯한다. 이것은 특히 생기론의 전통을 이어받은 것이라 할 수 있는데, 우리는 경험론 전통의 생명관을 먼저 살펴본 다음 이어서 생기론을 다루도록 하겠다.

꽁디약의 감각론과 디드로의 유물론

에티엔 보노 드 꽁디약
(Étienne Bonnot de Condil-
lac, 1714~1780)

   18세기의 프랑스 계몽사상가들은 데까르뜨의 유물론과 영국의 경험론을 잇고 있다. 그런데 이들은 데까르뜨의 수학주의적 물질관보다 뉴튼의 역학적 세계관에 훨씬 더 경도되어 있었다. 데까르뜨의 충만한 물질공간과 소용돌이 운동론은 정신의 확실한 관념들로부터 출발하는 연역적 방식의 물리학이었고 따라서 증명되지 않은 가설이었다.
뉴튼은 이를 과감히 버리고 눈에 보이는 현상들의 관찰로부터 그것들 간의 관계를 설명해 주는 일반 법칙들의 연구에 몰두하여 결국 중력 법칙을 찾아냈다. 모든 현상에서 합리적 근거를 찾으려 하는 데까르뜨주의자들은 물체들 사이에서 원격 작용하는 불가해한 중력을 '신비한 성질'이라고 비판하였는데 이에 대한 뉴튼의 유명한 대답이 "나는 가설을 만들지 않는다"는 것이었다. 즉 우리는 중력이 무엇인지는 알 수 없으며 알 필요도 없고 단지 그것이 어떻게 작용하는지를 경험적으로 연구할 수 있을 뿐이다.

   이런 태도는 영국의 경험주의 전통에서는 자연스러운 것일지 모르지만 데까르뜨주의가 지배하던 프랑스로 건너왔을 때는 아주 새로운 것으로 받아들여졌다. 디드로, 꽁디약을 비롯한 계몽주의 철학자들은 이 생각을 철학의 독단성을 거부하는 무기로 삼았다. 그리하여 꽁디약은 철학이 인간의 '본성'이나 모든 현상의 '최초의 원인'을 탐구하는 "야심만만한" 태도에서 벗어나 주어진 경험에 충실한 "겸손한" 태도를 가질 것을 주장했다.[3] 그럴 경우에 우리는 경험이 무엇인가 하는 문제에 직면한다. 영국경험론과 마찬가지로 디드로와 꽁디약에게 경험이란, 엄밀히 말하면 감각에 들어오는 내용들이다. 꽁디약은 자신의 주저서 『감각론』(1754)에서 생물학적으로 최소한의 능력만을 갖춘 조상影像, statue을 가정하고 이 조상이 느끼는 감각경험으로부터 인간의 모든 심리생리적 현상을 설명한다.[4] 이런 가정은 감각경험이 지적 기능의 기반인 동시에 생명의 본질적인 특징이기도 하다는 것을 보여 준다. 꽁디약은 동물도 이와 같이 설명함으로써 인간과 동물의 차이를 제거한다.[5] 이처럼 감각은 철학과 심리학, 생리학 등 인간과 생명이 관련된 모든 분야에서 중요한 것으로 등장했다.

데까르뜨와 달리 꽁디약은 생명과 기계가 동일하다고 생각지는 않는다. 다만 그는 생명의 존재론적 기원 문제보다는 인간의 고차원적인 사유 능력이 하찮은 감각으로부터 출발해서 완벽하게 설명될 수 있다는 것을 보여 주는 인식론적 문제에 몰두했다. 인간은 감각을 받아들이고 정신 속에 남아 있는 감각은 기억이 된다. 현재의 감각과 지나간 기억을 비교하는 데서 추리가 싹튼다. 의식의 모든 성질은 감각들의 결합으로 분석될 수 있다. 라부아지에의 화학도 이와 같은 분석 방법에서 영감을 받았기 때문에 당시의 사람들은 꽁디약의 방법을 "사유의 화학"이라고 불렀다.[6] 이러한 분석적 방법론의 영향으로 비샤는 생명의 주요 단위를 기관이 아니라 조직으로 보고 조직학을 세울 수 있게 된다. 바로 이 점에서 꽁뜨는 비

샤를 실증주의의 선구자 격으로 높이 평가하고 있다.[7]

드니 디드로 (Denis Diderot, 1713~1784)

사실 꽁디약 이전에 라 메트리는 데까르뜨의 동물기계론을 반박하면서 동물과 인간의 중요한 공통점으로 감각작용을 꼽았다. 그의 주장에는 두 가지 내용이 있는데 하나는 인간도 동물과 마찬가지의 기계라는 것, 다른 하나는 이때 기계는 데까르뜨가 생각한 순수 역학적 기계가 아니라 감각과 자발적 운동을 할 수 있는 기계라는 것이다.[8] 디드로는 이런 기본적인 생각에는 동의하지만, 생명현상을 설명하기 위해 역학 외에는 다른 방법이 없었던 라 메트리의 시대와는 달리 라부아지에의 화학적 발견 덕택으로 그것을 유물론적으로 좀 더 정밀하게 설명할 수 있었다.

화학은 물체의 운동보다는 성질들에 관한 연구이다. 물체의 성질들이 원소들의 다양한 조합으로 설명됨으로써 자연의 신비에 한 걸음 더 다가갈 수 있게 된 것이다. 생명 현상은 물체와 마찬가지로 작용과 반작용의 원리에 지배받는데, 이때 외부 자극의 작용을 수용하는 능력이 감수성sensibilté이고 거기에 반응하는 능력이 운동이다. 감수성이 받아들인 자극은 분자적 변형을 거쳐 감각과 사유 같은 생명의 다양한 특성을 나타낸다. 감수성은 다섯 가지 감각기관들만이 아니라 생명체 내의 국부적 기관들에도 모호한 형태로 존

독일의 화학자이자 의사인 게오르크 에른스트 슈탈(Georg Ernst Stahl, 1659~1734)

재한다. 이뿐만 아니라 물체에도 일종의 감수성이 있고 이것은 생명의 감수성과 정도차만을 갖는다. 디드로의 유물론은 데까르뜨의 그것보다는 훨씬 더 유연하다. 사실 그는 생기론적 성향을 지니고 있다고 평가되기도 한다. 하지만 결국 유물론적 생명관에서 문제가 되는 것은 물체와 생명체의 구분이 불가능하다는 점, 더 나아가 "삶과 죽음의 뚜렷한 구분이 불가능"해진다는 데 있다.[9] 프랑스 생기론은 바로 이러한 경향에 대한 반발로서 등장한다.

슈탈과 바르떼즈의 생기론

데까르뜨의 유물론에서 생명을 다루지 않는다는 사실에 처음으로 명료한 비판을 가한 사람은 독일의 화학자이자 의사인 슈탈이다. 사실 슈탈의 입장은 생기론보다는 영혼론animisme으로 불린다. 그것은 슈탈이, 물리학에서 취급하는 죽은 물질과 구분되는 생명의 속성을 설명하기 위해 영혼의 개념에 호소하기 때문이다. 게다가 이 영혼은 아리스토텔레스가 구분한 세 가지 영혼 중에서도 식물적이거나 동물적인 영혼들보다는 인간적 영혼에 가까운 것이어서, 영혼이라는 말에 부여된 무게는 특별한 것이다.

영혼 개념은 서양에서 기나긴 역사를 가지고 있다. 아리스토텔레스의 영혼론은 르네상스 시기에 물질에까지 확장되어, 모든 자연적 존재들이 영혼을 가진 것으로 생각되었다.[10] 잘 알려진 것처럼 서양 중세의 기독교 전통에서는 신플라톤주의의 영향을 받은 아우구스티누스의 사상에 의해 정신적 특징을 갖는 인간적 영혼만을 인정했으나 중세 후기와 르네상스기에는 아리스토텔레스와 신플라톤주의가 새롭게 등장하고 변형되어 범영혼주의 혹은 물활론적 사고가 퍼지게 된다. 예를 들면 생기론의 선구로 평가되기도 하는 반 헬몬트의 경우, 물질에도 활력의 원리Archée를 부여한 점에서 엄밀히 말하면 물활론에 가깝다. 데까르뜨의 유물론은 바로 이런 생각에 일격을 가하여 자연에서 영혼을 제거했을 뿐만 아니라, 인간의 정신을 제외한 모든 생명체를 물체와 같은 것으로 취급하였다. 이런 면에서 볼 때는 데까르뜨가 비록 자연과학의 발달 덕에 신학에서 물질세계의 독립을 유도했지만, 영혼에 관해서는 다시금 아우구스티누스의 신플라톤주의로 돌아간 것이라고 할 수 있다. 이에 반하여 생명체의 본성을 구해내기 위한 슈탈의 전략은 물질과 구분되는 영혼을 생명 전체로 확대하는 것이었다.

슈탈은 처음으로 '유기체'organisme라는 말을 정의한 인물이다.[11] 그것은 물체와 달리 "분명하게 하나의 특수한 목적을 위해 생겨나고 형성되며 정돈되고 상호 적합한 관계를 전개하는" 존재자이다.[12] 각 부분이 전체라는 목적을 위해 상호 협력하는 존재라는 유기체 개념이 오늘날 얼마나 자연스럽게 사용되고 있는지를 생각할 때, 그것의 기원을 아는 일은 흥미롭다. 슈탈은 유기체도 일종의 기계이며 물리화학 법칙에 종속되어 있다고 본다. 하지만 그것은 목적을 가진 기계여서 오로지 물리화학적 법칙에 의해 움직이는 기계와는 다르다. 다른 한편 유기체와 물체의 결정적인 차이점은 유기체가 "부패할 수 있는"corruptible 존재라는 데 있다.[13] 물리화학적으로 구성된 물체는 그 차원에서는 견고하지만, 유기체는 비록 물질적 요소로 되어 있다 하더라도 불안정한 구성체여서 부패되고 파괴되기 쉬우며, 일단 파괴되면 더 이상 생명이 아니다. 그러므로 유기체는 자연적 부패에 대항하여 스스로를 유지하는 비물질적 원리를 필요로 한다는 것이 슈탈의 주장이다. 여기서 생명은 부패에 대한 저항으로 정의되며 이것은 생명이 "죽음에 저항하는 기능들의 총체"라는 비샤의 유명한 정의의 원조가 된다.[14]

그러므로 슈탈에게서 생명을 유지하는 원리는 영혼이다. 이 영혼이라는 용어는 전통적으로 의지하고 사유하는 인간적 특징에서부터 생명의 생리적 활동까지 포함하기 때문에 일종의 혼란을 야기하기도 했다. 아무튼 슈탈에 의하면 신체의 여러 부위와 기관들은 영혼의 도구에 불과하며, 영혼의 작용에 의해 비로소 활동을 개시한다. 영혼이 의지 활동이라고 하면 몇 가지 어려움이 나타난다. 의지적으로 작용하는 운동, 즉 수의隨意운동의 경우 영혼이 육체에 작용한다는 것은 어렵지 않게 인정할 수 있다. 하지만 심장의 운동이나 내장의 활동 같은 불수의 운동들은 영혼과 어떤 관계가 있을까? 슈탈은 영혼의 의지가 이런 기관들에도, 의식되지 않는 가운데 어떤 반향을 일으킨다고 한다. 예를 들면 맛있는 음식을 보는 것만으로도 침샘의 분비가 일어난다든가 하는 것이다. 한편 영혼의 본성이 지적인 것이라면, 동물의 경우에도 지적 기능이 있다고 할 수 있을까? 슈탈에 의하면 동물에서는 인간과 같은 고차적인 지적 기능은 나타나지 않지만 생명을 주도하는 원리의 본성은 같다. 특이하게도 그는 식물은 단지 물체와 동일한 요소들로 이루어져 있고 영혼은 없다고 본다. 그렇다면 이 경우에도 한 가지 의문이 생길 수 있다. 식물을 이루는 물질도 부패가능성에 노출되어 있기 때문에 그것을 막는 무언가가 필요하지 않은가? 이런 문제점은 슈탈이 영혼의 주된 특성을 운동으로 보기도 하기 때문에 생겨난 것이다. 영혼은 지적 본성을 가지고 있는 동시에 생명을 주도하는 경우에는 운동의 원리이기도 하다.[15]

이런 모순이 나타나는 것은 슈탈의 이론이 근본적으로 데까르뜨의 동물기계론에 반대하면서 구성되었기 때문이다. 데까르뜨가 동물과 인체의 운동을 물질의 법칙으로 설명할 때 물질은 관성의 법칙을 따르므로 여기에는 자연히 외부에서 주어지는 최초의 운동의 원인이 필요하다. 이 최초의 원인에 대해 그는 신을 끌어들이지 않을 수 없으며 따라서 그의 유물론은 불완전한 이론이 된다. 이러한 모순으로 인해 슈탈은 운동의 원인이 생명체 내부에 있다고 가정했으며 그 원인으로 제시된 영혼은 무엇보다 운동의 원리가 되지 않을 수 없고, 따라서 그의 영혼론은 운동할 수 있는 인체와 동물에만 타당한 이론이 된 것이다.

슈탈의 이론이 영혼에 기반을 두면서도 생기론의 원조로 불리는 것은 바로 생명 현상의 원인을 생명체의 내부로 가져왔다는 사

실 때문이다. 프랑스의 소바주Boissier de Sauvage는 슈탈의 이론을 몽
뻴리에 의과대학에서 가르침으로써 보르되, 바르떼즈 같은 몽뻴리
에 의학파가 탄생하게 되었고, 빠리의 의사 삐넬Philippe Pinel 역시 슈
탈의 영향으로 생기론 성향의 의학을 개척하게 된다. 비샤는 주로
빠리에서 활동하지만 바르떼즈, 보르되를 잇는 사상적 경향 때문
에 몽뻴리에 학파로 분류되기도 한다.

　몽뻴리에 학파의 대표자라고 할 수 있는 바르떼즈는 생명현상
을 설명하기 위해 종교적 느낌을 주는 영혼에 더 이상 의지하지 않
고 '생기적 원리'(또는 생명 원리)le principe vital라는 독자적 원리를 가
정한다. 그의 출발점은 상당히 경험주의적이다. 모든 종류의 철학
적 독단론에 기인하는 제1원인에 대한 탐구에서 벗어나 경험적 관
찰에 충실하겠다고 말한다는 점에서 그는 꽁디약의 후예이다. 그럼
에도 불구하고 생명 현상은 물리 현상을 설명하는 충돌력impulsion,
중력 그리고 화학적 친화력 등과 같은 원리로는 설명되지 않기 때
문에 또 다른 원인을 가정해야 한다. 이 맥락에서 생기적 원리는 단
지 가설에 지나지 않는다. 즉 그것은 어떤 생명 현상을 설명하기 위
해 도입된 미지수와 같은 것이고 나중에 관찰과 실험에 의해 증명
되어야 하는 것이다. 그런데 바르떼즈는 생명체의 생존에 협력하는
생명의 기능들은 상호 연관되어 있기 때문에 그것들을 총체적으로
설명하려는 노력은 결국 하나의 공통된 원리로 수렴할 것이라고 보
았고 이런 점에서 생기적 원리는 단일하다고 가정한다.

　비록 가설적 원리라고 할지라도 바르떼즈는 그 특징을 다음과
같이 제시한다. 우선 그것은 슈탈의 영혼과 분명히 구별된다. 사유

하는 영혼이 내장 기관의 운동을 관장한다고 하는 것은 아무래도 경험적 상식에서는 받아들이기 어렵기 때문이다. 바르떼즈는 슈탈을 비판하면서 사유의 영역을 생기적 원리가 설명하는 범위로부터 제거한다. 그렇게 해서 생기적 원리는 순수한 생리적 영역으로 한정된다. 생기적 원리가 작용하는 양상

폴-조제프 바르떼즈
(Paul-Joseph Barthez, 1734~1806)

들, 혹은 속성들propriétés에는 감수성, 운동, 생기열chaleur vitale 그리고 교감sympathie이 있다. 일반적으로 감수성은 자극을 받아들이는 속성이며, 뇌와 신경을 거치는 의식적 감수성이 있고 신경계를 거치지 않는 국부적 감수성이 있다. 마찬가지로 운동에도 수의근의 운동과 기력forces toniques에 종속된 미세한 불수의 운동들이 있다. 바르떼즈는 기력에 의한 운동을 슈탈에게서 물려받는다. 이것은 신체 각 부위에서 미세하게 변화하는 긴장 상태를 말하는데, 차츰 전체로 퍼지면서 전체의 유기적 운동을 연결해 준다.[16] 이런 생명 현상들 중에서 바르떼즈는 의지가 개입되는 의식적 운동이나 의식적 감수성은 생기적 원리의 영역에서 제외한다. 한편 신체의 각 기관들 사이에는 일종의 교감이 존재한다. 생기열은 독자적인 실체는 아니고 생기적 원리의 활동에서 나온다.[17] 이렇게 해서 바르떼즈는 물질과 생명 그리고 사유하는 영혼이라는 세 가지 영역을 명백히 구분

한 다음 의식과 물질의 영역을 제외하여 생기적 원리의 영역을 생명의 현상으로 한정한다.

바르떼즈의 생기적 원리가 어려움에 처하는 것은 그것이 생명체에 내재적인 것인가, 아니면 분리될 수 있는 것인가를 논할 때이다. 생명체가 죽게 되면 생기적 원리는 어떻게 되는가? 바르떼즈는 그것이 물질적인 것이라면 죽음과 동시에 물질적 우주로 되돌아갈 것이고, 물체와도 다르고 영혼과도 다른 것이라면 살아남아 다른 물질에 생명을 부여할 수도 있을 것이라고 하면서 전자보다는 후자 쪽에 무게를 두고 있다.[18] 이런 논의 자체는 생기적 원리의 가설적 특징을 넘어서서 '실체화'하는 문제점을 보여 주고 있어서 바르떼즈의 입장을 어렵게 하고 있다.

비샤 의학사상의 주요 특징

비환원주의 생리학의 이념

비샤는 생리학을 독립된 과학으로 세우기 위해 분투하지만 그 모범을 물리화학으로 보지 않는 데서 생기론자의 면모를 보여 준다. 생리학은 생명체의 다양한 기능을 설명하는 학문으로서 구조를 설명하는 해부학과 나란히 연구되어 왔다. 질병을 다루는 의학은 인간의 몸의 구조보다는 그것이 어떻게 운영되는가를 보여 주는 데 더 관심을 가지고 있어서, 생리학적 고찰이 좀 더 중요성을 갖는다고 할 수 있다. 하지만 두 학문 중에서 보다 먼저 정밀한 체

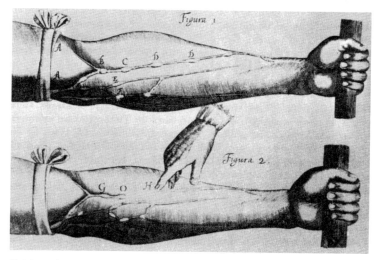

윌리엄 하비(William Harvey, 1578~1657)의 『동물의 심장과 혈액의 운동에 관한 해부학적 연구』(*Exercitatio anatomica de motu cordis & sanguinis in animalibus*, 1639)의 삽화

계를 갖춘 것은 해부학이었다. 18세기 말까지 해부학은 실제적인 해부의 도움으로 인체의 내부구조와 혈관, 근육, 뼈와 신경에 이르기까지 정밀한 묘사를 할 수 있었다. 반면에 생리학은 하비에 의한 혈액순환 원리의 발견 이후에도 언제나 부분적인 기능들의 탐구에 머물렀고 무엇보다 해부학에 절대적으로 의존하고 있었다. 할러 Albrecht Von Haller와 같은 유물론적 생리학자는 해부학이 알려준 기관들의 구조로부터 그것들의 기능을 "연역적으로 도출"할 수 있다고 믿었다.[19] 이러한 경향에 반대하여 생기론자들은 생리학이 생명의 기능들을 그 자체로서 연구하고 생명체를 전체로서 다루어야 한다고 주장하였는데 그러한 연구의 기초가 된 구상이 바로 슈탈의 영혼 혹은 바르떼즈의 생기적 원리이다.

테오필 드 보르되
(Théophile de Bordeu, 1722~1776)

비샤는 슈탈과 바르떼즈를 계승하는 동시에 비판하고 있다. 슈탈이 동물의 기능들이 물리법칙에 의해 설명되지 않는다고 본 점에서 비샤는 그를 높이 평가하면서도 영혼이라는 추상적 원리는 받아들이지 않는다. 마찬가지로 바르떼즈의 생기적 원리도 "추상"에 불과하다고 비판한다(Bichat, 1801 : 214, 220). 비샤는 '감수성sensibilité과 수축성contractilité'이라는 생명체의 기본적인 '속성들'propriétés 두 가지를 제시하고 생리 현상을 속성들의 변화로 설명한다. 『생리학과 의학에 적용된 일반해부학』의 서문에서 그는 "생명체의 속성들propriétés을 정확하게 분석하는 일, 모든 생리적 현상들이 결국 이 속성들의 자연적 상태로 환원된다는 것, 그리고 모든 병리 현상들은 생명적 속성들의 증가나 감소, 변질에서 유래한다는 것을 보여 주는 것"이 자신의 목적이라고 말한다(Bichat, 1801 : 214). 그리고 나서 그는 이 속성이라는 용어를 인력이나 친화성과 같은 물리화학적 속성들과 "같은 수준에" 놓는다(Bichat, 1801 : 215, 221). 모든 생명 현상은 기저에서 일어나는 속성들의 변화에서 생겨난다. 나중에 상세히 보겠지만 감수성과 수축성은 영혼이나 단일한 생기적 원리에 의지하는 것이 아니라, 마치 인력이나 탄성이 물체들에 "내재하듯이"inhérentes, 그 자체로 신체 전체에 골고루 퍼져 있는 '생기적 힘들'forces vitales이며 단지 강도차만을 보이면서 동일한 방식으로 작용한다.

단일한 생기적 원리가 아니라 신체 전체에서 생기적 속성이 작용한다고 보았다는 점에서 비샤는 바르떼즈보다는 보르되에 가깝다. 보르되는 몽뻴리에 대학에서 바르떼즈에 앞서 의학을 가르쳤다. 그의 생기론은 '감수성' 개념을 중심으로 전개된다. 생명체는 일군의 기관들로 이루어져 있는데, 각 기관은 고유한 감수성을 가지고 있어서 그 영향 아래 활동한다. 보르되는 서로 다른 국부적 감수성들 모두를 고유한 생명의 원리라고 보았는데 결국 그의 생기론은 복수의 생기적 원리를 인정한 셈이 된다. 그러므로 이러한 다양한 감수성들이 어떻게 서로 통합되어 생명체 전체의 목적에 기여하는가 하는 문제가 제기된다. 보르되는 꿀벌 개체들이 각각 독립성을 유지하면서도 일사불란한 전체로서 활동하는 사례를 비유로 제시하지만 이러한 비유는 생명 현상을 원리적으로 설명하기에는 충분하지 않다.[20] 한편 비샤의 생기적 힘들은 기관마다 다른 감수성을 나타내는 것이 아니라 동일한 본성을 가지며 강도만 변화한다는 점에서 이러한 난점을 가지고 있지 않다. 무엇보다도 그것들은 기관들이 아니라 조직들tissus의 수준에서 작용하는데, 이 조직은 기관들보다 하위의 수준에서 생명적 속성들, 즉 감수성과 수축성의 작용에 의해 기관의 기능을 결정한다. 그러므로 조직은 신체의 유기적 활동을 가능하게 만들어주는 단위라고 할 수 있다. 비샤는 그것을 화학의 "원소"에 비교하기도 한다(Bichat, 1801 : 253). 원소들이 화학적 결합에 의해 화합물을 합성하듯이 조직들의 결합은 기관들을 구성한다. 비샤는 현미경도 없던 시절에 관찰만으로 벌집모양 조직, 신경, 동맥, 정맥, 뼈, 섬유질, 근육, 점막, 연골, 골수, 피부 등을 포함한 21가지의 조직을 구분한다. 조직의 생기적 속성들은 기관들과 무관하게 작용하면서 생명체의 부분들이 서로 소통하게 해준다.

　비샤의 생리학의 구도는 생명의 단위를 단순한 조직으로 보면서도 그것이 가진 궁극적 속성들을 통해 생명 현상 전체를 일관되게 설명하는 것이다. 생명체를 구성하는 조직에 대한 강조는 생리학상의 중요한 기여로 평가된다. 생명의 단위를 기관으로 보는 보르되의 관점은 생명체가 더 작은 생명체들로 구성되어 있다는 논리적 결점을 가지고 있으며 그것들 상호간의 관계 및 전체와의 관계가 설명하기 어려운 문제로 남는 반면, 비샤의 관점은 생명체를 이루는 조직의 단일한 본성을 명료하게 보여 주면서 그것의 '속성들'을 통해 생명의 단위와 전체의 관계를 설명한다는 점에서 보르되가 보여준 난점들을 피하고 있다. 생명체의 기본적 속성들을 가정하는 것은 뉴튼이나 꽁디약의 불가지론에서 영향을 받은 것인데, 비샤 생리학의 야심찬 시도인 동시에 방어하기 어려운 부분에 해당한다. 비샤에 의하면, 천문학이나 역학, 수력학, 광학 등의 물리과학들에서는 원인들의 연쇄에 의해 중력, 탄성 등 최종적 원인들에 도달하듯이, 생리과학들에서도 호흡, 소화, 순환, 배설 등의 현상들의 원인을 찾아가면 결국 생명의 특유한 속성들에 도달하는데 이 속성들이 생명 현상의 "최초의 동인"le mobile premier을 이룬다(Bichat, 1801:218~219). 뉴튼이 중력에 대해 그렇게 말했듯이 이 속성들의 본성은 불가지한 것이고 우리는 단지 그 결과들을 연구할 수 있을 따름이다. 다만 그것들은 현상과 무관하게 존재하는 실체와 같은 것은 아니고 각 대상 영역에 '내재하는' 것이다.

이런 비교를 통해 비샤는 생리학이 물리학과 동등하게 과학으로 성립할 수 있다고 주장하려 한다. 하지만 생리학의 기반이 되는 조직과 그 속성들은 물리화학으로 환원되지 않는 고유한 특징을 갖는다. 비샤는 조직이 "분자들의 배열에 의존한다"는 것을 인정하지만 그것은 "마치 자신의 고유한 삶을 가지고 있는 듯이 특수한 유기적 구성organisation을 보여 주기" 때문에 물리화학적 분석으로는 불충분하다고 주장한다(Bichat, 1801 : 214~247). 즉 생명이 물질과 전혀 다른 무엇으로 되어 있다는 것이 아니고 과학으로 설명할 수 없다는 것도 아니며, 단지 그것이 물리화학적으로 완전히 환원되지 않는 고유한 생명적 차원을 가진다고 보는 비환원주의적 생리학을 주장한다는 점에 그의 독특함이 있다고 하겠다.

생명의 정의와 두 삶의 구분

서양어에서 삶과 생명은 같은 말(영어 'life', 불어 'vie', 독어 'Leben')로 표현된다. 하지만 우리는 그것들을 구분하고 있다. '삶'은 '~이 살아 있다', '~이 살고 있다'라는 표현에서처럼 특정한 주어를 동반하는 동사적 맥락을 곧바로 명사화한 것이며 '죽다'에서 파생한 명사 '죽음'과 짝을 이룬다. 한편 '생명'生命은 한자 조어가 일반적으로 그러하듯이 일상적 맥락보다는 좀 더 학문적이고 추상적인 차원에서 사용되며 특히 동사가 아니라 명사적으로만 사용된다. 서양어에서는 이 모든 맥락을 한 단어로 표현하지만 우리말에서는 두 단어가 각각의 뉘앙스를 다르게 드러내 줄 수 있으므로 더 장점을 가진다고 하겠다. 따라서 우리는 맥락에 따라 적절하게 번역하기로 한다.

생명을 긍정적으로 정의하기는 어려운 것이 사실이다. 하지만 죽음이라는 현상을 생각할 때 생명을 마냥 정의하지 않고 있을 수도 없는 일이다. 우리는 유물론자들이 물체와 유기체를 동일선상에서 취급함으로써 삶과 죽음을 구분할 수 없었던 사실을 보았다. 『삶과 죽음에 대한 생리학적 연구』에서 비샤는 "삶은 죽음에 저항하는 기능들의 총체이다"라는 유명한 정의로 시작한다. 이 정의는 비록 부정적인 방식으로 표현되기는 했지만 죽음에 대립하는 생명의 특징이 존재한다는 긍정적인 함축을 가지고 있다. 마장디는 비샤가 죽음을 통해 삶을 정의했다고 해서 여기에 일종의 "악순환'이 존재한다는 비판을 하고 있다. 하지만 이것은 핵심을 벗어난 비판이다.[21] 삶을 죽음을 통해 정의하고 죽음은 삶을 통해 정의할 수밖에 없는 것은 순환성의 외양을 띠고 있지만 이 외양은 삶을 죽음과 실제적으로 구분하고 있기 때문에 필연적으로 생겨나는 것이다. 유물론자들처럼 삶을 일종의 기계적 기능의 활동으로 보면 죽음은 그것의 정지가 되므로 이러한 순환성은 존재하지 않을 것이다. 하지만 그것은 삶도 죽음도 설명하지 못한다. 작동하는 기계와 멈춘 기계 사이에 물리화학적으로 볼 때 질적 차이가 있는가? 반면 우리는 삶과 죽음 사이에 질적 차이가 있다고 느끼기 때문에 그것들을 설명하고자 한다. 생기론은 이러한 문제의식에서 출발한다.

비샤의 정의가 생명에 대한 긍정적 함축을 가지고 있다는 것은 다음의 표현에서 곧 드러난다. "무기물체들은 생명체들에 끊임없이 작용을 가한다. 생명체들 스스로도 서로서로 계속적인 작용을 가한다. 항구적인 반응의 원리를 갖지 않는다면 그것들은 곧 궤멸하게 될지도 모른다. 이 원리가 바로 생명의 원리principe de la vie이

얀 밥티스타 반 헬몬트
(Jan Baptista van Helmont, 1579~1644)

다"(Bichat, 1800 : 58). 곧 삶의 과정을 유지시키는 무언가가 존재한다는 가정이다. 하지만 슈탈의 영혼이나 반 헬몬트의 아르케, 바르떼즈의 생기적 원리 등은 생명 현상의 "결과에 대한 관찰로부터 이론으로" 나아가기보다는 "생명의 본성에 대한 탐구로부터 결과로 내려오는" 방식을 취했다는 점에서 비샤는 이를 비판하고 있으므로 여기서 비샤가 말하는 생명의 원리란 우선은 가설적인 것으로 취급해도 좋을 것이다(Bichat, 1800 : 119). 또한 이후부터는 이 표현은 거의 사용되지 않고 이를 대신하여 "생기적 힘들"forces vitales이라는 표현이 사용된다. 한편 어린아이에게는 생명의 과잉이 있고 노인이 되면 내적 원리의 반응은 감소하여 생명이 쇠약해진다는 표현을 볼 때 비샤의 생각은 생명에 대한 상식적 관점과도 크게 다르지 않은 것을 알 수 있다.

삶에 대한 정의가 삶을 총체적으로 보는 관점이라면 이제 세부적인 설명을 위해서 비샤는 두 종류의 삶을 구분한다. "동물적 삶"vie animale과 "유기적 삶"vie organique이 그것들이다. 유기적 삶은 식물과 동물에 공통된 것으로서 식물에게는 탄생과 영양섭취, 성장, 소멸에 이르기까지 내적 과정만 있다. 동물은 동화와 배설을 통해 외부 물체들의 일부를 자신의 것으로 만들고 또 이질적 물질을 배출하지만 이는 식물과 마찬가지로 내적인 과정이다. 비샤는 이런 삶이 "유기적 조직"texture organique에 기초하기 때문에 그것을 유기적 삶이라고 부른다(Bichat, 1800 : 61). 반면에 동물이 외부 대상을 느끼고 파악하며 의지적으로 운동하는 등 외부와의 적극적 관계를 유지하는 삶은 동물에 고유한 것이어서 동물적 삶이라고 부른다. 한편 비샤는 자신의 생리학에서 생식과 관련된 부분은 다루지 않고 동물의 삶을 유지하는 기능들만 고려하겠다고 한다.

사실 이러한 구분은 새로운 것은 아니고 아리스토텔레스의 영혼론에서 이미 그 고전적 형태를 볼 수 있다. 다만 비샤는 아리스토텔레스의 이성적 영혼은 따로 구분하지 않고 동물적 삶에 인간의 지적인 활동을 포함하고 있다. 비샤의 구분은 특히 슈탈의 영혼론을 겨냥하고 있다. 거기서 지성적인 영혼은 유기적인 기능까지도 포괄하고 있는데 비샤는 그러한 모순을 제거하기 위해 두 삶의 명백한 구분의 필요성을 강조하는 것이다. 우선 동물적 삶은 감각 기관을 통해 수용되는 인상들의 지각, 즉 감수성과 관련된 구심적 활동과 외부를 향해 의지적으로 운동하는 원심적 활동으로 이루어진다. 감각과 운동은 뇌를 통해 밀접한 관계를 맺고 있어서 비샤는 많이 느끼는 동물이 또한 그만큼 많이 움직인다고 한다. 유기적 삶은 합성과 분해로 이루어지는데 호흡, 영양섭취, 소화, 순환, 배설의 과정을 거친다. 비샤는 여기서 가장 중요한 기능을 혈액의 순환 체계로 본다. 따라서 동물적 삶의 중심이 뇌라면 유기적 삶의 중심은 심장이라고 할 수 있다. 두 삶의 차이는 너무도 두드러지기 때문에 비샤는 이 구분이 생리학에서 가능한 유일한 구분이라고 단언한다(Bichat, 1800:64).

두 삶의 차이에 대해 좀 더 세부적으로 들어가 보자. 외형적으로 동물적 삶은 대칭적인 모습을 하고 있다. 감각기관들과 운동기관들은 대개 좌우 양쪽에서 대칭을 이루며 기능면에서도 그러하다. 반면에 유기적 삶은 그렇지 않다. 내장기관들은 불규칙하게 배열되어 있으며 대개 하나씩만 있고 두 개인 경우에도 정확히 대칭적인 기능을 하지는 않는다. 이로부터 비샤는 동물적 삶은 대체가능한 두 부분으로 되어 있으며 유기적 삶은 거의 대체불가능한 유일한 체계로 되어 있다고 결론짓는다. 또 동물적 삶의 기관들은 그 위치나 구조에서 커다란 변이를 보이지 않으며 기능은 기관의 안정적 구조에 의존하지만, 유기적 삶의 기관들은 그 형태, 크기, 위치, 방향 등에서 다양성을 보여줌에도 불구하고 전체적으로 기능을 유지하는 데는 문제가 없다.

이런 차이에서 작용 방식의 차이가 나온다. 동물적 삶은 대칭적인 기관들이 조화를 이룰 때 비로소 기능을 제대로 할 수 있는 반면 유기적 삶은 조화와는 관계가 없다. 더 기능이 좋은 신장이 소변을 분리하고 더 발달한 폐가 피의 순환을 촉진한다. 한 쪽이 문제가 생기면 다른 쪽이 보완한다. 혈관계의 빈번한 변화에도 불구하고 순환은 언제나 한결같다. 간, 신장, 위, 폐, 심장을 작동시키는 "생기적 힘들"과 자극요인들은 불안정하지만 그것이 기능의 문제를 야기하지는 않는다(Bichat, 1800 : 84). 유기적 삶은 중단없이 작용한다. 호흡과 순환의 중단은 곧 생명의 중단이기 때문이다. 반면 동물적 삶은 수면이 보여 주듯이 활동과 휴식의 교체를 겪는다.

동물적 삶이 외부와 관계하는 반면 유기적 삶은 내부에서만 일어나기 때문에 습관의 영향도 각기 다르게 나타난다. 습관은 빈번한 외부의 자극으로 인해 생겨난 내적 변화를 말한다. 동물적 삶에서 습관은 자극적인 감각을 무디게 하고 대신에 명료한 지각과 운동, 지적 능력을 개선시킬 수 있지만 유기적 삶은 습관의 영향을 거의 받지 않는다. 호흡이나 순환 등이 습관의 영향을 받아 변화한다면 생존의 위협이 발생할 것이다. 물론 유기적 삶도 외부의 영향을 받기는 하나 그것으로 인해 새로운 신체의 상태로 변화하지는 않는다. 즉 유기적 삶은 동물적 삶에 비해 상당히 항구적이다. 꽁디약은 감각과 감각습관으로 생명체의 모든 내외적 상태를 설명하려고 했으나 비샤가 말하는 유기적 삶은 그것들의 영향이 미치지 않는 영역이라 할 수 있다.

한편 두 삶이 이렇게 구분된다면 그것들은 어떻게 관계를 맺을 수 있을까. 외적 감수성과 의지적 운동은 유기적 삶에 어떤 영향도 미치지 못한다. 비샤는 두 삶이 관계를 맺는 과정을 정념들passions의 작용으로 설명한다. 게다가 정념은 유기적 삶의 특징으로 분류된다. 사실 사랑, 증오, 분노, 수치 등의 정념은 의지의 영역을 벗어나 있을 뿐만 아니라 유기적 삶과 직접적인 관계를 맺는 것처럼 보인다. 예를 들면 기쁨이나 부끄러움은 피부에 영향을 주어 얼굴을 붉게 한다. 분노는 순환운동을 가속화하고 심장이 더 빨리 뛰게 하여 피의 흐름의 강도와 속도에 영향을 준다. 두려움은 혈관계를 약화시킴으로써 모세혈관에 도달하는 피의 흐름을 방해하여 얼굴의 창백함을 야기한다. 반대로 내장 기관들의 상해는 고통의 정념을 야기하는데, 이것을 보면 유기적 삶의 다양한 상태 역시 다양한 정념들을 유도하는 것을 알 수 있다. 이 정념들이 동물적 삶에 영향을 미치는 것은, 가령 분노의 정념에서 그렇듯이 피의 순환을 가속화하여 뇌에 작용함으로써 간접적으로 이루어진다. 피의 순환이 심장의 운동과 직접 관련을 맺고 있으므로 여기서 우리는 마치 정념의 중추가 심장이고 그것의 활동이 동물적 삶의 중추인 뇌에 작용하는 것처럼 생각하기 쉽다. 하지만 비샤는 감각의 중추가 뇌인 것과 반대로 정념의 중추는 존재하지 않으며 각 기관들에 골고루 퍼져 있다고 말한다. 그래서 신체의 구성이 기질tempérament을 형성한다고 본다. 가령 순환기가 강한 사람은 다혈질이 된다. 나이나 질병도 신체기관을 변형시켜 유사한 결과를 낳는다. 한편 성격이란 정념들이 동물적 삶에 영향을 미쳐 형성된 것이다. 그러므로 성격도 유기적 삶에 기반을 둔다(Bichat, 1800 : 101~108).

정념에 관한 비샤의 설명은 특이한 데가 있다. 우선 정념들이 유기적 삶에 속한다는 주장은 고풍스런 과거의 전통으로 돌아간 것처럼 보인다. 플라톤의 영혼삼분설에서는 지적 사고는 머리에, 용기는 가슴에, 욕망은 배에 위치하는 것처럼 설명하고 있다. 데까르뜨에 와서 정념은 한편으로 신체적 인상의 영향을 받아 뇌에서 형성되는 것으로 설명되고, 다른 한편으로는 외부 대상으로부터 인상이 수용되어 뇌에서 형성되는 감각들도 정념의 일부로 분류된다. 반면에 비샤는 감각의 중추는 동물적 삶의 중추인 뇌로 보고 정념은 중추가 없이 유기적 삶 전체에 속하는 것으로 보고 있다. 두 입장에서 정념이 자극과 신체의 상태 사이에서 일종의 중개 역할을 하는 것은 유사하지만 그것의 위치를 뇌가 아니라고 본 데에 비샤의 어려움이 있다. 실제로 삐쇼가 잘 지적했듯이 정념은 종종 외부 대상으로부터 자극을 받아 형성되기도 하는데 이때 자극을 수용하는 뇌의 감수성은 반드시 필요하기 때문이다.[22] 삐쇼는 만약 정념을 뇌에서 형성되는 것으로 볼 경우, 동물적 삶이 유기적 삶에 영향을 미칠 수 있게 되어 영혼이 유기적 삶도 좌우한다는 슈탈의 관점으로 돌아가게 될 우려 때문에 이러한 무리한 입장을 갖게 되지 않았나 추측한다.[23]

생명의 속성들 – 감수성과 수축성

생명의 속성들은 앞에서도 보았듯이 생명체를 이루는 기본 조직에 내재하여 그 활동을 규정하는 생명의 근본 원리들에 해당한다. 그것들은 물리적 속성들이 물체에 "내재하는"inhérente 것처럼 생명체에 내재하기 때문에 그것들이 없는 생명체는 인력이 없는 물체처럼 상상하기 어렵다(Bichat, 1801 : 218~219). 하지만 비샤는 원리로부터 시작한 슈탈, 반 헬몬트, 바르떼즈 등을 비판하면서 실험이 제공하는 사실들에만 충실할 것을 주장한다. 그럴 경우 우리는 생명체가 나타내는 기본 속성들이 감수성과 수축성이라는 것을 알 수 있다는 것이다. 근육의 운동을 나타내는 수축성의 개념은 17~18세기에 이미 사용되던 과민성irritabilité, 신축성을 잇는 개념이다. 감수성은 데까르뜨의 기계론적 생명관이 포괄하지 못하는 내용으로서 생명체의 가장 기본적인 특징으로 여겨졌다. 역시 유물론적 생리학자인 할러는 감수성과 과민성을 나누었는데 감수성은 자극에서 수용한 인상을 뇌에 전달하는 기능이고, 과민성은 외부 자극으로 '단축될'raccourci 수 있는 근육의 기능이다. 비샤는 감수성을 뇌신경계를 갖는 동물적 삶에만 국한하지 않고 유기적 삶에도 부여한다. 또한 과민성 대신에 수축성을 주장하는데, 그것은 "동물의 기관들 속에서 가장 일상적인 운동의 양태가 수축"이라고 보았기 때문이다(Bichat, 1800:142).

물리 현상들이 최종적인 물리적 속성들로 설명되는 것과 달리 생리과학에서는 생명 현상들이 최종적으로 생명의 속성들인 감수성과 수축성으로 설명된다는 것이 자명해 보이지는 않는다. 비샤가 동물적 삶과 유기적 삶을 구분한 데는 이러한 생명의 두 속성들이 세부적으로 어떻게 기능하는가를 보여 주기 위한 목적이 있다. 일반적으로 이 두 속성들은 물리적 법칙과 달리 무수히 가변적이어서 탈진상태에서 격한 흥분에 이르기까지 다양한 강도차를 보여 준다. 게다가 생명체는 매순간 변화에 노출되어 있어서 균일한 현상을 보이지 않는다. 예를 들면 "식사 후의 소변은 수면 후의 소변의 상태와 전혀 같지 않다. 그것은 또 겨울에는 여름과 전혀 같지 않다. 더위에서 추위로 단순히 옮겨가기만 해도 땀이 제거되어 구성

요소가 변화된다"(Bichat, 1800 : 122). 이런 면에서 비샤는 생명 현상에 수학적 법칙을 적용하는 태도에 회의적이다. 생명체는 생기적 힘들의 불안정성으로 특징지어지기 때문에 양적 취급이 어렵다는 생각이 비샤를 여전히 생기론자로 머물게 하고 있다.

우선 감수성에는 동물적 삶에 고유한 것과 유기적 삶에 고유한 것이 있다. 전자는 뇌중추에 연결되어 의식적이다. 피부, 눈, 코, 귀와 입의 점막 등은 인상을 뇌로 전달한다. 후자는 유기 조직과 기관에 고유한 감수성이며 의식되지 않는다. 위는 양분에 예민하고 심장은 혈액에, 배설관은 거기에 고유한 액체에 예민하다. 동물적 감수성은 감각, 지각, 고통과 쾌락을 주도하고 유기적 감수성은 순환, 소화, 배설, 발산, 흡수, 영양섭취를 주도한다. 그러나 이 두 감수성은 외관상 커다란 차이에도 불구하고 본성적으로는 같다. 동일한 감수성이 강도만 달리 하여 나타나는 것이다. 예를 들면 염증은 우선 유기적 감수성을 자극하지만 강도가 커지면 뇌를 거쳐 동물적 감수성이 된다. 즉 무의식적 상태에서 의식적인 고통이 된다. 여기에서 비샤는 특이하게도 유기적 감수성이 동물적 감수성으로 되는 과정을 강도의 양적인 증가로 설명한다. 한 기관은 감수성의 일정한 함량을 가지고 있는데 그것을 넘어서면 동물적이고 그보다 못할 때는 유기적이다. 게다가 이 감수성의 기능은 모든 조직에 공통적이며 얼마만큼의 비율로 존재하는가에 따라 각 기관에 특유한 감수성이 나타난다. 또한 각 기관의 감수성이 내외적 변화에 의해 기본적 함량에서 벗어난다고 해도 그것은 증가와 감소의 교체를 겪으면서 다시 기본량으로 돌아온다. 비샤는 이것을 추시계의 진동에 비유한다(Bichat, 1800:129). 그러므로 비샤가 비록 생기적 속성들의 가변성을 주장하지만 기본적인 안정 상태를 인정하고 있음도 주목해야 한다. 사실 비샤가 의학적 처방을 제시하는 것도 바로 이 '감수성의 적정량'이라는 개념에 의해서이다. 예를 들면 소염제는 감수성의 양이 부족한 곳에서는 새로운 힘을 첨가하고, 넘치는 곳에서는 일부 제거함으로써 "중간항을 발견하는 것이다"(Bichat, 1800:133~137).

수축은 기관이 그 감수성의 자극에 반응하는 것이다. 비샤에게 수축성은 할러의 과민성과 달리 근육만의 특징이 아니라 살아 있는 모든 기관과 조직의 특징이다. 우선 동물적 수축성은 뇌를 통한 의지적 운동을 말하며 이동운동, 소리, 흉부, 머리와 배의 운동을 주도한다. 이것은 대개 동물적 감수성 즉 감각의 작용에 잇따르지만, 두 가지가 반드시 연결되어 작용하는 것은 아니다. 반면에 유기적 수축성은 유기적 감수성에 반드시 연결되어 나타난다. 심장은 거기에 도달한 피의 자극을 수용하는 동시에 수축성을 나타낸다. 배설관은 거기에 도달하는 유동체의 작용에 의해 수축반응을 한다. 비샤는 두 삶에서 두 속성들의 관계가 왜 다르게 나타나는가에 대한 이유를 다음과 같이 제시한다. 유기적 삶은 감수성과 수축성의 작용 사이에 어떤 중간 단계도 없이 진행된다. 같은 기관이 자극을 수용하는 동시에 수축 작용을 한다. 반대로 동물적 삶에서는 신경과 뇌의 활동이 두 기능들 사이에서 중개 역할을 한다. 신경이 국부적 활동이라면 뇌는 중추를 통과하는 활동이다. 국부적 활동은 중추를 통과할 수 없기 때문에, 감수성과는 달리 유기적 수축성은 동물적 수축성이 될 수 없다. 위나 장의 운동은 아무리 강렬해도 의식적으로 될 수 없다.

유기적 수축성은 다시 두 가지로 나누어진다. 심장, 위, 장, 방광 등의 수축성은 뚜렷한sensible 특징을 보여 주는 반면 배설관, 모세혈관에서 나타나는 수축성은 미세한insensible 특징을 보여 준다. 비샤는 전자를 과민성에, 후자를 탄력(혹은 기력)tonicité에 비교한다. 이 구분은 의식적이거나 무의식적인 특징이 아니라 커다란 기관에 관련된 것인지 혹은 미세한 기관들과 관련되어 있는지에 따라 이루어진다. 그러므로 두 가지는 정도차만 갖는다. 여기에 더하여 비샤는 조직tissu 자체의 수축성과 신장성extensibilité을 이야기한다. 그것은 살아 있는 부위만이 아니라 죽은 부위에서도 나타나는, 유기적으로 구성된 모든 조직의 속성이다. 이 조직의 속성들이 살아 있는 신체에서 작용할 때는 생기적 힘들로부터 에너지를 얻는다. 그래서 살아 있을 때는 수축의 강도가 더 크며, 죽은 다음에는 그 강도가 작아지면서 신체 조직의 해체에 따라 점차로 소멸된다(Bichat, 1800 : 163~166). 비샤는 다른 생리학자들이 이 조직의 수축성을 탄력과 혼동했다고 비판한다. 그러므로 생명체는 유기적으로 구성된 조직에 생명적 속성들 즉, 생기적 힘들이 작용하여 이루어진 것이며, 조직 그 자체가 생명인 것은 아니라고 할 수 있다.

비샤에게 삶과 죽음은 이처럼 명백히 구분된다. 두 삶의 구분은 이것을 더 명확히 설명해 준다. 『삶과 죽음에 대한 생리학적 연구』의 1부 말미와 2부 전체는 죽음에 대한 연구, 특히 돌연사에 대한 연구로 이루어져 있다. 돌연사에서 동물적 감수성과 동물적 수축성은 단번에 소멸한다. 반면에 유기적 감수성과 유기적 수축성은 돌연사 이후에도 어느 정도 남아 있다. 물론 호흡과 순환은 동물적 삶과 동시에 정지된다. 즉 뇌와 심장과 폐의 기능이 정지된다. 그러나 소화액은 여전히 남은 양분들을 분해하고 흡수와 배설 기능도 여전히 남아 있다. 머리칼과 손톱의 영양섭취작용과 모세혈관의 작용, 그리고 열기도 남아 있다(Bichat, 1800 : 206~207). 동물적 삶과 유기적 삶의 구분은 죽음이 사건이라기보다는 '과정'processus이라는 생각으로 우리를 인도한다. 비샤는 주요 기관들의 정지 이후에 차례로 나머지 신체 기관들과 부위가 기능을 정지하는 것을 묘사하고 있다. 그런데 이런 생각은 이미 할러와 뷔퐁, 라마르끄에게서 나타나고 있다. 이들은 대개 기계론자들이라 할 수 있는데, 죽음은 신체로부터의 영혼의 분리라는 기독교적 개념에 반발하면서 그것을 신체 기관들의 기능들이 쇠퇴에서 정지로 가는 연속적 과정으로 재정의한 것이다.[24] 비샤 역시 생기적 힘들이나 생기 원리를 독자적 실체로 보지 않고 신체 각 부위에 내재하는 자연적 속성들로 보기 때문에 그것들이 신체의 해체에 따라 자동적으로 소멸하는 것으로 간주한다. "고갈되는 것은 생명적 속성들의 본성에 속한다. 그것들은 시간이 지나면 동일한 신체 안에서 쇠잔해진다. 유년기에는 앙양되었다가 성년기에는 정체되었다가 노년기에는 약화되어 무화된다"(Bichat, 1801 : 234~235). 비록 생기적 힘들의 존재를 인정하는 점에서는 기계론과 다르지만 죽음에 대한 설명은 기독교나 전통적 생기론보다는 오히려 기계론의 입장에 가까운 것을 볼 수 있다.

생명적 속성들의 소멸이 죽음을 설명한다면 그것들의 변질 혹은 교란은 질병을 설명한다. 우리가 보았듯이 생명적 속성들은 비록 가변적이고 불규칙하지만, 각 기관에는 그것들의 일정한 분포로 특징지어지는 기본적인 상태가 있고 여기서 이탈하더라도 다시 그 상태로 되돌아오는 경향이 있다는 점에서 비샤는 생기적 힘들의 "자연적 유형"le type naturel을 가정한다. 질병은 "생기적 힘들이 변질된 현상들"이며 "약의 목적은 어떤 생명적 속성들을 그 자연적 유형으로 되돌리는 것"이다(Bichat, 1801 : 232). 자연적 유형에 대한 연구가 생리학을 특징짓는다면 그 변질된 현상들에 대한 연구가 병리학을 특징짓는다. 자연적 유형에서의 이탈은 생명적 속성들이 가진 근본적인 불안정성에 기인하므로 이 부분이 바로 물리적 과학들과 구분되는 생명과학의 특성을 보여 준다. 즉 비샤에 의하면 "물리과학에는 병리학이 없다"는 것이다(Bichat, 1801 : 232). 그러므로 생명의 현상은 건강과 질병이라는 두 상태를 나타낸다. 비샤는 생리적 상태의 자연적 유형을 통해 생명적 속성들의 가변성을 한정하면서도 자연적 유형이 무엇인지 상세히 논하지는 않는다. 만약 그것이 중심이 된다면 가변성은 사소한 것이 될 수도 있기 때문이다. 비샤는 자신의 저서 전체를 통해 이 자연적 유형의 개념보다는 가변성 쪽에 더 무게를 둔다. 삐쇼에 의하면 비샤의 생리학이 정밀과학이 되기 어려운 것은 바로 이 점 때문이다. 생명적 속성들의 가변성이 지배적인 사실이 되면 생명현상의 수학화는 원천적으로 불가능하기 때문이다.[25]

비샤의 유산

비샤의 생리학의 영향은 마장디와 베르나르로 이어지는 이후의 생리학의 전개와 더불어 고찰해야 한다. 19세기 전반에 활동한 비샤의 제자 마장디는 비샤의 실험적 태도를 이어받으면서 그 생기론적 입장은 비판하고 있다. 비샤는 생리학을 뉴튼 물리학과 같은 수준의 과학으로 성립시키고자 하면서도 물리화학적 접근의 불가능성을 주장하였다. 마장디는 이에 대해 뉴튼 물리학은 비록 중력과 같은 물질의 궁극적 속성들의 본성에 대해서는 침묵하고 있지만 거기에 수학적 법칙을 적용하여 현상들을 설명하는 데 성공하는 반면 비샤가 생기적 속성들로 부른 감수성과 수축성의 활동은 수학적 법칙으로 설명할 수 없는 것이어서 사실이기보다는 일종의 가정에 불과하다고 말한다. 그러므로 생리학은 생기적 속성들보다는 신체의 기관들에서 나타나는 물리적 속성들, 예를 들면 영양섭취처럼 눈에 보이는 결과들을 연구해야 한다는 것이다. 마장디가 과연 비샤의 생기론을 완전히 넘어섰는가에 대해서는 논의의 여지가 있지만 아무튼 그는 이론적 측면보다는 실험적이고 구체적인 결과에 주목한 것이 사실이다.

실험생리학의 선구자라는 명칭은 마장디의 제자 베르나르에게 돌아간다. 비샤 생리학의 의미는 그에게서 오히려 더 잘 드러나고 있다. 베르나르는 비샤를 화학의 라부아지에, 천문학의 라플라스에 비교하면서 생리학에 결정적인 방향을 제시한 선구자로 극찬하고 있다.[26] 베르나르는 두 가지 점에서 비샤의 후예라고 할 수 있다. 우

끌로드 베르나르
(Claude Bernard, 1813~1878)

선 그는 비샤가 생기론자들의 생기적 원리를 "탈중심화"하여 조직의 영역으로 확대한 것을 높이 평가하면서 이 조직의 개념으로 동물학과 식물학 그리고 주로 인간을 연구하던 의학을 일반생리학의 영역으로 통일할 수 있었다.[27] 이 시기에는 이미 세포의 개념이 알려져 조직과 세포는 모든 생명체를 구성하는 기본 단위로 간주되기 시작한다.

다른 한편 베르나르는 비샤가 생기적 힘들의 가변성으로 보여 주고자 한 생명체의 불안정한 변화를 인정하면서도 생명체 내부에서 항상적인 상태가 유지됨을 주장한다. 오늘날 잘 알려진 그의 "내부 환경"le milieu intérieur 개념은 비샤의 "자연적 유형" 개념을 전신으로 한다. 깡길렘은 「정상적인 것과 병리적인 것」(1965)이라는 논문에서 이 과정을 잘 보여 주고 있다. 베르나르에 의하면 "진리가 유형 type 속에 있다면 현실은 언제나 이 유형의 밖에 존재한다. 그런데 의사에게 중요한 것은 바로 이것이다. 의사는 언제나 개인과 관계하지, 인간의 유형, 즉 인간종과 관계하는 것이 아니다."[28] 이 말로부터 우리는 비샤가 그의 생기적 속성들의 생리학에서 드러내고자 한 의도를 베르나르가 잘 이해하고 있다는 것을 알 수 있다. 그러면 인간 개체와 그 유형의 관계는 어떤 의미로 이해해야 할까? 깡길렘은 이것을 이론과 실제의 문제, 더 나아가 플라톤과 아리스토텔레스에게서 나타나는 유형과 개체의 문제로 설명한다. 베르나르의 항상적인 내부 환경이라는 개념은 실험할 수 없는 대상이며 실제로 추상적 사고의 산물이라고 알려져 있다. 깡길렘에 의하면 그것은 사실에 대한 언급이라기보다는 일종의 "규범"norme이다.[29] 이런 점에서 깡길렘은 베르나르의 생물학이 플라톤의 법nomos 개념에 가깝다고까지 말하고 있다.[30]

고대 그리스에서 자연physis과 법의 구분은 자연적 필연성의 세계와 인간적 규범의 세계를 구분한 것으로 알려져 있다. 자연에서 일어나는 현상은 엄밀한 필연성에 의해 좌우되며 우리가 임의로 좌우할 수 없다는 것, 반대로 인간 세계는 가변적이지만 우리가 만든 제도와 법률에 의해 규제될 수 있다는 것이 그 생각이다. 생리학은 자연의 영역인가, 인간의 영역인가? 자연과학적 탐구는 그것을 전자로 가정한다. 하지만 의학은 인간을 다루는 한에서 규범과 가치에서 자유로울 수 없다는 것이 깡길렘의 생각이다. 비샤의 경우 경험론 전통의 강력한 영향 아래 본성이나 유형보다는 개개의 변화를 강조한 반면, 베르나르는 생리학의 보편적 확립을 위해 일종의 '요청'이라고도 할 수 있는 규범적 개념을 확립한다. 깡길렘에 의하면 베르나르는 비샤에게서 "일종의 노동자처럼 활동하는 생기적 힘들의 개념을 입법가 혹은 안내자로서의 생기적 힘들의 개념으로 대체한다."[31] 입법가 혹은 안내자라는 명칭은 생기적 힘들을, 그것들로부터 적극적이고 신비적인 함의를 제거하고 규범적 의미로 제한하는 것이다. 사실 경험론자 비샤는 생기적 힘들의 활동이 우리에게 아무리 신비한 것으로 보인다 하더라도 그것을 자연적 사실로서 제시하고 싶어 하였으며 자연적 유형의 개념에 대해서도 마찬가지였다. 반면에 베르나르의 '내부 환경의 항상성'이라는 개념은 우리에게 자연적인 것처럼 보이기는 하지만 사실 추론의 산물이다. 그래서 신체 상태의 현실적인 가변성은 '조절'régulation되는 것이고 이 조절을 담당하는 것이 규범인 것이다. 과학에서 중요한 것은 이론의 일관성이며 차후에 생겨나는 변이들은 이론에 종속된다. 이런 면에서 베르나르의 플라톤주의가 비샤의 경험론에 승리한다. 하지만 이론이 성립되기 위해서 무수한 경험과 역사가 축적되어야 한다는 것은 비샤와 베르나르의 관계에서도 마찬가지라는 것을 잊어서는 안될 것이다.

2장
깡길렘의 의철학에서
개체성과 내재적 규범의 문제

들어가는 말 — 왜 오늘날 생기론인가?

조르주 깡길렘은 의학과 철학적 사유를 접목시켜 생기론적 의철학을 전개한 20세기의 흔치 않은 전력의 사상가다. 우선 기계론적 자연과학이 지배적인 학문세계에서 기계론과 비판적 거리를 유지하는 것도 쉽지 않던 시기에 생기론적 생명관을 재건하고 이에 적극적인 의미를 부여한 것은 상당한 지적인 용기를 필요로 하는 일이다. 이에 더하여 깡길렘은 그동안 무시되어 학계에서 사장되다시피 한 근대 프랑스 생기론자들, 즉 바르떼즈, 보르되, 비샤 등으로 대표되는 입장을 재평가하는 작업도 하고 있다. 그는 생기론이라는 명칭이 주는 모호함에도 불구하고 생물학이 물질과학의 부속품이라는 위치에서 벗어나고자 한다면 이 명칭이 비록 '점진적 자격으로서라도' 적합하다고 본다. 근대 생기론자들이 주창한 입장이 바로 이러하다. 이들의 생기적 힘이나 생기적 원리라는 용어는 적극적 실체이기보다는 기계론으로 환원되지 않는 생명현상을 설명하기 위한 미지의 태도로서 제시된다. 깡길렘에 의하면 그것은 "방법이기보다는 요청이고 이론이기보다는 정신이다"(CV, 84~88). 이와 같은 일반적 맥락에서 고찰한다면 깡길렘은 근대 생기론의 계승자임이 분명하다. 하지만 18, 19세기의 생기론자들과 깡길렘의 작업 사이에는 무시할 수 없는 차이점이 있는데 바로 여기에 "왜 오늘날 생기론인가?"라는 물음에 대한 깡길렘의 대답이 있다.

두 가지만 주목하기로 하자. 우선 문제의식과 관련된 차이가 있다. 근대 생기론자들은 생리학자이자 의사로 출발하여 생명의 세부적인 문제들을 해결하고 설명하는 과정에서 필연적으로 철학적인 문제에 봉착하게 된다. 예를 들면 그들은 생명체의 재생현상이나 전체의 유지를 위한 기관들 간의 상호연관성 등이 당시의 기계론적 관점으로 설명이 불가능하다는 것을 인식하고, 생명체를 이루는 요소들 사이에 일종의 질서나 조화, 내적 목적성 같은 것을 가정하게 된다. 이러한 관념들이 아무리 철학적인 것으로 보인다 할지라도 그것은 그들의 출발점이기보다는 종착점이다. 반면에 깡길렘의 경우에는, 철학교사로 출발하여 뒤늦게 의학을 공부한 생애 여정이 보여 주듯이 출발점은 철학적 문제의식이다. 스트라스부르 대학에서 『정상적인 것과 병리적인 것에 관련된 몇 가지 문제들에 대한 시론』(1943)이라는 제목으로 제출한 그의 의학박사논문의 서론이 그것을 잘 보여 준다.

철학은 하나의 반성행위인 바, 거기에 대해 낯선 모든 자료가 적절한 대상이다. 이뿐만 아니라 우리는 철학적 반성에 적절한 모든 자료는 그것에 낯선 것이어야 한다고 기꺼이 말하고 싶다.(NP, 13~14)

즉 철학은 자족적인 존재론이나 인식론으로서 설 수 있는 것이 아니라 삶의 구체적인 현상에 토대를 두고 있다. 그렇다면 깡길렘이 자신의 철학적 반성에 낯선 외적 자료로서 의학을 택한 이유는 무엇일까? 그 이유는 바로 다음에 나타난다. 즉 "우리에게 의학은 고유한 의미의 과학이라기보다는 여러 과학들의 교차점에 있는 기술technique 혹은 기예art인 것처럼 보였고 지금도 여전히 그러하다." 의학이 기술이라는 것은 그것이 고통의 치유라는 소명에 의해 과학적 지식에 개입하여 이를 인간에 응용하기 때문인 것처럼 보인다. 하지만 일반적인 기술이 실용성을 평가의 기준으로 삼는다면, 깡길렘에게서 의술은 인간의 총체성을 반영하는 가치평가의 지평에 열려 있다. 즉 의학이 가진 과학적인 동시에 가치론적인 관점이 깡길렘의 철학적 사유를 구체화할 수 있는 동력이 된 것이다.

바로 이 지점에서 깡길렘의 생기론에서 두 번째로 중요한 내용이 드러난다. 분명히 의학은 질병의 치유라는 목적에 맞는 실용적 지식을 추구한다. 하지만 이러한 지식은 생리학의 응용에서 자연스럽게 나오는 것이 아니라 환자 개인의 체험을 토대로 하는 임상적 관찰로부터 유래한다. 의학을 체계적인 과학적 지식으로 신봉하고 의술을 그것의 실용적 적용으로 보는 관점에서는 환자를 수동적인 대상으로 보게 된다. 하지만 환자 개개인에게 실용성이란 기준은

천편일률적인 방식으로 적용될 수 없다. 환자 개인은 질병에 대한 적응력도 제각각일 뿐만 아니라, 그의 현 상태를 있게 한 사회적 조건과 인생관 등이 함께 질병을 대하는 태도를 결정짓는다. 다시 말하면 환자는 수동적으로 질병이 주는 위협에 노출될 뿐만이 아니라, 그가 발달시켜 온 삶에 대한 태도에 의해 나름대로 적극적으로 대처한다. 깡길렘이 말하는 규범norme 혹은 규범성normativité이라는 개념은 이런 상황과 관련이 있는데, 이는 실증주의적 의학에서는 필연적으로 놓치게 되는 생명의 본질적 특성이다. 근대 생기론자들 역시 생명체의 능동성을 중시하기는 하였으나, 그들은 생명현상의 일반적 관점에서 접근하였기 때문에, 규범이라는 가치론적 차원을 고려하지 못했다. 그들이 말하는 조화나, 질서, 내적 목적성 등은 20세기에 여전히 기계론의 전통에서 사이버네틱스 이론에 의해 어느 정도 설명이 될 수 있기 때문에 생기론의 고전적 입지는 줄어들게 된다. 이와 달리 깡길렘이 말하는 규범성의 문제는 생명체의 일인칭적 주관성과 관련되기 때문에 애초에 기계론적 설명의 틀을 벗어나 있다. 근대 생기론자들은 의사로서 유사한 문제를 느꼈음에도 불구하고 생명과학을 과학으로 확립하려는 야심으로 인해 보편적인 문제틀에서 벗어나지 못했던 반면, 철학적 문제의식에서 시작한 깡길렘의 경우 의학의 본질을 가치와 규범이라는 주제들로부터 직접 도출하는 데서 그의 생기론의 독창성을 볼 수 있다.

정상과 병리의 문제를 규범성에 의해 사유하는 깡길렘의 의철학은 사실 의학이 실증주의적 과학관의 지배적 영향 아래 있던 20세기 전반부에 이루어졌다. 이 때문에 그것은 도전적인 것으로 간주되었고 합당한 평가를 받지 못한 측면이 있다. 하지만 20세기 후반부터 생명공학과 의료기술의 비약적 발달로 어느 때보다 더 가치의 문제에 대한 반성이 요구되는 시점에서 깡길렘 사상의 선구적인 업적이 재조명받기 시작하고 있다. 우리는 이 글에서 깡길렘의 의철학을 이루는 배경과 주요 개념들을 우선 고찰하고 논쟁이 되는 문제들에 대해서 그 사상적 기원을 추적함으로써 이해의 폭을 넓혀 보고자 한다. 그의 의철학은 실증주의에 대한 비판 위에서 규범성과 개체성의 개념들을 중심으로 전개된다. 생명 현상에서 규범성은 일반적 차원이 아니라 각각의 개체들을 통해서 나타날 수밖에 없다는 점에서 개체성의 문제와 밀접하게 연결되고 있으므로 깡길렘은 두 개념을 연관지어 다루되, 개체성을 인간 개인에 한정하지 않고 생명의 기본적 특징과 관련하여 논의하고 있다. 그러므로 우리는 깡길렘의 실증주의 비판, 그리고 규범성과 개체성 개념 속에서 드러나는 그의 생명철학을 차례로 살펴보고 이를 프랑스 생명철학 전통의 맥락 속에서 검토하기로 한다. 다른 한편으로 규범성과 개체성은 사회성과도 불가분적인 관계를 맺고 있다. 깡길렘은 이에 관한 논의를 박사논문이 출판된 지 20여 년 후에 추가하여 1966년에 재출판한다. 이는 푸코Michel Foucault와 알튀세르Louis Althusser의 사회역사철학으로 연결되는 고리로서 또 다른 연구를 요하는 주제이며 이 글에서는 생략하기로 한다.

과학주의적 질병관 비판

펠릭스-알렉상드르 르당떽(Félix-Alexandre Le Dantec, 1869~1917)

깡길렘에게서 규범성과 개체성의 고찰은 질병이라는 독특한 경험을 매개로 이루어진다. 질병은 각 개인에게 하나의 생생한 체험이지만, 의학에서는 이론적으로 접근할 필요성이 대두될 수밖에 없다. 의학은 질병에 대한 치유를 추구하는 과정에서 인류의 역사만큼이나 오랜 기간 동안 다양한 질병관을 발전시켜 왔는데, 서양의 근대 이후부터 오늘날까지 가장 지배적인 관점은 아무래도 과학주의 또는 실증주의라고 할 수 있다. 사실 이 용어들을 사용해 온 역사는 그리 오래된 것이 아니다. 실증주의는 19세기 초에 꽁뜨의 사상에서, 그리고 과학주의는 20세기 초에 생물학자 르당떽에게서 명료하게 나타난다.[1] 하지만 그 함축적 내용은 이미 데까르뜨의 낙관적 합리주의에서, 그리고 깡길렘도 지적하고 있듯이 경험론의 시조인 베이컨Francis Bacon에게서 나타난다. 최초의 근대인들에게 자연에 대한 정밀한 지식은 자연을 지배할 수 있는 수단으로 나타났던 것이다. 외적 자연에 대한 지배의 욕구가 천문학이나 물리학, 화학으로 발전했다면, 우리 신체와 관련된 자연(본성)nature을 지배하려는 욕구는 생리학과 병리학의 형태로 나타난다. 그런데 생리학과 병리학은 18세기 말까지 해부학에 종속되어 있었고 특히 병리학은 린네의 생물분류학이나 라부아지에의 화학을 모범으로 하는 분류학 수준에 머무르고 있었다.[2] 17세기 하비의 혈액순환원리나 18세기 할러의 과민성의 생리학, 모르가니의 병리해부학 등은 기본적으로 특정기관의 구조에 기초한 해부학적 관점에서 이루어졌다. 과학적 의미에서 체계적인 생리학과 병리학은 19세기가 되어서야 나타난다. 비록 이 시기에 생기론자들의 생리병리학이 신체의 다양한 기능들에 관련된

칼 폰 린네(Carl von Linné, 1707~1778)의 『자연의 체계』(*Systema Naturae*, 1748)의 삽화

질병들을 활발히 연구하고 있었지만 대체로 19세기 병리학의 역사는 실증주의가 생기론을 제압하고 과학적 병리학을 확립하는 과정으로 볼 수 있다.

실증주의의 낙관적 면모는 혁명사상을 잉태한 프랑스 계몽주의자들의 경험론을 계승하고 있다. 영국 경험론의 신중하면서도 회의적인 색채는 프랑스로 건너오면서 모든 비합리적 권위를 일소하고 인간 정신의 진보를 꿈꾸는 야심적 기획으로 일변한다. 디드로, 꽁디약, 달랑베르, 꽁도르세에게서 과학은 인간의 진보를 약속하는 강력한 힘으로 격상한다. 꽁뜨의 실증주의는 이들의 낙관적 진보관을 물려받았다.[3] 그것은 신학과 형이상학 대신에 과학의 시대를 예언함으로써, 계몽의 기획의 연장선상에 있다. 이처럼 과학은

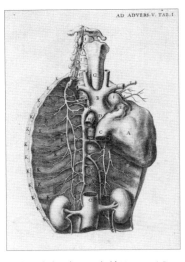

조반니 바티스타 모르가니(Giovanni Battista Morgagni, 1682~1771)의 *Adversaria anatomica*(1762)의 삽화

서양 근대라는 시기 전체에 걸쳐 순수한 인식으로 취급되기보다는 자연의 정복을 통해 인류의 삶을 향상시킨다는 실천적 목적에서 다루어지고 있다. 역사를 통해 드러나는 과학의 이러한 명백한 실용적 기초에도 불구하고 이른바 순수학문에 대한 사람들의 맹목적 신뢰에는 무언가 역설적인 것이 있다. 사실 과학의 실용적 본성을 강조한 근대인들에게도 이론과 실천의 위계는 여전히 존재한다. 이런 태도를 학문의 거대한 통일 속에서 재확립한 사람이 꽁뜨이다. 깡길렘은 이 태도가 "이론적 혁신이나 진보의 기회가 비이론적이고 실용적이며 기술적인 영역에서 활동하는 인간의 의식에 의해 우연히 나타난다는 사실"을 무시하고 있다고 비판한다(NP, 62). 예를 들면 화학 이전에 마술이 있었고 비행기는 항공역학이 발달하기 이전에 날았다. 실증주의 질병관에 대한 고찰에서도 깡길렘은 우회하지 않고 바로 이 지점을 공략해 들어간다.

꽁뜨는 의사도 아니고 생리학자도 아니지만 생물학과 생리학, 무엇보다 병리학에 각별한 중요성을 부여한다. 그는 수학, 물리화학, 천문학에서 생물학, 사회학(인간과학)에 이르는 방대한 학문체계의 통일을 구상하는데, 여기에서 병리학의 역할을 강조한다. 병리학이 비정상적인 현상, 교정을 요하는 현상들에 대한 학문이라면, 학문의 체계만이 아니라 사회 전체의 질서정연한 통일성의 원리를 찾고자 할 때 그것이 열쇠를 줄 수 있다는 생각이다. 특히 꽁뜨는 '브루쎄Broussais의 원리'에서 그 단초를 찾는다. 병리학자 브루쎄는 유심론 철학자 꾸쟁V. Cousin

오귀스트 꽁뜨(Isidore Auguste Marie François Xavier Comte, 1798~1857)

이 병리학에 신비적 요소를 개입시키는 것을 비판하면서 질병의 원천을 흥분의 양적 과잉이나 부족의 탓으로 돌린다.[4] 꽁뜨는 브루쎄의 원리를 다음과 같이 표현한다. "모든 질병은 다양한 조직의 자극이 정상 상태를 구성하는 정도보다 이상 또는 이하로 과잉되거나 결핍된다는 사실로 이루어진다"(NP, 18~19).[5] 달리 표현하면 "질병의 여러 현상들이 건강의 현상들과 본질적으로 일치하며 단지 강도intensité에 의해서만 다를 뿐"이라는 것이다. 결과적으로 브루쎄의 원리는 건강과 질병을 양적으로 표현함으로써 합리주의, 실증주의의 정신을 만족시킨다. 꽁뜨는 그것을 병리학의 기초로 볼 뿐만 아니라 집단적 유기체에 해당하는 사회현상의 법칙과 문제들을 설명하는 데까지 확장해야 한다고 주장한다(NP, 19~20).[6]

병리학을 사회의 문제들까지 확장하는 데서 우리는 꽁뜨의 의도를 어렵지 않게 이해할 수 있다. 깡길렘은 그것을 이미 명확히 파악하고 있다. 그에 의하면 꽁뜨의 주장은 사회현상에 대한 지식을 과학적으로 기초하려는 의도에서 비롯하는데, 무엇보다도 "정치적 위기에 대한 치유는 사회를 그 본질적이고 항구적인 구조로 되돌림으로써 이루어진다"는 생각에 기인한다(NP, 31). "진보는 질서의 전개"라는 그의 유명한 표어가 이를 직접적으로 표현한다. 꽁뜨의 시대에 질서는 구체제로 돌아가자는 사람들의 표어였고 진보는 혁명가들의 표어였다. 꽁뜨는 양자를 모두 거부하면서 진보가 곧 질서라고 주장한다. 바로 이 점이 꽁뜨와 이전의 계몽사상가들을 구분하게 해준다. 꽁뜨는 혁명적 변화를 원하지 않았고 이른바 과학적인 방식으로 문제의 해결을 추구한다.[7]

하지만 우리는 병리학적 주제에 한정해서 이를 논의해 보자. 질병은 정상상태와 단지 강도에서만 차이가 난다는 주장은 그것이 정상상태의 테두리 안에서 도출될 수 있다는 생각을 보여 준다. 다시 말하면 질병이 야기하는 자극은 유기체의 변이의 일정한 한도 내에서 이루어진다는 것이다. 즉 "질병은, 일정한 정도에서 순수한 생리적 상태와 일치하는 것이 없는, 진정으로 새로운 현상을 산출하지는 않는다"(NP, 21). 즉 질병은 아무리 새로운 것처럼 보여도 언제나 기존의 생리적 상태로 환원해서 설명할 수 있다는 것이다. 따라서 병리학은 생리학에서 완벽하게 도출될 수 있다. 꽁뜨의 주장에는 자연의 일관성, 통일성에 대한 전제가 있다. 이것의 의미는 질병과 건강에서 질적 차이를 보는 생기론자 비샤의 입장과 비교해 보면 잘 드러난다. 비샤는 물리화학적으로 환원되지 않는 생기적 힘force vitale을 가정하고 이를 감수성sensibilité과 수축성contractilité이라는 생기적 속성들로 나타낸다. 생기적 속성들은 유기체의 조직과 기관 전체에 퍼져 있으며 내외적 자극에 따라 양적 증감이나 변질을 겪는데, 질병은 여기에서 유래한다. 비샤는 질병에서 생기적 속성들이 양적으로 증감한다는 사실을 부인하지 않지만, '변질'이라는 현상을 더욱 강조한다(Bichat, 1880 : 232). 그에 의하면 생기적 힘의 '자연적 유형'type naturel의 탐구가 생리학이라면, 생명력이 변질되는 역사가 병리학의 대상이다. 물리적 특성은 자연적 형태를 잃지 않기 때문에 물리과학에는 병리학이라는 것이 없다(Bichat, 같은 곳; NP, 78). 이것은 물리과학과 생리학, 생리학과 병리학, 결국 정상상태와 질병 사이에 각각 질적 차이가 있음을 주장하는 것이다. 깡길렘은 꽁뜨와 브루쎄가 비샤의 영향을 받았음에도 불구하고 이 지점에서 그들이 비샤의 생각과 갈라짐을 보여 준다. 이제 꽁뜨에게서 정상과 병리 그리고 건강과 질병은 양적으로 파악할 수 있는 단 하나의 토대 위에서 설명된다.

한편 베르나르는 꽁뜨의 사상을 물려받았으며 실험생리학의 구체적 분야에서 생리학적 개념들의 양적 조작을 시도한다. 이제 정상성과 병리성은 증상으로 나타난 결과보다는 생리 기제機制, mé-canisme의 양적 척도에 의해 가려진다. 실험병리학의 모범사례로 알려진 그의 당뇨병 연구에 의하면, 소변 속의 당은, 일반적으로 혈당치가 한도를 넘어설 때 신장에서 걸러진 결과이다. 혈당은 "유기체의 정상적이고 항상적인 현상"이므로 당뇨병이라는 질병은 정상상태의 양적 과잉이라는 일반 원리로부터 설명될 수 있다. 그래서 베르나르는 "생리학과 병리학의 내적 융합을 보여 주는 것으로 당뇨병만큼 적절한 문제는 없다"고 말한다.[8] 베르나르의 빛나는 명성은 여기에서 기인한다는 점에는 의심의 여지가 없을 것이다. 하지만 깡길렘은 베르나르의 업적을 훼손하지 않으면서도 거의 치명적이라고 할 수 있는 비판을 가하고 있다. 우선 꽁뜨에게도 해당될 수 있는 일반적 견지에서는, 질병은 생리 기제의 측면만을 갖는 것은 아니다. 질병에 있어서는 나타난 증상, 즉 결과의 측면도 중요하다. 특히 고통을 겪는 환자에게는 더욱 더 그러하다. 당뇨병은 소변 속의 당의 유무로 우선 나타나는데, 당뇨와 정상뇨 사이에는 당의 양적 차이만 존재한다고 할 수 있는가? 있음과 없음이란 질적 차이이지 동일 존재의 양적 차이가 아니다. 이런 이유로 베르나르는 처음에 정상뇨에도 미세한 양의 당이 존재한다고 가정했었다(NP, 35). 그러나 사실상 정상뇨 안에는 전혀 당이 존재하지 않는다. 정상뇨 안의 당의 존재라는 가정은 이론에 실제를 끼워 맞춘 경우라고 할 수 있다.

그렇다면 소변 속의 당의 유무라는 성질을 떠나 간의 글리코겐 생성기능과 혈당량 그리고 신장의 관계라는 생리 기제에만 주의를 집중해 보자. 보통 과잉의 혈당은 간에서 글리코겐으로 축적되고 간의 글리코겐 생성과정에 문제가 있을 경우는 신장에서 처리함으로써 당뇨가 나타난다. 그런데 글리코겐 생성의 문제를 나타내는 객관적인 한계점이라는 것이 있을까? 베르나르가 생각한 것과는 달리 이 한도는 환자의 신장의 기능에 따라 상당히 유동적이고 작용방식도 가변적이다. 또 혈당과잉이 아닌 경우에도 신장당뇨가 있고, 혈당과잉 상태에서도 당뇨가 존재하지 않을 수 있다(NP, 43). 동일물질의 과잉이나 감소 그리고 한계점이라는 양적 도식이 생리학에서 하는 역할은, 베르나르의 '내적 환경'이라는 가정이 그러하 듯이, 하나의 이상적 모범에 지나지 않는다고 결론지어야 할 것 같 다. 깡길렘은 한계점의 유동적인 성질이나, 환자들의 신장 기능의 차이로 인한 가변성을 말하려 할 때, 이미 당뇨병의 생리 기제를 분 석적이고 양적인 용어로 완벽하게 묘사한다는 것은 불가능하다고 본다. 결국 그에 따르면, "당뇨병자가 된다는 것은 신장을 바꾸는 것과 마찬가지"라고 해야 할 정도로 질적인 차이를 인정하지 않을 수 없게 된다(같은 곳).

이제 질병을 특정 증상이라는 결과나, 생리 기제의 차원을 떠 나 "전체로서 고려된 생명체와 관계하는 하나의 사건"으로 본다면 이야기는 더욱 달라진다(같은 곳). 생리학과 병리학의 연속성을 부 정하지 않으면서도 질병이 유기체가 겪는 완전히 새로운 사건, 질적 변화임을 인정해야 하지 않을까. 질병은 기관의 수준에서 또는 유 기체의 일부에서만 일어나는 특수한 사건이라기보다는 "유기체 전 체의 수준에서만, 인간의 경우에는 의식을 지닌 개인 전체의 수준 에서만 일어나는 병리적 사실, 즉 정상상태의 변질"이라는 것, 즉 그 것은 "완전히 다른 삶을 사는 것"(NP, 49)이라는 주장이 앞으로 우 리가 살펴볼 깡길렘의 입장의 골자를 이룬다.

생명의 규범성과 개체성

규범과 규범성

규범norme은 보통 사회적 차원에서 논의된다. 자연법칙이 물질적 필연성에 기초한다면 사회를 유지하는 법률이나 규칙들은 그보다는 훨씬 유연하다. 규범이란, 일반적으로 말해서 자연법칙은 물론이고 명확히 규정된 법률이나 잘 합의된 규칙들보다도 더 유연하다고 할 수 있다. 거기에는 주어진 명령에 대한 단순한 복종 이상의 것이 있다. 깡길렘은 1966년에 덧붙여진, 『정상적인 것과 병리적인 것』의 후반부에서 사회 규범들에 대해 심도 있는 논의를 하고 있다. 하지만 학위논문을 쓰던 1943년에는 논의를 생명현상에 국한하고 있다. 생명현상에서 규범을 말할 수 있는 것은 어떤 이유에서일까? 한 사회에 법이나 규칙, 규범이 존재하는 것은 이탈 행위를 제어하고 공동체의 활동을 유지하려는 목적에 의한다고 할 수 있다. 생명에도 이러한 목적이 있을까. 1941년에서 42년 사이에 행해진 깡길렘의 강의에서는 규범을 "어떤 내적이거나 외적인 목적과 관련된 대상이나 사건, 행위에 가치를 부여하는" 것으로 정의하고 있다.[9] 규범이 목적과 관련하여 정의된다면, 이미 꽁뜨도 지적했듯이 사회현상과 생리현상 간에는 모종의 유사성이 있다고 볼 수 있다. 실제로 의학에서 치료란 질병에 걸린 환자를 '정상적'이라고 간주되는 상태로 되돌리는 것이다. 여기에는 분명히 일종의 규범이 작동하고 있다. 그렇다면 생명현상에 독특한 규범의 내용은 어떠한 것일까?

근대 생리학은 신체의 조절작용에 관련된 항상적 기능 또는 요소들 — 체온, 기초대사, 호흡, 혈압, 혈액의 조성, 양분의 조성 등 — 을 제시하고 이것들을 기능적 상수constant fonctionnel라고 부르며 거기에 규범의 성격을 부여하고 있다. 깡길렘에 의하면 여기에는 관찰가능한 사례들의 평균치라는 통계적이고 '기술적인'descriptif 측면과 그것들을 이상적인idéal 의미에서 정상으로 취급하는 '규범적'normatif 측면이 있다(NP, 75). 생리학적 규범들은 유기체의 내적 활동의 유지, 기능적 상수들의 원활한 작동을 목적으로 한다는 측면에서 사이버네틱스 모델의 기계적인 활동과 유사한 면이 있기는 하다. 하지만 깡길렘은 의학이 생리학으로부터 이와 같은 기계론적 규범 개념을 꼭 받아들여야 하는지를 묻는다. 물리화학적 대상들은 법칙적 필연성에 종속되지만 거대수준의 유기체들은 자신을 유지하기 위해 어떤 종류의 목적성을 필요로 한다. 규범을 설정하는 활동은 이러한 목적성과 밀접히 연관된다. 그리고 목적을 가장 용이한 방식으로 성취하는 것이 생리적 상수들의 기능이다. 그런데 우리는 이 거대 수준의 유기체에서 처음에 어떻게 위와 같은 상수들이 생겨날 수 있었는지를 물어야 한다. 규범은 자연법칙과는 달리 침해가능성을 함축한다. 우리의 신체는 여러 가지 새로운 자극에 노출된 취약한 상태로 환경과 맞선다. 건강한 상태일 때는 주의를 끌지 않으며 문제가 생겼을 때 비로소 환자 자신뿐만 아니라 학문적 관심의 대상이 된다. 그런데 깡길렘은 모든 과학은 경이에서 생겨난다는 아리스토텔레스의 말을 인용하면서, 생명에서 경이란 "질병에 의해 야기되는 불안"이라고 지적한다(NP, 59). 다시 말하면 생리학은 병리학에 의해 가능하며 병리학은 임상의학에 의해 가능하다. 그리고 임상의학은 고통받는 환자의 호소로부터 시작한다. 그렇다면 평균적이고 보편적인 의미의 생리적 규범보다는 개별적 체험을 기초로 하는 유기체의 규범에, 더 나아가 '규범들을 세울 수 있는 능력'인 '규범성'normativité에 주의를 기울여야만 한다.

깡길렘은 인간주의를 피하면서 생명체의 규범적 능력으로부터 출발한다. 규범성은 인간의 의식에서 비로소 생겨나는 것이 아니라 이미 생명에 '싹으로' 내재하고 있다. 그것은 생명을 위협하는 내외적 조건들에 맞서 싸우는 데서 확립되는 것이다. 그래서 깡길렘에 의하면,

> 생명체가 상처나 기생충의 침입 또는 기능적 혼란에 대해 질병에 의해 반응한다는 사실은, 생명이 자신을 가능하게 하는 조건들에 무관심하지 않다는 사실과, 생명은 양극성polarité이며 따라서 가치를 무의식적으로 제기한다는 사실, 요컨대 생명은 사실상 규범적 활동이라는 기본적인 사실을 표현하고 있다.(NP, 77)

사실 가치의 문제를 제기하게 되면 인간적 선입견을 피하기가 쉽지 않다. 하지만 이를 생명의 가장 기본적인 현상인 쾌락의 추구와 고통의 회피라는 활동에 국한시켜 본다면, 불가능한 것은 아니다. 이미 프랑스의 경험론자인 꽁디약은 쾌락과 고통을 느끼는 '정념적'affectif 본성을 감각경험의 가장 기본적인 특징으로 간주한 바 있다.[10] 그런데 어떤 생명체가 무언가를 계속 추구한다면 그것이 거기에 긍정적 가치를 부여하고, 회피한다면 부정적 가치를 부여한다고 추정할 수 있다. 깡길렘은 "산다는 것은 아메바에게서조차도 선호하는 것préférer이며 배제하는 것exclure"이라고 말한다(NP, 84). 이

러한 긍정적 가치에 대한 선호와 부정적 가치에 대한 거부 현상을 깡길렘은 "역동적 양극성"polarité dynamique이라고 부른다(NP, 77). 이 역동적 양극성 위에서 생명체는 환경의 변화에 대처하고, 환경을 전유하는 자신만의 규범을 설정한다. 그리하여 생명체는 자신의 내적인 활동을 항구적으로 유지하는 동시에 새로운 문제에 새로운 응답을 마련한다. 이러한 가치부여의 활동은 개체의 일시적 생존에 국한되는 것이 아니라 종의 차원에까지 확대될 수 있다. 깡길렘은 다윈의 자연선택 개념조차도 가치부여의 특성을 전제한다고 본다. 비록 환경의 무자비함은 가치와 무관한 것처럼 보이지만 만약 생명이 자신의 생활환경이 변화함에 따라 그것을 전유하거나 방어하지 않는다면 유리한 상황이라 할지라도 진화는커녕 생존조차 불가능할 것이기 때문이다(NP, 79~80). 한편 인간의 경우에는 생리적 규범은 자연적 특성에 더하여 '생활양식과 수준', 그리고 '생활의 리듬'과도 관련된 총체적 '습관'으로 이해되어야 한다. 예를 들면 알브박스M. Halbwachs는 한 지역에 사는 주민의 평균수명이 그곳의 노동조건과 위생조건 등 경제적이고 사회적인 수준과 연계되어 있다는 것을 보여 준다(NP, 103~104).

개체성의 두 의미

평균 혹은 전형type이라는 의미에서의 규범은 각 개체에게 보편적으로 부여되는 것이다. 반대로 선호와 거부에 의해 가치를 부여하거나 박탈함으로써 개체가 자신의 고유한 규범을 세우는 것은 주관적으로 일어나는 일이다. 그렇다면 개체적 규범은 주관성이라는 의미와 밀접하게 관련이 될 것이다. 한편 생명적 개체들은 밖에서 보면 불규칙, 변칙, 차이, 이탈로 보인다. 깡길렘은 『생명의 인식』에 실은 「정상적인 것과 병리적인 것」이라는 유명한 논문에서, 유기체의 특징을 불규칙성과 병리성이라는 두 가지로 제시한 비샤를 높이 평가하면서 같은 방식으로 개체성의 문제에 접근한다(CV, 156). 전자는 개체성의 객관적 의미를, 후자는 주관적 의미를 보여준다고 할 수 있다.

앞에서도 지적한 것처럼 비샤는 물리학에는 상응하는 병리학이 있을 수 없다고 하였는데 이것은 물질적 대상이 견고한 법칙에 종속되어 있고 거기서 벗어나는 일이 없기 때문이다. 물론 이렇게 엄밀한 의미의 물질관은 근대 기계론의 입장이다. 하지만 물리학이 어떤 방식으로 패러다임 전환을 하든 병리학과 관련된 비샤의 지적은 타당할 것이다. 반면 생명현상에는 법칙보다는 유형이 존재한다. 종적 특징이 그 대표적 사례이다. 여기에는 유형이 실재하는가, 명목적인가 하는 해묵은 철학적 논란이 개입한다. 개체들이 불규칙, 이탈, 오류, 실패, 낭비로 나타나는 것은 실재론의 입장에서이다. 베르나르를 포함하여 생리학자들은 개체의 문제에 정당하게 주의를 기울이고 있음에도 불구하고 생리학에서 법칙성을 찾으려는 모든 노력은 개체의 특이성을 무화하는 데 일조하고 만다. 깡길렘은 생명을 법칙적 질서로 보기보다는 비샤에서처럼 '속성들propriétés의 질서'로 고려함으로써 개체들을 더 잘 이해할 수 있을 것이라고 본다. 그에 따르면 "속성들의 질서란 힘들의 조직화작용, 기능들의 위계"를 말한다. 속성들은 생기적 힘들의 표현이다. 그러므로 이 생기적 힘들이 어떤 방식으로 조직되는가에 따라 생명 현상의 다양한 양태들이 나타난다. 그렇다면 생명의 유형들이나 개개의 현상이 보여 주는 안정성도 "균형과 보상의 문제, 서로 다른 경쟁하는 힘들 사이의 타협에 대한 해답이며 그 자체로는 단지 일시적"일 뿐이다. 안정성이 힘들의 일시적 균형이라는 것은 불안정성이 더 근본적이라는 것이다. 그러므로 "불규칙성, 변칙성은 개체와 관련된 우연이 아니라 그것의 존재 자체이다"(CV, 159). 개체들은 오류, 실패, 낭비가 아니라 자연의 본원적인 다산성abondance과 새로움을 표현한다. 자연은 "통일성 속의 다양성이자 다양성 속의 통일성"이다(NP, 82). 오류나 실패는 생명의 우발적 성공과 비교하여 단지 차후적으로만 이야기될 수 있다. 깡길렘은 라이프니츠의 '식별불가능자 동일성의 원리'에 호소함으로써 결정적으로 개체의 실재성을 확보한다. 여기서 우리는 생명현상을 생기적 힘들의 조직화로 보고 개체들의 안정성보다 불규칙성, 다산성을 더 자연스런 것으로 보는 깡길렘의 입장이 니체나 베르그손 같은 생성철학의 입장에 가깝다고 추정할 수 있겠다.

이런 관점에서 '변칙성'anomalie과 '괴물성'monstruosité에 대한 완전히 새로운 이해가 제시된다. 'Monstruosité'라는 말이 해부학적으로는 크거나 작은 단순한 기형을 의미하지만, 깡길렘은 신화와 전설, 역사에서 나타나는 괴물의 인간적, 문학적 의미를 강조하기 때문에 기형성보다는 괴물성이라는 역어가 적절하다. 변칙적anomal이라는 것은 비정상적anormal이라는 말과는 달리 어떤 가치평가도 나타내고 있지 않다. 그것은 해부학적으로는 '다수의 조직화양상에

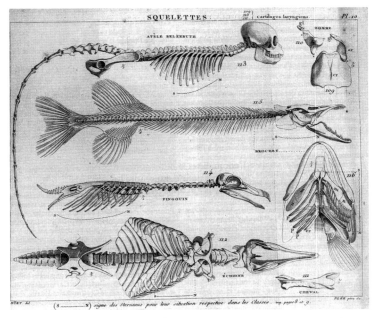

프랑스의 박물학자 조프루아 생틸레르(Étienne Geoffroy Saint-Hilaire, 1772~1844)의 『해부철학』(*Philosophie Anatomique*, 1818)의 삽화

서 멀어진 것'을 의미한다. 생틸레르는 변칙성을 종의 차원에서의 일탈, 개체 차원에서는 기질적 특수성으로 보았으며, 그 종류를 변종Variétés, 구조적 결함Vices de conformation, 이상배치Hétérotaxies, 기형Monstruosité으로 나누었다. 이러한 특징들은 생명체 안에서 기능의 작동을 방해하거나 불쾌감을 느끼게 하지 않는 한 그 자체로 비정상이라고는 할 수 없다(NP, 82~84). 생명체의 생존방식이 다양하다는 것을 인정한다면 변칙성을 비정상이라고 하는 것은 인위적 판단이다. 그런데 그러한 변칙적 특징들 중에서도 '괴물성'의 개념은 특이한 면을 가지고 있다. 깡길렘은 「괴물성과 괴물적인 것」(1962)이

라는 논문에서 이에 대해 상당히 흥미롭고도 심도 있는 연구를 보여 준다.[11] 괴물성은 변칙성이라는 말과는 달리 그 자체로 가치평가가 함축된 표현이다. 이 표현은 생명의 형태학적 가치의 차원과 관련되어 있다. 여기에 이르러 우리는 개체성이 나타내는 객관적 다양성을 넘어서서 주관적인 차원으로 넘어간다. 괴물성은 우리에게 생명의 긍정적 가치들을 돋보이게 하는 '부정적 가치'를 표현한다. 왜냐하면 그것은 생명체들이 가진 안정성이 단지 일시적이라는 것, 즉 "종적 반복과 형태학적 규칙성 그리고 구조화의 성공"이 우발적인 데 지나지 않으며, 그런 만큼 그것들이 더욱 탁월한 가치라는 것을 보여 주기 때문이다(CV, 172). 죽음이 유기체의 분해의 위협이고 생명에 대한 전면적 부정이라는 면에서 "외부에 의한 한계지음"이라면 괴물성은 형태의 형성에서 미완성이나 왜곡이며, 생명성에 의한 생명의 위협이라는 점에서 "내부에 의한 한계지음"이다(CV, 172).

괴물성에 대한 가치평가는 상상적인 것에 기인한다. 전설과 신화를 비롯하여 숱한 문학작품이 이를 증언하고 있다. 그런데 이 상상력이 내포하는 진실이 있다면 그것은 아마도 괴물성을 통해 우리가 스스로에게 투사하는 생존가능성에 대한 잠재적 위협일 것이다. 깡길렘이 종종 강조하듯이 변칙성은 질병이 아니다. 하지만 변칙성은 새로움과 다양성을 내포하는 면에서 긍정적인 가치만이 아니라 부정적인 가치를 함축하는 것도 사실이다. 생존의 유지라는 면에서 보수적 가치에 치중하는 생명체는 커다란 수준의 변칙성을 의심의 눈으로 바라보기 쉽다. 하지만 깡길렘은 변칙성이 우리에게 변칙성으로 알려지는 것은 그것이 우리 의식 속에서 기능의 작동

르네 르리슈 (René Leriche, 1879~1955)

을 방해하는 것, 불쾌하게 하는 것, 유해한 것이라는 방식으로 느껴질 때라고 지적한다. 변칙성이 이러한 상태를 야기하지 않는다면 그것은 박물학의 대상이지 병리학의 대상이 될 수는 없다는 것이다. 결국 "모든 변칙성이 병리적인 것이 아니라 병리적 변칙성의 존재만이 변칙성에 대한 특수한 과학을 낳게 한 것이다"(NP, 85). 그리고 병리적 변칙성의 진단은 질병이라는 고유한 개체적 경험으로부터 시작한다.

이제 개체성의 진정한 주관적 의미는 질병의 신체적인 경험에서 비롯한다는 것을 알 수 있다. 이 경우 우리는 해부학자의 질병이 아니라 환자의 질병을 말해야 한다. 사실 질병은 해부학자의 이론 속에서는 여전히 보편적인 분류에 종속된다. 깡길렘은 질병의 주관적 측면을 르리슈의 독창적 관점에 의지해서 보여 준다. 르리슈에 의하면 담낭 안의 결석은 질병이 될 수도 있고 그렇지 않을 수도 있다. 비록 환자의 느낌이 언제나 옳은 것은 아니지만 이를 배제하고 질병을 진단한다는 것은 무의미하다. 질병은 환자의 '통증'의 감각 속에서 그 완벽한 주관성을 나타낸다. 그것은 생리학자의 입장에서 고려하기 어려운 것이다. 예를 들어 통증이 신경전달의 흐름이라고 말하는 것은 외부의 관점이다. 환자의 느낌이라는 의미에서 통증은 생리학적 감각이 아니며, 르리슈에 의하면 "자연의 계획 속에는 없는 것"이며, 그것은 "괴물같은 개인적인 현상이며 종의 법칙이 아니다. 그것은 질병의 사실이다."[12] 질병이 먼저 있고 그것이 통증으로 나타나거나 정의되는 것이 아니라 통증의 경험이 우선하고 그것이 질병으로 규정된다. 물론 모든 통증이 질병은 아니며 일시적으로는 통증이 나타나지 않는 예외적인 질병도 있다. 하지만 이론적으로는 질병이 먼저라 하더라도 질병이 질병으로 분류되기까지, 즉 병리학의 역사가 있기 전까지는 질병에 관련된 환자의 통증의 경험이 가장 중요하다는 것을 인정하지 않을 수 없다. 경험의 차원에서 질병은 정상상태의 양적 변이가 아니라 "생리적으로 새로운 것" 즉 질적으로 다른 것이다(NP, 56). 그래서 깡길렘은 통증에 상응하는 생리적 감각기관이 없다 해도 그것은 분명히 "생명적 감각"le sens vital이라는 것을 인정한다. 이 생명적 감각이라는 것은 국지적 의식이 아니고 고통받는 개인의 전체적 의식이라 할 수 있을 것이다. 따라서 깡길렘은 "질병으로 나타난 통증"la douleur-maladie의 상태가 "의식을 지닌 전적으로 개인적인 수준에서의 사실"이라고 결론짓는다(NP, 57).

개체적 규범성의 관점에서 본 질병과 건강

규범성과 개체성의 밀접한 관계가 위와 같이 확정된다면 우리는 깡길렘이 제시하는 질병과 건강의 관념이 어떠한 것인지를 좀 더 상세히 알아볼 수 있다. 우리는 생명의 규범성이 쾌락을 추구하고 고통을 회피하는 역동적 양극성에서 출발한다는 것을 보았는데 그렇다면 대칭을 좋아하는 지적 추론에 의하면 건강은 쾌락과 관련되고 질병은 고통과 관련될 것처럼 보인다. 하지만 실상은 건강이란 르리슈가 말한 것처럼 "기관들의 침묵 속의 삶"이다. 즉 건강한 상태는 특별한 느낌으로 다가오지 않고 삶의 자연스런 조건처럼 느껴진다. 그렇기 때문에 건강에 대한 학문은 존재하지 않는다. 생리학은 생명체의 일반적 조건에 관한 학문이지 건강에 관한 학문이 아니다. 이런 이유로 깡길렘은 건강의 개념은 '통속적'vulgaire인 개념이라고 말한다(NP, 52). 실제로 우리가 건강에 관한 각종 구체적 조언이나 정보 등을 접하는 것은 미디어로부터이지 의학이론으로부터가 아니다.

이와 반대로 질병은 병리학의 존재이유를 지시하고 있다. 질병이 환자의 개인적 체험에 기초한다고 할 때 병리학은 어떻게 이에 접근할 수 있을까? 깡길렘은 한 개인의 내부에서의 규범의 변화로부터 시작한다. 다수의 개인들을 고려할 경우 그들이 지닌 각 규범들 간에 개인적 차이가 두드러지기 때문에 정상상태와 병리상태를 구분하기 어렵다. 하지만 한 개인은 의식적 통일성을 유지하고 있기 때문에 시간적 연속에서 볼 때는 변화를 감지할 수 있다. 즉 현재의 질병은 질병이 아니었던 과거의 상태와 비교하여 다른 규범을 제시한다. 이와 같이 깡길렘은 질병 역시 생명의 한 규범이라는 점을 강조한다. 정상상태의 생명체가 지닌 규범은 환경과 조화를 이루는 자신의 '특권적 반응들' 위에서 형성되어 안정적 외양을 보여 준다(NP, 121). 맥박, 혈압, 체온 등의 생리적 상수들이 그런 것들이다. 질병은 이러한 안정성을 위협한다. 그러나 이러한 위협 속에서도 생명체는 파국을 피하기 위해 노력한다. 물론 질병 중에는 유기체의 노력과 무관하게 급속도로 파국을 향해 가는 것도 있다. 그래도 대부분의 경우는 비록 이전의 상태보다 열등하기는 하지만 재난에 대처하는 나름대로의 새로운 안정성, 새로운 규범을 형성한다. 즉 유기체는 열등한 조건 속에서 새로운 방식으로 '정상화'normalisation 된다(NP, 120). 그래서 질병은 병리상태이기는 하나, 다만 이전의 건강상태와 비교하는 경우에만 비정상이라 할 수 있다.

깡길렘은 질병에 대한 이러한 생각을 독일의 신경생리학자 골드 슈타인Kurt Goldstein에 빚지고 있다. 골드슈타인은 1차 세계대전 중에 뇌에 부상을 입은 환자들을 대상으로 다수의 임상적 관찰을 하여 국부적 결함이 가져오는 인성의 전체적 변화에 주목하였다. 상해는 특수한 장애에 머무는 것이 아니라 일반적이고 전체적인 행동에 영향을 미친다. 뇌의 부상으로 인해 달라진 환자의 정신상태는 이전의 상태와 비교하여 활동의 단순한 약화나 퇴행이 아니라 새로운 종류의 태도를 야기하였다. 그에 따르면 "환자에게 남아 있는 태도는 정상인과 같은 형태로서 나타나지 않을 뿐 아니라, 동일 인의 개체발생이나 계통발생의 이전 단계로서 나타나는 것도 아니다."[13] 이런 일은 언제나 전체의 기능을 가능한 한 최선의 상태로 발휘하는 수준에서 일어난다. 환자는 과거보다는 축소된 새로운 환경 속에 처해 있지만 이에 적합하게끔 자신의 활동을 감소시키면서 생존을 위한 새로운 규범을 산출한다. 그런데 깡길렘에 의하면 새로운 규범을 산출하는 것은 규범성의 기본적 활동이다. 다만 병리 상태로 접어든 환자는 그 상황에 맞는 규범 이외에 다른 규범을 산출하지는 못한다. 축소된 현재의 조건 자체가 다양한 규범을 설정할 수 있는 능력을 박탈하기 때문이다. 그래서 깡길렘은 "환자는 규범을 갖지 않기 때문에 비정상적인 것이 아니라 규범적일 수가 없기 때문에 비정상적인 것"이라고 말한다(NP, 122).

물론 골드슈타인은 신경정신의학의 관점에서 이론을 전개한 것이어서 깡길렘의 생명철학의 입장과는 차이가 있다. 깡길렘의 규범성은 이미 생명 안에 기원을 가지고 있어서 정신질환에서 보이는 규범도 생명체의 가치부여 활동이라는 기본적인 규범성의 연장선상에서 고려된다. 골드슈타인의 입장에서 중요한 것은 '전체성'의 범주이다. 질병은 개체 전체에서 일어나는 질적 변화이다. 칸트철학에 심취했던 이 신경정신의학자에게서 전체성은 내적 목적론의 핵심 개념이다. 목적론의 고전적 형태는 갈릴레이와 데까르뜨의 기계론과 더불어 쇠퇴하지만, 18세기 후반에서 19세기에 활동한 생기론자들과 그 영향을 받은 철학들로부터 내적인 목적론이 대두한다. 그것은 목적 개념을 생명적 개체 내부에서의 조화와 질서를 설명하기 위해 축소시킨 것이다. 칸트 역시 『판단력 비판』에서 유기체의 내적 목적성 이론을 전개한다. 여기서는 외부에 존재하는 목적인이 아니라 내적 전체의 유지라는 보수적 측면이 중요해진다. 그래서 골드슈타인은 목적성 자체보다는 전체성을 "생물학의 대상을 구성하는 범주 자체"로 격상시킨다.[14] 즉 골드슈타인의 생각은 깡길렘도 그 유산을 이어받고 있는 생기론의 전통과 무관하지 않다. 이와 비교해 볼 때 깡길렘의 규범성 개념은 생명체의 가치부여 활동이라는 역동성에서 비롯한다는 점에서, 근대 생기론의 한계를 넘어서고 있다.

건강에 관해서는 어떻게 말할 수 있을까? 질병이 축소된 환경에 적응하는 나름의 규범으로 정의된 것처럼 건강도 이제 규범성의 차원에서 정의되어야 한다. 이 점에 관한 오해는 건강을 일정한 '상태'로 보는 데서, 즉 존재의 관념으로 보는 데서 유래한다. 예를 들면 통속적 관념에 따르면 건강은 질병 없는 유쾌한 상태의 지속이다. 그런데 학자들에 따르면 완벽한 건강이란 존재하지 않는다 (NP, 41). 이들은 모두 건강을 정적인 상태로 취급하고 있다. 앞에서 본 것처럼 실증주의 전통의 학자들은 정상상태에서 질병에 이르기까지 생리 기제의 등질성과 연속성을 가정한다. 따라서 양자에 독특한 정의를 거부하고 둘 사이에서 양적인 변이(원인)에 따른 상태의 변화(결과)만을 본다. 깡길렘에 의하면, 완벽한 건강이 존재하지 않는 것은 그것이 규범적 개념 혹은 이상형이기 때문이다. 규범이라는 것은 일정한 '상태'로 '존재'하는 것이 아니라, 기존재하는 것을 평가하고 잘못된 것을 바로잡는 것이다(NP, 51). 규범은 분명히 정상성과 관련이 있다. 그것은 이탈한 것을 정상으로 돌아오게 하는 것이다. 여기에 치료의 목적이 있다. 그러나 치료는 단순히 이전의 건강상태와 똑같은 상태로 되돌리는 것이 아니라 새로운 규범을 창출함으로써 새롭게 정상화되는 것이다(NP, 156). 즉 건강, 질병, 치료는 생명의 역동적인 규범적 과정 속에서 이해되어야 한다.

질병이 자체의 규범과 관련하여 나름대로 정상이라고 간주되기 때문에 건강을 정의하는 데 정상화라는 말로는 부족하다. 깡길렘은 이제 건강을 일정한 상황에서 규범을 갖는다는 사실만이 아니라 다른 여러 상황에서도 규범을 설정할 수 있는 능력과 관련시킨다. 그래서 "건강의 특징은 일시적으로 정상이라고 정의되는 규범을 넘어설 가능성이며, 일상적 규범의 위반을 견디고 새로운 상황에서 새로운 규범을 설정할 수 있는 가능성"이다(NP, 130). 이러한 능력이 요구되는 것은 우선 인간은 물론이고 생명체가 처해 있는 상황이 항상적이지 않기 때문이다. 인간은 변화하는 개인사만이 아니라 사회적 제도와 관습의 변화, 정치적 격변 속에서 살아간다. 생명체의 환경도 물리적 법칙들의 항구성과 직접적 관계가 없다. 다음의 구절은 깡길렘의 생명관이 얼마나 유물론적 환원주의와 거리가 있는지를 잘 보여 준다.

> 이 법칙들은 이론적 추상이다. 생명체는 법칙들 사이에서 살아가는 것이 아니라 이 법칙들을 다양하게 변화시키는 존재들과 사건들 속에서 살아간다. 새를 받쳐주고 있는 것은 나뭇가지이지 탄성의 법칙이 아니다. …… 모든 것은 사건의 형태로 다가온다. 그것이 환경이 불확실한 이유이다. 환경의 불확실함infidélité이란 엄밀하게 말해서 그 생성devenir이며 역사이다.(NP, 131)

환경의 불확실함 속에서 생명체는 가능한 모든 상황에 대처할 준비를 해야 한다. 그것은 현재의 안전과 동시에 미래의 보장을 필요로 한다. 그러기 위해서는 가능한 문제들에 대해 무수한 반응의 가능성을 염두에 두어야 한다. 이런 시각에서는 베르그손이 말하듯이 지각은 이미 "가능적 행동"이다(MM, 17). 깡길렘은 이에 더하여 "건강은 반응의 가능성들을 조절하는 핸들volant"이라고 말한다(NP, 131). 생명체를 변화하는 세계와의 역동적 관계에서 고려하는 사고방식에서 우리는 베르그손적 진화론의 영향을 분명히 볼 수 있다.

그러므로 규범을 설정하고 다양하게 변화시킬 수 있는 깡길렘의 건강 개념은 역동적 세계관과 더불어 생명의 창조적 특징을 가정한다. 객관적 차원에서 볼 때도 개체는 낭비라고 생각될 정도로 과잉적인 풍부함의 산물이다. 다윈이 보여 주듯이 개체들 간에 이미 크고 작은 변이들이 존재함으로써 변화하는 환경에 적응이 가능하게 되어 있을 뿐 아니라, 개체 내부에서도 필요성을 알 수 없는 기관들이 종종 목격될 정도로 과잉 현상이 있다는 것을 깡길렘은 지적하면서 "건강을 남용할 가능성도 건강의 일부를 이룬다"고 말한다(NP, 133). 이는 생명 현상에 우발성과 연합된 창조성의 여지가 있음을 암시하는 것처럼 보인다. 보통 건강이라는 것을 개체 차원에서 주로 말하고 있으나 건강의 조건은 생명 전체의 활동성 특히 진화현상과 관련되어 있다. 깡길렘은 첫 저서에서는 여기에 대해 간략하게 언급할 뿐이지만 논문「정상적인 것과 병리적인 것」에서는 진화의 의미를 좀 더 적극적으로 제시하고 있다.

다른 한편 개체의 주관적 차원에서 볼 때 규범성은 변화하는 외적 환경에 맞서 스스로를 변화시킬 가능성이다. 따라서 개체의 능동적 활동성을 수반한다. 이런 면에서 깡길렘은 라마르끄주의에 호의적이다. 환경의 불확실함에 대처하지 못하고 협소해진 조건에서 살아가는 질병 상태에서, 생명체는 생존의 유지에만 힘쓴다. 깡길렘은 이를 '반발적 가치'valeur répulsive라고 부른다. 그러나 건강한 유기체는 단순히 환경에 대한 적응을 넘어 자신의 본성을 실현하려고 애쓴다. 환경의 '요동'fluctuation 속에서 위험에 직면하면서도 새로운 상황에 대해 도전하고 미래를 준비한다. 이러한 적극적 태도에서 생겨난 건강한 상태의 생리적 상수들을 깡길렘은 '추진적 가치'valeur propulsive라고 부른다(NP, 155). 이러한 적극적 추진력은 인간에 와서 기술문명으로 나타난다. 그래서 깡길렘은 "인간은 도구에 의해 자신의 기관을 연장시킨다. 신체를 넘어서는 것까지 주목해야 한다"고 말한다. 그러므로 인간은 단순히 환경에 적응하는 것이 아니라 스스로의 환경을 만들어내기도 한다. 오늘날 '기술계'technosphère라고 부르는 인간의 기술적 환경도 이의 산물이며 의학이야말로 이러한 기술의 성과라고 하지 않을 수 없다. 그래서 깡길렘은 건강의 본래적 의미로 돌아가 생명체가 단지 "가치의 소유자나 보유자"일 뿐만이 아니라 "가치의 창조자, 생명적 규범의 설립자"임을 강조한다(NP, 134).

깡길렘과 프랑스 생명철학의 전통

　우리는 깡길렘 의철학의 문제의식과 현재적 의의를 두 가지로 정리하고 프랑스의 생명철학 전통과 비교해 보려고 한다. 첫째는 과학의 관점에서 의학을 생리학적 지식에 종속시키는 실증주의 전통에 반발하여, 의학 자체를 기술적 관점에서 접근하는 태도이다. 계몽철학자들의 과학주의를 계승하는 실증주의 전통에서 인식과 실천은 위계적으로 분리된다. 과학은 인간이 가진 최고의 인식체계이며 병리학은 생리학의 단순한 적용이고 의사는 그것을 실행하는 기술자에 불과하다. 여기서 의사에게 요구되는 그리스적 현명함 pronesis은 물론이고 의사와 환자의 인간적 관계, 무엇보다 고통받는 환자의 고유한 체험이 무시된다. 반대로 깡길렘은 생리학에 대한 병리학의 우위, 그리고 임상의 중요성을 주장함으로써 실증주의적 사유를 심층적으로 전복한다. 의학은 처음부터 인간을 변형시키는 기술이자 규범의 일종이다. 이에 대한 체계적이고 추상화된 인식은 차후에 만들어진다. 여기서 우리는 깡길렘의 고유한 기술철학적 관점을 볼 수 있는데, 이는 의학의 영역에 한정되지 않고 인간 존재의 기술적 본성 및 인식의 실용주의적 입장을 주장하는 데 이른다.

두 번째는 깡길렘의 고유한 생명철학이다. 깡길렘에게서 기술철학은 사실 생명철학과 분리되지 않는다. 기술은 이미 확립된 보편적 원리를 개별적 대상에 적용하는 것이 아니라 실패의 위험을 무릅쓰고 개별적인 대상을 교정하고 변형시키는 데서 유래한다. 의학이 기술이라는 것은 그것이 보편적 원리가 아니라 개별적 생명 현상을 대상으로 하며, 성공할 수도 있지만 언제나 위험에 노출되어 있기도 하다는 것을 의미한다. 그러므로 깡길렘의 생명철학은 무엇보다도 개체성, 특히 신체의 활동에 초점이 맞추어져 있다. 개체의 규범성을 생명의 능동성에서 비롯하는 것으로 보면서도 이를 추상적으로 이해하지 않고 개체생명의 가치부여활동 및 신체의 적극적 의미를 통해 사유하는 것이다. 생명의 능동성은 고대와 근대를 막론하고 생기론 전통에서 기본적으로 가정하고 있는 생명의 본성이기는 하다. 한편 개체성에 대한 강조는 멀리는 아리스토텔레스로부터 영국 경험론 및 라이프니츠, 생기론과 라베송, 가까이는 베르그손의 생명철학에서도 중요한 주제이다. 그러나 이들에게서 개체는 가치나 규범과 직접 관련하여 사유되고 있지 않다. 그것들은 개체의 생명보다 훨씬 높은 차원에 있거나 아니면 그것과 아예 무관한 인간의 발명품이다. 환경과 대면하여 선호와 거부를 나타내는 생명체의 기본적 활동에서 가치의 연원을 보고 이로부터 규범의 생성을 보는 것은 깡길렘의 독창성으로 돌릴 수 있다.

깡길렘 사상의 형성은 다양한 원천과 관련하여 논의할 수 있을 것이다. 특히 니체나 독일 생기론 전통도 중요한 원천 중 하나이다. 하지만 깡길렘의 전기 사상을 이루는 생명철학에서 가장 두드러진 영향으로 지목할 수 있는 것은 프랑스 생명철학 전통의 흐름이다. 따라서 우리는 이 전통과 비교하여 그의 독창성을 살펴보려고 한다. 우선 기술을 과학의 단순한 응용이 아니라 생명현상의 연장선상에 위치시키는 그의 관점은, 베르그손의 철학과 관련된다. 깡길렘 자신이 베르그손을 드물지 않게 인용하고 있고 『창조적 진화』의 3장에 대한 면밀한 해제를 한 적도 있다. 깡길렘은 기술과 관련하여 「기계와 유기체」라는 글의 한 중요한 대목에서 베르그손을 인용하고 있다.[15] 그 핵심적 내용은 과학으로부터 기술의 독립적 존재를 주장하고 기계적 발명의 '비합리적' 근원, 즉 생명적 근원을 인정하는 것이다. 과학과 기술의 밀접한 관계는 과학의 발달로 인한 '기술의 합리화'로부터 유래한다. 반대로 오늘날의 과학은 기술에 의해 추동되기도 한다. 하지만 과학이 발달하지 않은 시대나 사회에서도 기술은 존재한다. 레비-스트로스가 잘 보여 주었듯이 이른바 미개사회에서도 살아가는 데 필요한 복잡한 기술이 존재하는 것을 관찰할 수 있다. 마찬가지로 기술로서의 의술은, 과학 이전의 사회에서 어떤 형태로든, 심지어 마술과 혼합되어서라도 존재했다는 사실에 주목해야 한다. 깡길렘은 위의 글에서, 도구의 발명을 아메바가 위족을 뻗는 행동에 비교하는 르루아-구랑을 인용한다. 기술의 존재가 생명의 유기적 기능을 연장한 것이라면 원시생물에서 이미 그 단초를 찾을 수 있을지 모른다. 한편 인간에게서 나타나는 고도의 기술적 발명은 지성의 능력을 필요로 한다. 베르그손의 『창조적 진화』는 인간의 본성을 '호모 파베르'Homo faber로 단정하고 진화선상에서 지성(지능)의 계보를 추적하는 것을 중요한 목적으로 내세우고 있는데 그에 의하면 생명의 역사 속에서 지성은 기본적으로 도구 제작의 기능을 갖는다(EC, 140). 이 관점에서 깡길렘은 『창조적 진화』를 '일반 기관학'organologie générale이라고 특징짓는다(CV, 125).[16]

지성이 도구제작을 본성으로 한다는 주장은 인식의 절대적 근원을 의심하게 할 수 있다. 실제로 베르그손은 지식에 대해 고대적인 '관조'contemplation의 입장보다는 근대적인 실용주의의 관점을 채택하고 있다. 대체로 근대인들은 지식의 실용적 기원을 의식하면서도 수학에 대한 과도한 의존으로부터 과학주의라는 또 다른 절대주의를 신봉하게 된다. 거기서 인식과 실천의 순서는 여전히 역전되어 있다. 반대로 베르그손에게서 지성은 사변적 의미를 상실한다. 그것은 "일하는 소처럼 중노동을 하도록 매여 있어 우리의 근육과 관절의 움직임을 느끼며 쟁기의 무게와 흙의 저항을 느낀다"(EC, 192). 인식은 환경에 적응하고자 하는 생명체의 적극적 노력으로부터 유래한다. 인식의 범주는 곧 행동의 범주이다. 유기체는 자신의 기관에 각인된 본능적 행동으로부터 서서히 자유로운 행동으로 옮겨 간다. 다른 모든 생명적 기관들이 하는 일로부터 상당한 진화적 도약 위에 이루어진 인간의 지성은 무한한 영역을 포괄하는 인식의 범주들을 갖추게 되고, 그 덕택으로 사색적 활동을 하기에 이른다. 그러나 베르그손은 연역적 추론을 지탱하는 형식적 진리는 일종의 자연발생적 기하학을 모태로 하고 있으며, 이것은 사색 이전에 행동으로 문제를 해결하는 습관에서 기인한다고 지적한다. 그래서 '학문적 기하학'géométrie savante 이전에 '자연적 기하학'géométrie naturelle이 있다. 이는 "행동으로 외화된 지성"이다(EC, 212). 이처럼 그는 우리의 학문 활동이 여전히 실천적 행동을 기원으로 갖는다는 생각을 견지하고 있다.

깡길렘은 생명의 본성과 인식의 기원에 대해 베르그손과 유사한 관점을 보여 준다. 다음의 지적을 보자. 생명은 "진화이며, 형태의 변화이며 행동의 발명이 아닐까? 그 구조는 조직학적histologique인 만큼 역사적historique이기도 하지 않은가? 그러므로 생리학은 아무래도 자연과학이 아니라 역사학을 향하고 있지 않은가?"(NP, 135). 또한 앞서 인용한 것처럼 이론적 혁신조차도 "비이론적이고 실용적이며pragmatique 기술적인" 활동 영역에서 발견된 것들에 의해 우발적으로 이루어지는 것을 역사는 보여 준다(NP, 62). 무엇보다도 생리학과 병리학의 관계가 그러하다. 생리학은 병리학으로부터, 병리학은 임상으로부터 유래하며 그 역은 성립하지 않는다. 그러므로 우리는 "무지한 생리학physiologie ignorante으로부터 임상과 치료를 수단으로 하여 학문적 생리학physiologie savante으로 이행"한다(NP, 142). 이러한 태도를 일반화하면 우리는 베르그손의 실용주의에 닿아 있음을 알 수 있다. 물론 여기서 실용주의라는 말은 베르그손이나 깡길렘 자신이 사용한 말은 아니며 우리는 그것을 윤리적 차원에서 제시하고 있지도 않다. 그것은 단지 인식의 절대적 근원을 부정하는 것에 불과하다. 즉 인식은 생명체의 삶과 행동이라는 구체적 사실을 출발점으로 한다는 사실을 나타낼 뿐이다.

깡길렘과 베르그손의 공통적 관점은 다른 주제들에서도 나타난다. 예를 들면 깡길렘에게서도 진화로 나타나는 생명은 무엇보다도 창조적 활동이다. 두 철학자는 진화에서 기계적 적응이나 계획의 실현을 철저히 배격한다. 진화는 물질적 법칙으로 환원되거나 인간주의로 해석할 수 없는 생명의 고유한 본성에 의해 진행된다. 넓게 보자면 일종의 생기론이라고 할 수 있지만 이들의 생기론에서 중요한 것은 아리스토텔레스적 의미에서의 본래적 형상이 아니라 우발적이고 창조적인 사건들로 나타나는 어떤 힘들, 그리고 그것들의 집적을 통한 역사, 다시 말해서 생성이다. 이로부터 생명의 다산적 특징, 보편적 원리보다는 개체들에 대한 중시, 특이성과 변칙들에 대한 관용의 태도가 유래한다. 이런 생명관은 생명현상이 나타내는 다양성과 역동성을 설명하는 데는 장점이 있지만 생명현상이 보여 주는 안정성을 설명하는 것이 문제이다. 사실 종적 차원에서 생식이나, 개체 차원에서 생리적 상수들은 매우 안정되어 보이는 방식으로 생명체의 정체성을 반복하고 유지하고 있지 않은가?

베르그손의 형이상학에서 그것은 "물리화학적 필연성"을 '극복'하는 "생명의 노력"이라는 표현에서 나타나듯, 대립하는 이원적 힘들의 균형 또는 타협으로 제시된다(EC, 99, 240). 종은 생명이 물질적 힘 속에 구현한 '경향'들로서 세대에서 세대로 전달되는 흐름이다. 종적 특질은 본질적 형상이나 유전물질과 같은 고정적인 것은 아니지만 생명의 잠재적 힘에서 기인하는 실재성을 나타낸다. 베르그손은 생명의 흐름을 구현하는 종과 이 흐름의 물질적 담지자인 개체의 삶을 엄밀히 구분하고 있다. 개별 생명체는 종적 경향을 구현하면서도 개별적으로 환경에 대처하는 능동적 활동과 갱신을 통해 안정적 삶을 유지한다. 개체의 이러한 활동에는 습관의 역할이 중요하다. 그러나 베르그손의 생명철학에서 가장 중요하게 다루는 것은 진화와 생성이라는 거시적 차원이기 때문에 '경향'이나 '습관'이라는 개념이 개체생명의 안정적 특징을 설명할 때 얼마나 효과적일지는 미지수이다. 특히 개체가 보여 주는 생리적 상수들의 안정적 활동성에 대해서는 깡길렘에게서 볼 수 있는 것과 같은 명료한 설명을 찾기 어렵다.

고대적 형상주의나 근대적 법칙주의가 놓치고 있는 것이 생명의 가변성이라면, 이러한 가변성은 진화라는 거시적 차원과 환경에 적응하는 개체의 유연한 활동에서 모두 나타난다. 깡길렘의 생명철학은 진화론을 기초로 하고 있지만 개체의 활동을 생명현상의 중심에 놓고 있다는 점에서 좀 더 현실적인 설명력을 갖는다는 장점이 있다. 규범성의 개념은 생명의 창조적 특징을 배후의 '잠재성'이 아니라 개체 차원에서 구체적으로 보여 주는 탁월한 개념이다.[17] 생명적 개체의 변화와 갱신은 노력과 습관이라는 말로 충분히 설명되지 않는 가치론적 차원을 내포한다. 건강과 질병과 치유의 범례를 통해 본 규범성의 내용이 바로 그러하다. 물론 규범성과 안정성의 관계는 깡길렘에게서도 가장 쟁점이 되는 대목이다. 깡길렘은 종과 개체의 삶을 엄밀히 구분하지 않는다. 그래서 종의 안정된 유형을 설명하는 경우에도 개체들의 규범들에서 출발한다. 예를 들면 한 개체군에서 가장 빈도가 높은 형질을 나타내는 평균은 "일시적으로 마주친 생명의 규범들과 형태들의 불안정한 균형이다. 종의 유형은 모순 없는 형질들 전체가 아니라 상반되는 요청을 전체의 보상에 의해 일시적으로 맞출 수 있기 때문에 외견상 안정된 것으로 간주되는 것이다"(NP, 104). 유기체에서 안정적으로 나타나는 생리적 상수들 역시 고정적으로 주어지는 것은 아니다. 그것은 생명체가 환경의 요청에 반응하고 조화를 이루어 생활하는 과정에서 질서와 안정을 수반하고 혼란과 파국을 피하는 방식으로 안정화, 정상화된다. 건강과 질병에서 규범의 역할이 보여 주듯이 생리적 상수라는 안정성도 환경과의 관계 속에서 (인간의 경우에는 생활양식과 수준, 생활리듬을 포함하여) 항구적으로 갱신됨으로써 유지된다.

개체의 규범성은 물론 환경과의 상호작용을 토대로 하면서도 개체 쪽에 일종의 창조성을 요구하는 활동임에 틀림없다. 그렇다면 전통적 생기론에서처럼 개체 자체를 유지하는 하나의 원리에 호소해야 할까? 아니면 창조성은 베르그손에게서처럼 생명성 전체와의 유기적 연대를 통해서만 설명되는 것일까. 베르그손은『창조적 진화』에서 생기론의 개체중심주의를 강렬히 비판하고 있다. 그의 논지는 생명의 개체성은 결코 완벽하지 않으며 전체와의 관계 속에서만 의미가 있기 때문에 개체의 독자적인 활동 원리를 인정하는 것은 불합리하다는 것이다. 이런 논쟁에서 굳이 선택을 해야 한다면, 깡길렘의 입장은 개체를 중시하는 전통적 생기론 쪽에 위치한다고 보아야 할 것 같다. 깡길렘이 스스로 생기론에 대한 긍정적 해석을 주도하고 있고 특히 정상성과 병리성에 대한 자신의 입장을 전개하는 데서 비샤를 대부로 하고 있으니 말이다. 서론에서 본 것처럼 깡길렘의 생기론 해석은 전통적 생기론의 생명원리를 실체가 아니라 요청이나 정신적 태도라는 의미로 약화시키는 것이다. 베르그손과 같이 생명 전체에서 출발하는 경우 개체들의 풍부함과 변이성은 말할 수 있지만, 깡길렘의 규범성과 같이 개체에 고유한 적극적 개념은 생각하기 어렵다.

생명현상 전체에서 볼 때 개체성의 불완전함에도 불구하고 깡길렘이 개체에 부여하는 적극적 위치는 아마도 그의 의철학적 문제의식에서 기인하는 것 같다. 사실 시몽동도 잘 지적하듯이 무척추동물로 갈수록 개체성은 불분명해진다. 군집생활을 하는 산호,

다형성polymorphisme의 삶의 방식을 가진 개미나 벌들, 분열로 증식하는 원생생물 등이 그러하다. 그래서 시몽동은 개체들보다는 '개체화'individuation라는 현상을 고려해야 한다고 주장한다.[18] 하지만 인간과 가까운 고등한 동물로 갈수록 개체성이 뚜렷해짐을 간과할 수 없다. 인간에게 있어서 의식의 개화는 자신의 개체성에 대

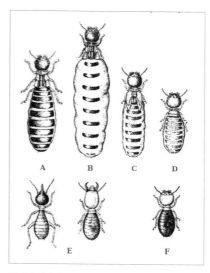

흰개미집단의 다형성을 보여 주는 그림. 다형성(polymorphisme)이란 같은 종이면서도 여왕개미, 일개미처럼 필연적으로 연관된 다양한 형태들로 이루어진 동물집단의 삶의 방식을 말한다.

한 통일적 감정 없이는 불가능하다. 프랑스 생명철학 전통에서 이러한 점에 가장 주의를 기울인 철학자는 멘 드 비랑이다. 깡길렘과 관련하여 우리가 지적하고 싶은 것은 이 철학자가 의식의 개화를 데까르뜨 혹은 그를 잇는 대부분의 근대철학자들과 달리 정신적 원리가 아닌 신체의 능동적 활동에 기초하고 있다는 점이다. 멘 드 비랑은 꽁디약과 비샤, 까바니스P. Cabanis의 열렬한 독서가이다. 그는 우리가 쾌와 고통이라는 정념affection으로부터 신체의 의식을 가짐을 강조하였고, 이로부터 생리적 의미의 신체 개념을 이끌어낸다. 다른 한편 능동적 의지에서 비롯하는 신체적 운동은 인간의 반성적 의식을 가능하게 한다. 그리하여 그는 신체의 생리적 활동과 의

지적 활동의 관계를 연구하는 종합적 인간학을 구상한다.[19] 깡길렘은 멘 드 비랑을 평가하는 자리에서 그가 "생물학이 없이는 심리학도 없다"는 것 그리고 "자아의 관찰은 의지적 운동의 생리학과 정념성affectivité의 병리학에 의뢰하지 않고는 가능하지 않다"는 것을 보여 주었다고 말한다.[20] 결국 깡길렘은 생명현상과 의식의 주관성을 설명하기 위해 신체의 의미로부터 출발한다는 점에서 멘 드 비랑의 입장과 닮아 있다고 할 수 있을 듯하다. 또한 이런 관점은 생기론자들의 생리학에서는 나올 수 없는, 그들의 고유한 철학적 성과이기도 하다. 생기론자들이 생명을 개체의 관점에서 다룬 것은 개개인의 질병을 치유하는 의사로서 인간의 생리학을 모범으로 했기 때문인 것이 분명하지만, 인간이 가지고 있는 심리적 측면을 무시했기 때문에 멘 드 비랑이 보여준 것과 같은 종합적 인간학에 이르지 못했다는 것을 지적해야 한다.

마지막으로 우리는 깡길렘의 생명 개념의 변화에 대해 간략히 언급하고자 한다. 『정상적인 것과 병리적인 것에 관한 몇 가지 문제들에 관한 시론』에서 『생명의 인식』에 이르기까지 깡길렘은 창조적인 힘으로서의 생명 개념을 견지하고 있다. 그가 주장하는 개체의 규범성은 베르그손에게서처럼 자기 자신을 넘어서는 역동적인 힘으로 규정되기 때문이다. 하지만 1966년 이후 이러한 관점은 심층적인 변화를 겪게 된다. 이 시기에 지배적 패러다임이 된 유전학과 사이버네틱스 이론에 대한 숙고를 통해 깡길렘은 생명이 가진 안정성에 더 무게를 두는 관점으로 기울어진다. 따라서 그는 베르그손의 연속적 변화 속의 창조성이라는 생명 개념을 비판하고 아리스토텔레스의 형상주의를 다시 강조한다. 즉 유전적으로 전달되는 코드는 일종의 '로고스'를 함축한다는 것이다. 이는 자신의 전기사상에 대한 비판을 함축하는 것이기도 하다. 20세기 후반에 유전학을 비롯한 생명과학이 획기적인 발전을 거듭한 것은 사실이다. 어떤 철학자도 이에 대한 반성을 피해갈 수 없었으리라 생각된다. 하지만 20세기를 넘어가면서 유전자 결정론에 대한 비판은 일반적인 것이 되었다. 유전적 안정성 개념은 다시금 세포 자체의 역동적 생화학으로 변모하는 경향이 눈에 띤다. 이에 대한 상세한 논의는 다음 절에서 진행하고자 한다. 분명한 것은 생명의 세계에서 안정성과 변화는 어느 한 쪽만을 강조할 수 없는 두 개의 축이라는 점이다. 생명은 마치 양자를 항구적으로 오가는 진동처럼 우리의 명확한 개념규정을 벗어난다. 그래서 깡길렘이 어떤 입장을 취하든 간에 우리는 규범성과 병리성에 관한 심오한 숙고를 통해 그가 정립한 의철학 사상은 현재에도 여전히 유효하다고 생각한다.

베르그손과 깡길렘의 생명철학, 수렴과 분기의 지점들

생명원리와 개체성, 정상과 병리, 생성과 로고스

생명적 활동의 원리와 개체성

베르그손과 깡길렘은 생명의 활동을 능동적이고 창조적인 것으로 본다는 점에서 일치하고 있다. 하지만 기본적인 출발점의 차이가 있다. 베르그손이 생명계 전체를 진화라는 시간적 운동의 관점에서 묘사하는 반면 깡길렘은 생명적 개체들의 구체적인 활동에서부터 시작한다. 베르그손에게 중요한 것은 사건과 역사로서의 생명적 진행과정인데 그는 이를 '생명의 약동'이라는 힘에 의해 설명하고 있다. 깡길렘은 개개의 유기체에 주목하는 만큼 생리적 활동의 능동적이고 '규범적인'normatif 특징을 발견하는 데 주력한다. 하지만 그에게도 사건으로서의 생명적 과정은 전제되어 있기 때문에 두 철학자의 입장에 모순이 있는 것은 아니다. 다만 출발점의 차이로 인해 그들이 그려주는 생명 활동의 원리와 생명계의 모습에는 주목할 만한 차이가 있다.

생명의 창조적 다양성

생명의 다양한 현상을 설명하기 위해 기계론적 모형을 버린다면 그것은 어떤 모습으로 나타날까? 무질서일까? 베르그손과 깡길렘이 묘사하는 생명계는 무질서와 질서의 개념을 뛰어넘는 다른 종류의 모습이다. 우선 베르그손의 『창조적 진화』에서 창조가 이에 해당한다. 베르그손의 창조 개념은 일목요연한 질서 속에서 이루어지기는커녕 우발적contingent 사건들의 탄생으로 특징지어진다. 그것은 엄밀한 인과론적 예측이 불가능하다는 점에서 기계론적 질서를 벗어나지만 일정한 경향성의 원리와 나름의 역사적 인과관계 속에서 이루어진다는 점에서 무질서가 아니다. 사실 무질서 개념은 질서의 상관항이어서 다른 세계에 대한 상상가능성을 배제한다. 베르그손에게서 창조는 개체와 종들의 생명적 과정 모두에 해당하는데, 공통적으로 생명적 힘의 최초의 폭발 이후에 생겨난 특정한 경향들의 발달로 묘사된다(EC, 99). 물론 개체의 삶과 전체 생명계의 과정에는 다음과 같은 차이가 있다. 전자가 풍부한 가능성에서 시작함에도 불구하고 성장과정에서 끊임없는 선택과 거부로 운명 지어지는 반면 후자는 그렇지 않다.

헤아릴 수 없이 많은 삶을 가지고 있는 자연은 결코 그러한 희생을 치르지 않아도 된다. 자연은 성장하면서 분기된 다양한 경향들을 보존하고 있다. 그것은 따로따로 진화하는 종들의 분기하는 계열들을 그 경향들과 함께 창조한다.(EC, 101)

여기서 자연이라 함은 물론 생명계를 의미한다. 모든 것을 보존하는 자연은 일종의 관용의 이미지를 보여 주는데, 그것은 진화의 전진하는 다양한 계열들에만 해당하는 것이 아니라 "정지, 이탈, 퇴행"(EC, 105), 심지어 "투쟁과 부조화"(EC, 255)까지 포용한다. 이런 이유로 진화의 과정을 우연accident을 제거하고 설명하고자 한다면 문제에 부딪히게 된다. 생명의 과정은 가능성과 풍요로움으로 점철되어 있다.

생명의 진화 앞에서 미래의 문은 크게 열려 있다. 그것은 최초의 운동 덕분에 끝없이 계속되는 창조이다. 이 운동이 유기계의 무한히 풍요로운 통일성을 만드는데, 그것은 어떤 지성이 꿈꿀 수 있는 것보다 우월하다.(EC, 106)

한편 개체의 생명에 주목하는 깡길렘의 경우 가장 먼저 생기론자 비샤와 라이프니츠를 참조한다. 조직학의 창시자이기도 한 비샤에게서 각각의 유기체를 이루는 조직들은 감수성과 수축성이라는 속성들을 갖는데 이것들은 기본적인 생기적 힘들에 해당한다. 기관들을 비롯하여 유기체를 이루는 다른 부분들의 기능은 조직의 속성들의 일시적 균형으로 설명되고 따라서 유기체의 기능들은 그 자체로 견고한 것이 아니라 생기적 힘의 활동에 따라 가변적이다.

개체들이 보여 주는 불규칙성, 변칙성은 여기서 유래한다. 이것들은 "우연이 아니라 그것의[개체의] 존재 자체이다"(CV, 159). 라이프니츠의 '식별불가능자 동일성의 원리'가 이를 잘 보여 준다. 이에 따르면 모든 속성들이 완전히 일치하는 두 개의 개체가 있다면 그것은 사실상 구별불가능하기 때문에 동일한 개체이다. 결국 진정한 개체는 유일

고트프리트 빌헬름 라이프니츠 (Gott-fried Wilhelm Leibniz, 1646~1716)

한 것일 수밖에 없고 두 개의 개체들 간에는 어딘가 차이가 있기 마련이다. 그런데 개체보다 유를 중시하는 사고방식에서는 동일한 유에 속하는 개체들 간의 변이는 사소하게 취급되고 그것들이 동일한 유에 속하는 한에서 같은 것들로 취급된다. 식별불가능자 동일성의 원리는 이러한 생각을 거부한다. 깡길렘은 이를 "동일종의 개체들이 사실상 다른 것으로 남아 있고 상호교환이 불가능하다면 그 이유는 그것들이 권리상 다른 것들이기 때문"이라고 해석한다 (같은 곳). 이 관점에서 개체적 특이성을 오류나 이탈, 실패, 낭비라고 규정할 수 없다. 기형이나 괴물적인 것도 마찬가지다. 그와 같은 부정적 판단은 "자연법칙을 **영원한 형상들**의 위계로 간주하는 자연관 속에서" 이루어지는 가치평가이다. 그래서 깡길렘은 다음과 같이 말한다.

반대로 생명계를 **가능한 형상들**의 위계화의 시도로 간주한다면 성공한 형상과 실패한 형상 사이에서 그 자체로, 선험적으로 차이는 없다. 엄밀하게 말하면 실패한 형상이란 것도 없다. 수천의 생존방식이 있다는 것을 인정한다면 하나의 생명체에는 아무런 결핍도 존재하지 않는다.(CV, 160)[1]

여기에서 가능한 형상이란 형상들 자체가 변화할 수 있는 가능성을 전제한다. 이는 개체들 자체의 변화에서 유래한다. 그러므로 개체 생명은 가능성 자체를 창조하는 힘과 더불어 적극적 생존가치를 갖는다. 깡길렘이 진화론을 언급하는 대목에서는 진화가 전개됨에 따라 차후에 실패나 성공 같은 용어로 개체들에 대한 가치평가가 이루어질 수 있음을 인정하지만, 미래는 예측불가능하기 때문에 개체들 자체는 그것들이 생존하는 시점에서 볼 때는 가변성과 다양성이라는 가치를 실현하는 적극적 존재자들이다. 반면 베르그손은 비록 진화에서 우연과 마찬가지로 정지, 이탈, 퇴행을 생명현상의 일부로 인정하나, 진화의 관점에서 나타난 커다란 방향과 경향들을 기준으로 볼 때 그것들은 부정적 뉘앙스를 함축한다. 예를 들어 진화의 방향을 의식의 발달을 기준으로 평가할 때 식물은 무의식의 방향으로 진화하였고, 갑각류 같은 것들은 의식의 마비를 보여 준다. 한 종의 전체적인 경향이나 진화 방향을 고려한다면 이탈과 정지, 퇴행을 보여 주는 개체들에 대해서도 말할 수 있다. 자연 자체는 다양성과 풍요로움을 보여 주지만 그렇다고 해서 개체 생명들이 모두 긍정적으로 평가되는 것은 아니라는 말이다. 물론

이는 베르그손이 깡길렘과 달리 개체 자체가 아니라 진화의 관점에서 있기 때문이고 두 철학자 간의 근본적인 차이라고는 할 수 없다.

생명과 물질 ― 이원성과 양극성

베르그손과 깡길렘에게서 생명현상의 창조적 과정이 생명적 힘의 작용이라고 할 때, 이것은 어떤 초월적 원리로서 규제적으로 기능하는 것이 아니다. 실제로 관찰되는 것은 우발적인 사건들 및 그것들이 시공적으로 관계맺는 과정이다. 그러므로 이것을 다른 어떤 힘으로 설명하는 것은 불필요한 중복으로 보일 수도 있다. 하지만 우리가 거기서 순수한 우연hasard들의 집적이나 기계적 과정이 아니라 질적 변화나 창조적 과정을 볼 수 있다면 그것은 일종의 내재적 원리의 발현이라고 할 수 있지 않을까. 적어도 생명계에서 나타나는 능동적 특징들을 설명할 때 그렇게 볼 수 있지 않을까. 종과 개체들이 물질적 환경 속에서 기계적 필연성을 거스르며 살아가는 과정 자체가 수동적 적응만으로는 볼 수 없는 어떤 항구적인 갱신을 가정한다. 베르그손과 깡길렘은 기계적 의미의 적응이 생명의 과정에서 하는 역할은 매우 제한적이라고 본다. 베르그손에게서는 생명 종과 개체들에서 나타나는 변이들의 원인 자체가 예측불가능한 방식으로 변화하려는 생명의 경향에 내재하며 적응은 부적응자를 제거하는 부정적 역할에 머문다. 깡길렘은 유기체들이 환경에 민감하게 반응하는 나름의 규범norme들을 설정함으로써 신체의 활동 능력을 공고히 한다고 본다.

그런데 베르그손에게서 생명의 능동성은 좀 더 '근원적인' 차원에 의존한다. 사실 생명의 약동은 생명의 분화를 가능하게 한 비물질적 힘으로 제시되지만, 그것은 유한한 것으로 단 한 번 주어졌으며 물질이라는 장애물을 완전히 뛰어넘기는커녕 그것과 타협하는 가운데 개별적 유기체들을 낳는 것으로 언급되고 있다(EC, 250, 254). 그러므로 생명은 절대적인 힘이 아니다. 베르그손은 생명과 물질의 이원성을 좀 더 근원적 차원에서 창조적 생성을 표현하는 잠재적 힘의 운동으로 해소하고 있다. 창조와 생성의 대명사인 초의식supraconscience이 자신의 운동을 '역전'시킨 결과, 즉 생성에 등을 돌리고 그것을 고정화하는 순간이 물질의 탄생으로 가정된다. 한편 생명은 물질 속에 잔존하는 창조적 생성의 운동으로서 물질의 운동을 거스르는 역방향의 운동이다. 그렇다면 물질과 생명의 세계는 최고의 능동성 원리의 역전에서 시작된 일종의 분극polarisation 현상으로 나타난다고 할 수 있다. 분극이라는 표현은 베르그손 자신의 것은 아니다. 하지만 그에게 이원론은 절대적인 것이 아니기 때문에, 생명과 물질의 관계가 장껠레비치가 잘 표현한 것처럼 상반되는 두 경향들이 보여 주는 "양극성"polarité의 관계라 할 수 있다면(Jankélévitch, 1931 : 174), 생명과 물질의 생성과정으로 거슬러 올라갈 경우, 양극으로 갈라지는 분극현상을 말할 수 있지 않을까.

이 양극성으로부터 생명체들과 물질의 독특한 관계가 설명되는데 구체적으로는 열역학 제2법칙에 대한 철학적 반성이 그 기초에 있다. 이 법칙은 에너지의 사용가능성이 끊임없이 하락한다고 말해 준다. 베르그손은 이런 특징으로부터 물질의 운동을 하강운동, 해체되는 운동으로 묘사한다. 생명은 정신성 자체는 아니고 "물질이 내려온 사면을 거슬러 올라가려는 노력" 혹은 "해체되는 운동을 가로질러 생성되는 실재"로 묘사된다(EC, 246). 현실적으로 지구상의 모든 생물은 태양에너지를 이용하여 살아가고 있는데, 이것은 에너지의 하락과 흩어짐을 일시적으로 막고 자신의 방식으로 고정하여 필요할 때 소비하는 유기체의 고유한 작용에 의해 이루어진다. 여기에 필연성과 자유를 조화시키는 일종의 '노력'이 있다. "이 노력은 에너지를 창조하는 데까지 갈 수는 없으며······ 자신의 처분에 맡겨진 에너지를 최대로 잘 사용하는 것만을 목표로 하는 것처럼" 작용한다(EC, 116). 즉 생명체는 그 자신이 물질적 요소로 구성되어 있고 물질적 에너지를 사용해서 살아갈 필연성에 종속되어 있는 반면, 이를 자신의 방식으로 축적하고 소비할 때 주저, 선택, 자유의 여지를 남긴다. 특히 주로 에너지를 축적하는 데 몰두하는 식물과는 달리 에너지를 소비하는 동물에게서 이런 점이 두드러진다. 동물은 체내에 축적된 다량의 에너지를 필요할 때 폭발적인 방식으로 전환하는 능력을 가지고 있으며 이는 무엇보다도 근육조직과 신경조직을 통해 이루어진다. 근육조직이 포함하는 에너지의 양은 막대한 반면 신경조직의 그것은 소량에 지나지 않는다. 하지만 이것은 소비되는 순간 바로 재충전되어 언제나 항구적으로 필요한 양을 유지한다. 이러한 특징은 신경계의 중요성과 관련되어 있는데 신경계는 체내에 축적된 에너지를 비결정적인 방식으로 즉 '자유롭게' 소비하게 해 주는 일종의 사령탑의 구실을 한다.

한편 깡길렘은 잠재성-물질성의 대립이나 생명-물질의 대립보다는 개체의 물질적 생명성, 즉 신체의 활동에서 출발한다. 신체의 활동은 물질의 법칙을 기반으로 하지만 순수한 물리화학적 힘들과는 구별되는 다른 차원의 힘을 나타낸다. 개체 생명의 내재적 힘은 선호와 배제라는 "역동적인 양극성"polarité dynamique으로서 이것이 구체적인 유기체의 활동 원리가 된다(NP, 77). 비샤에 의하면 "생명은 죽음에 저항하는 모든 기능들의 총체"이다(Bichat, 1800 : 98). 비샤는 생명 원리를 외적 영향에 대한 반응의 원리라고 본다. 영혼이나 제1원리와 같은 형이상학적 원리를 거부하는 그는 생명을 신체적 활동에 국한한다. 그는 생명을 죽음에 맞서는 힘, 즉 물리화학적 해체에 저항하는 힘으로 부정적으로 정의하고 있다는 점에서 생명을 적극적으로 정의하는 다른 생기론자들과 차이를 보여 준다. 깡길렘의 생명철학은 신체적 활동으로부터 출발한다는 점에서 베르그손보다는 비샤의 생기론과 같은 전통에 속한다. 하지만 깡길렘은 비샤의 부정적 정의를 변형하여 생명의 긍정적 측면에 무게를 둔다. 무기적 환경의 영향은 생명체에 이로울 수도 있고 치명적일 수도 있다. 살아 있는 유기체는 자극에 결코 무관하게 있을 수 없다. 생명체는 단지 해로운 영향을 피하는 것만이 아니라 자신에게 이로운 것을 적극적으로 추구한다. 이처럼 생명의 양극성은 단순히 삶과 죽음의 이원론이 아니라 삶의 과정 내에서 역동적으로 기능하는 개념이다.

역동적 양극성이라는 개념은 무의식적으로나마 가치의 문제와 관련되어 있으며 좀 더 구체적으로는 생명의 규범적 활동을 나타낸다. 생명은 영양섭취, 소화, 배설이라는 가장 단순한 현상에서조차 선택과 배제의 기제를 작동시킨다. 예를 들어 음식물의 찌꺼기가 배설되지 않아 내부환경에 독이 생겨도 그것은 물리화학적 법칙에 따른다고 말할 수 있다. 하지만 그것은 "유기체 자체의 활동인 규범에 따르는 것은 전혀 아니다"(NP, 79). 독을 제거하는 것은 생명적 규범이다. 이처럼 깡길렘은 상반된 가치들 사이에서 선택하고 조절하는 생명체의 활동이 내외적 자극에 대처하는 나름의 규범을 설정하는 데 이른다고 주장한다. 인간은 "규범으로 간주되는 생명의 유지나 발달에 장애물이 되는 것과 싸우기 위해 생명에 고유한 자연발생적 노력을 명료한 방식으로 연장한다"(NP, 77). 인간 역시 생명 활동의 근원에 있는 가치들을 이어받는다. 비록 가치와 규범은 인간에게서 명료한 것으로 드러나지만 그것은 이미 아메바와 같은 원시생명체에서도 그 싹을 볼 수 있는 생명적 가치들을 연장한 것에 지나지 않는다. 죽음을 피하고자 하는 모든 유기체는 삶이라는 가치를 지향하고 있으며 생리적인 형태의 보호막 속에서 일어나는 일들은 기계적 과정이 아니라 일종의 규범적normatif 과정들이다.

깡길렘의 입장은 베르그손과 비샤의 비교에서 좀 더 분명하게 드러날 수 있다. 생명을 해체되는 물리화학적 힘을 거스르는 노력으로 본다는 점에서 비샤와 베르그손은 일치하고 있는데 이것은 사실 생명의 독특성을 주장하는 생기론적 입장의 공통 지점이라 할 수 있다. 다만 비샤에서는 이원론적 함의가 강한 반면 베르그손에서는 개체 생명을 넘어서는 잠재적 힘을 가정한다는 점, 그리고 물질과 생명을 그것의 양극성으로 본다는 점에서 생기론을 넘어서는 형이상학을 제시하고 있다. 깡길렘은 개체 생명 안에서 작용하는 적극적인 힘을 가치와 관련하여 명백히 규정한다는 점에서 독

테오뒬 리보
(Théodule–Armand Ribot, 1839~1916)

자성을 보여 준다. 개체 생명에 대한 중시가 비샤의 입장과의 친연성을 보여 준다면 이와 같은 적극적인 힘의 존재는 베르그손의 생명철학과의 친연성을 보여 주는 듯하다. 한편 베르그손이 물질성과 정신성(잠재성)이라는 더 근원적인 원리의 관계로부터 생명현상을 원거리에서 기술한다면, 깡길렘은 개체들의 신체적, 생리적 활동을 직접 조회함으로써 이를 근거리에서 기술하고 있다. 이는 사물의 전경을 보는 것과 클로즈업으로 관찰하는 것 간의 차이에 비교할 수 있다. 이러한 차이가 어떠한 결과를 가져올 것인지를 살펴보도록 하자.

정상과 병리

생명 현상에서 정상과 병리의 문제는 깡길렘의 철학적 사유에서 최초의 동력을 이룬다. 깡길렘은 규범성의 개념에 의해 정상성과 병리성을 역동적으로 이해함으로써 이에 대한 고정적 편견을 일소하는 데 기여했다. 병리학의 전통은 의학의 역사만큼 오래되었지만 거기서는 질병 그 자체의 탐구가 목적이며, 정상이란 치료가 지

향하는 자연스런 형태로 간주되
고 있을 뿐이다. 사실 정상성의 문
제는 깡길렘도 잘 지적하고 있듯
이 가치에 관련되어 있기 때문에
병리학에 국한되지 않는 인간학적
이고 철학적인 지평을 요구한다.
한편 이 문제는, 잘 알려져 있지는
않지만 베르그손을 피해가지는
않았다. 그의 두 번째 저서 『물질
과 기억』은 19세기 말 리보와 자

피에르 자네
(Pierre Marie Félix Janet, 1859~1947)

네 등에게서 나타나는 심리생리학의 맥락을 고려하지 않고는 이해
할 수 없는데 당시에 심리학자이자 정신의학자인 이들에게는 자연
히 병리현상의 연구가 중요한 화두였다. 베르그손은 심리적 병리현
상의 연구로부터 정상인의 개념을 이끌어낸다. 따라서 베르그손은
정상과 병리의 문제를 심신관계의 차원에서 주로 이야기한다. 이
문제는 그의 마지막 저서에서 윤리적 토대로 제시되기까지 한다. 한
편 깡길렘은 이 문제를 주로 생리학의 차원에서 다루지만 나중에
사회적 차원으로 확대하는 것을 볼 수 있다.

베르그손의 심신이론에서 정상인의 정신적, 신체적 조건

　『물질과 기억』에서 기억은 신체와 정신의 양면에서 인간의 정상
적 활동의 조건을 규정한다. 신체적 기억은 외적 자극이 반복되는
방식으로 제기하는 복잡한 문제들에 대해 자동적으로 반응하는

습관 체계이다. 한편 이미지기억은 반복되지 않고 자신의 일회적 기원을 간직하는 표상적 기억이다. '순수기억'은 이미지기억의 바탕을 이루지만 구체화되지 않은 무수한 일회적 기억으로서 베르그손에게서 정신적 실체를 구성한다. 정상인에서 신체와 정신은 '삶에 대한 주의注意'라는 공통의 목적에 부응하여 상호작용한다. 삶에 대한 주의는 현재에 대한 의식이다. 순수기억은 현재의 요구에 부응하여 심리적 삶 속에 구체화된다. 주의는 더 근본적으로는 의지volonté의 작용과 관련된다. 의지는 순수기억을 불러내고 이미지기억을 신체에 삽입시키면서 신체와 정신을 매개하는 주체의 역동적인 노력이다(EC, 128~129).

두 기억과 의지의 관계는 자네의 인격분열 이론과 관계가 깊다. 자네는 잠재의식적 행위를 지배하는 "자동적 활동성"activité automatique과 각성된 의식을 지배하는 "의지적 활동성"activité volontaire을 구분한다.[2] 따라서 그는 의식이 절대적 단일성이 아니라 "유동적variable이고 상대적relative"이라는 전제 아래 복잡한 심리 활동을 설명하고 있다.[3] 그러나 자네가 인간 의식에서 가장 중요한 요인으로 보는 것은 의지 작용이다. 이 점에서 자네는 멘 드 비랑에 빚지고 있음을 고백한다.[4] 의지는 정신의 종합synthèse 능력을 추동하는 "활동적 힘"force agissante으로서 "인격의 통일성"도 의지의 역동적 활동으로부터 가능해진다. 자네의 강점은 무수한 병리학적 사례들로부터 자신의 입장을 정당화하고 있다는 것인데, 예를 들면 선택적 기억상실증, 몽유병, 인격분열이나 해리와 같은 현상들은 정신의 종합 능력의 현저한 약화로 인해 일어난다. 이런 상태를 표

현하는 '신경쇠약'la psychasthénie이라는
병리학 용어는 바로 자네에 의해 창
안된 것이다.[5] 정상인의 경우에도 의
지가 이완되면 습관적이고 자동적인
행위에 머물게 된다. 자네는 의지의
역동적 작용을 '긴장'la tension이나 '이
완'le relâchement이라는 용어를 사용해
서 설명하고 있는데 이것들은 베르그

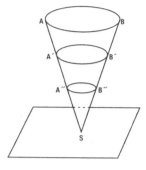

베르그손의 역원뿔 도식

손의 심리학에서도 핵심적 역할을 하는 용어들이다.

베르그손 철학에서의 의지의 역할은 『시론』보다는 『물질과 기억』에서 더 부각되고 있다. 다만 여기서는 의지 자체보다는 종종 의식의 긴장이나 주의라는 용어들을 통해 표현되고 있다. 주의나 의지는 종종 정신의 집중하는 힘으로 나타나는데, 양적 힘의 기계적인 증감으로서가 아니라 지각에서 기억, 상상력 등 의식의 여러 차원들을 건너뛰면서 일종의 '도약'에 의해 활동한다. 이것은 주체의 노력의 강도에 상응하는 단계들을 구조화한다. 보름스F. Worms는 이러한 의식의 구조화 과정을 이렇게 설명한다. 의지 활동의 도약으로부터 "우리 기억의 무차별적인 전체에 대상 지각의 공간적 구조가 부과된다. 이로부터 의식적이고 반성적인 기억은 [의식의] 평면들로 구조화된다. 그것들은 서로 간에 단계를 이루는 동시에 우리 앞에서 배열된다."[6] 그 결과 정신의 존재는 잘 알려진 역원뿔 모양에 의해 형상화된다. 여기서 윗면은 무의식 속에 존재하는 순수 기억으로 꿈의 평면을 이룬다. 아래 꼭지점은 대상과 접하는 신체의 지각이 이루어지는 지점으로서 행동의 평면을 이룬다. 의식의 활동은 순수기억으로부터 지각으로 혹은 지각에서 순수기억으로, 즉 꿈의 평면과 행동의 평면 사이의 무수한 평면들을 끝없이 왕래하는 가운데 이루어진다. 이 왕래는 단선적인 것이 아닌데 왜냐하면 각각의 평면은 기억 전체를 나름의 규모로 반영하고 있기 때문이다. 『시론』에서 상호침투하는 의식 상태들의 각각이 의식 전체를 반영하는 것과 같다. 그것들은 기본적으로 신체에 의해 방향지어지지만 주의가 이 평면들 중 어느 것에 위치하는가에 따라 기억의 심층을 더 혹은 덜 반영하게 된다. 정신은 주의가 고정되지 않을 경우 꿈의 평면으로 무한히 확대된다. 신체적 주의는 현실감각을 제공함으로써 정신이 신체에 연결되게끔 해준다. 그러므로 의지 혹은 주의는 『시론』에서 보여준 심층자아와 표층자아의 평면적 구분에 새로운 역동성을 첨가하면서 의식 활동의 구조를 보여 준다.

의지적 주의의 개념이 이미 확립된 프랑스 심리학 전통으로부터 유래한다면, 의식의 다양한 평면들이라는 베르그손의 구상은 그의 독창적인 생각이다. 일반관념의 형성 또는 관념들의 연합 그리고 언어활동의 이해와 같은 기본적인 의식의 활동들은 이러한 의식 평면들을 가로지르는 주의의 역동적 운동 안에서 일어난다. 이 활동들은 지각으로부터 호출받아 거기에 상응하는 기억이미지들을 불러옴으로써 개시되는데 의식의 어느 평면에 위치하는가에 따라 그 깊이와 의미가 달라질 수 있다. 외관상으로 이미지기억들은 관념연합의 법칙에 따라 연합하지만, 보다 근본적인 것은 유기체의 현실적 요구이다. 유기체의 감각-운동적 반응 자체가 유사성(지각과 지각 사이)과 인접성(지각과 운동 사이)을 따르기 때문이다 (MM, 186). 그래서 "정신의 정상적인 작업에서 모든 것은 꼭지점에 의해 거꾸로 서 있는 피라미드처럼 감각과 운동의 응집력에 달려 있다"(MM, 193). 현재를 표현하는 이 꼭지점은 고정된 것이 아니라 "경험의 움직이는 평면" 속에서 활동하는 중이다. 이 지점에 신체적 기억과 이미지기억이 동시에 삽입되어 있다. "잘 균형잡힌bien équili-bré 정신들", "행동인"l'homme d'action은 주어진 상황에서 이에 관련된 기억들을 신속하게 불러내어 활용할 줄 아는 사람들이다. 이들은 "현재상황의 윤곽들을 따르기에 충분히 유연한, 그러나 다른 모든 [자극의] 호출에 저항할 수 있는 충분한 힘을 가진 다행스러운 성향"의 소유자들이다. 베르그손은 이를 "양식bon sens 또는 실천 감각 sens pratique"이라 부른다(MM, 169~170). 충동인과 몽상가는 현재 혹은 과거 중 하나에 매몰되어 있는 성향의 사람들이다. 이들에게 서 운동적 기억(습관기억)과 사변적 기억(이미지기억)은 각각 독자적으로 활동하면서 서로를 배척한다. 그러나 "정상적인 삶vie normale 에서 그것들은 각자가 자신의 원본적 순수성 속의 어떤 것을 포기하면서 내밀하게 서로 침투한다"(MM, 173). 『도덕과 종교의 두 원천』에서는 지적인 건강을 "행동에 대한 취향, 환경에 적응하고 재적응하는 능력, 유연함과 결합된 단호함, 가능한 것과 불가능한 것에 대한 예견적 분별력, 복잡함을 이겨내는 단순함의 정신, 결국 탁월한 양식"에 의해 정의하고 있으며 이를 신비가 혹은 윤리적 성인들이 가진 태도로 제시하고 있다(MR, 241). 결국 정상인의 심신의 조건은 윤리적 인간의 조건과 무관하지 않다.

두 기억의 내밀한 상호작용은 매우 역동적인 과정이다. 이 과정이 매순간 균형을 이루며 진행하기 때문에 혼란뿐만 아니라 심지어 병리적 현상까지 피할 수 있다. 이로부터 병리적 현상은 두 기억의 균형의 파괴에서 유래한다고 할 수 있다. 그런데 두 기억의 상호작용에서 기본적인 것은 신체의 감각-운동적 균형이다. 베르그손은 꿈을 신체의 감각-운동적 균형에 주의가 고정되지 않은 상태라고 추정한다. 정신이상aliénation에서 보이는 정신적 균형의 파괴도 감각과 운동의 관계에 생긴 교란으로 인해 "기억과 주의가 현실과의 접촉을 상실한" 데서 유래한다. 여기서 생긴 '낯설음'의 감정, '비현실감'은 유기체가 자극에 응답하는 실제적 운동의 의식이 부재한 데서 유래한다(MM, 195). 물론 정신이상의 다양한 형태들은 기억의 교란과 관련된다. 정신이상은 종종 인격분열 현상에 이른다. 인격분열에도 다양한 형태가 있으나 베르그손은 이 역시 근본적으로는 감수성과 운동성의 분열 즉 감각-운동적 균형의 파괴에 기초한다고 본다(MM, 195~196).

『창조적 진화』와의 연속성을 생각한다면, 정신의 의지적 노력과 신체의 감각-운동적 활동에서 존재론적 이원론보다는 현재에 대한 주의라는 공통적 목적에 봉사하는 기능적 역동성을 강조하는 것이 더 중요하다. 『창조적 진화』에서 이 기능적 역동성은 개체적 차원을 넘어서는 생명 자체의 노력으로 의미가 확장된다. 동물에서 신경계의 진보는 "자동적 활동과 의지적 활동의 동시적 발달로 이루어진다"(EC, 252/376). 양자의 상호작용으로 동물의 행동은 점점 더 정확하고 효율적으로 이루어지면서 외부환경으로부터 어느 정도 독립성과 자율성을 갖게 된다. 동물과 인간의 차이가 있다면 바로 이 지점에 있다. 동물은 대체로 유기체를 유지하는 종의 습관에 매몰되어 있고 이미 만들어진 습관기제들을 변형하는 데는 한계가 있다. 반면 인간의 뇌는 다수의 운동기제들을 만들고 이들을 서로 경쟁시키며 개별적으로 새로운 습관들을 창조할 수 있다. 그리하여 인간은 "자동주의를 누르고 의식을 해방하기에 이른다"(EC, 185~186). 인간의 뇌에서 차지하는 드넓은 언어영역이 이를 잘 보여 주며 사회적 삶이 이를 촉진했음에 틀림없다(EC, 265). 사실 생명의 진화 자체가 창조라면 동물이나 식물의 삶도 예외일 수 없고, 심지어 앞에서 이야기한 마비나 무의식, 퇴화로 나타나는 것들조차 어떤 종류의 창조성에 참여하고 있다고 보아야 한다. 하지만 물질적 힘과 생명적 노력의 대립이라는 도식에서 볼 경우, 인간에 이르러 물질적 한계를 넘어서는 생명의 노력이 다른 것들과 비교해 보았을 때 예외적으로 탁월하게 실현되었다는 의미가 드러난다.

깡길렘의 생명철학에서 정상성과 병리성의 질적인 구분, 베르그손과의 비교

깡길렘의 입장은 정상과 병리가 질적으로 다르다는 것을 확립하는 것으로부터 시작한다. 병리현상의 특이성은 환자의 체험 속에서 드러나기 때문이다. 언뜻 보아 당연한 주장 같지만 질병을 다루는 병리학이 과학으로 부상한 19세기에 꽁뜨와 베르나르 같은 실증주의자들에게는 이와는 반대의 생각이 지배적이었으며 이는 오늘날까지도 강력한 힘을 행사하고 있다. 즉 질병은 정상상태의 양적 변화에 지나지 않는다는 생각이다. 사실 질병에서 증상보다 원인에 집중한다면 이를 양적으로 설명하는 것은 가능할 것이다. 꽁뜨는 질병을 자극의 과잉이나 결핍과 같은 강도의 문제로 설명했고 베르나르는 당뇨병과 같은 구체적 사례에서 혈당치와 같은 양적 수치를 제시했다. 그러나 이와 같은 환원주의가 질병의 모든 것을 설명하고 있는 것일까? 이는 질병에 대한 전형적인 외부적 접근방법이다. 이들에게 중요한 것은 환자의 체험보다는 실험이다. 꽁뜨에게 질병은 유기체의 정상상태와 이상상태를 비교하게 해 주는 일종의 '자연적 실험'의 구실을 한다(NP, 21). 그러나 비교는 언제나 정상상태를 기준으로 이루어진다. 그에 의하면 양적 차이를 제외하고 정상상태에 존재하지 않는 새로운 것이 이상상태에서 나타나지는 않는다. 한편 베르나르에게서 정상상태는 실험실의 이상적 조건에서 세워진다. 그런데 실험실의 조건은 측정을 위한 '조작적opératoire 규범'을 내포하며 이것이 병리상태를 평가하는 기준이 된다(NP, 92).

깡길렘은 이러한 양적, 실험적 접근이 환자의 주관성, 개체성을 무시한다고 주장한다. 환자에게 질병은 언제나 질적이고 전체적인 경험으로 나타난다. 그것은 이전의 상태와 비교할 때 완전히 이질적이며 위협을 내포하는 새로운 사건이다. 환자가 느끼는 고통은 개체특이성과 주관성의 영역을 여실히 보여 준다. 앞서 깡길렘이 제시한 역동적 양극성의 차원에서 볼 때 질병은 피해야 하는 부정적 가치이다. 또한 질병을 부정적 가치로 판단하고 이를 극복하고자 하는 것은 규범적 행동이다. 사실 규범이란 자연적으로 주어지는 것은 아니다. 꽁뜨가 정상성을 정의하는 방식에는 그것이 순수하게 양적 기준에 의한다고 해도 어느 정도가 정상인가를 결정하는 규범적 태도가 있다. 왜냐하면 "과잉이나 결핍은 타당하거나 바람직하다고 판단된 척도와의 관계에서 ─ 그러므로 규범과의 관계에서 ─ 존재하기" 때문이다(NP, 25). 여기에는 자연적 차원에서 규범적 차원으로 넘어가는 어떤 애매함이 있다. 한편 베르나르에게 실험실의 이상적 조건은 명백히 규범적이다. 이들에게 공통적인 것은 규범이 생명의 외부로부터 주어진다는 것인데 문제는 그것이 인위적일 수 있다는 것이다. 반대로 깡길렘은 생명적 개체 내부에서 부정적 가치를 피하거나 수정하려는 경향으로부터 규범의 기원을 찾는다. 깡길렘은 생명체를 기계장치가 아니라 역동적인 힘으로 정의하기 때문에, 생명체는 스스로를 유지하고 문제에 대한 해답을 찾기 위해 환경을 변형하고 전유하는 능동적인 활동을 한다. 이런 활동이 일정 지역에 터잡은 개체군에서 마치 자연적인 것으로 보이는 생리적 상수들(체온, 혈압, 맥박, 기초대사 등)을 산출한다. 그런데 경험론 전통에서는 통계적으로 얻어진 수치들의 평균값을 정상성의 규범으로 간주하는 경향이 있다. 이는 분명히 자연주의적 오류를 범한 것이라고 할 수 있는데 깡길렘은 생리적 상수들의 수치가 평균값 주위로 모이는 이유는 그것들이 이미 어떤 생활양식 속에서 규범적이기 때문이라고 한다. 그것들은 환경과의 역동적 관계 속에서 이미 내적으로 가치부여된 것이다. 그래서 "규범은 평균으로부터 도출되는 것이 아니라 평균 속에서 표현되는 것이다"(NP, 103).

규범의 존재와 규범성normativité은 정상성과 병리성을 정의하는 핵심 개념들이다. 규범성은 규범을 설정할 수 있는 능력이다. 건강한 사람은 새로운 상황에 직면하여 거기에 맞는 새로운 규범을 설정한다. 질병을 앓는 환자에게 결핍된 것은 이러한 규범적 능력이다. 그렇다면 질병은 비정상인가? 이는 외적이고 통계적인 규범에 비추어 답할 수 있는 문제는 아니다. 환자는 이전의 건강했던 상태로부터 고통스런 상태로 이행한다. 전자를 정상이라 한다면 후자는 분명히 비정상적 상태로 느껴진다. 하지만 질병이 파국으로 이행하지 않는 한 환자는 나름대로 그에 대처하는 규범을 확립한다. 그래서 "질병을 지닌 생명체는 일정한 생존조건에서 정상화^{normali-sation}된다"(NP, 120). 일정 조건에서 자신의 상태를 제어하는 규범을 지닌다는 의미에서는 병리상태도 나름대로 정상이다. 하지만 이 새로운 규범은 건강상태의 규범보다 열등한데 그것은 환자가 "다른 조건에서 다른 규범을 세울 수 있는 능력을 상실"하기 때문이다 (NP, 120). 요컨대 깡길렘은 질병에 있어서 환자의 주관적 차원을 존중하면서도 규범성의 능력과 관련해서 정상과 비정상의 문제를 판단할 수 있다고 본다.

질병이 비록 하나의 생리적 차원에서 더 열등한 다른 생리적 차원으로 이행하는 것이기는 하지만 이것은 결핍이라기보다는 "새로운 생명적 차원의 출현"이다(NP, 128). 깡길렘은 이런 주장이 골드슈타인과 르리슈의 사상이기도 하고, 무엇보다도 베르그손의 무질서에 관한 이론에 의해 정당화된다고 말한다. 베르그손에 의하면 무질서 혹은 절대무는 존재하지 않으며 우리가 한 질서나 존재의 부재를 생각한 순간 이는 다른 질서 혹은 다른 존재의 출현으로 대치될 뿐이다(EC, 233~234). 대치된 새로운 질서는 먼저의 것과 공통분모가 없는 질적 차이를 보여 준다. 깡길렘은 생명계에서 나타나는 이탈, 기형과 같은 것들을 정상적인 형상의 결핍으로 보지 않는 것처럼 질병도 이상적인 건강의 결핍으로 보지 않는다. 그가 비록 생명현상에서 부정적 가치들과 긍정적 가치들을 나누고는 있지만 부정적 가치들 역시 절대적 부정성에 속하는 것은 아니다. 생명의 활동은 무수한 사건들 속에서 일어난다. 생명에 있어서는 "아무것도 우연히 생기지 않고 모든 것은 사건의 형태로 일어난다"(NP, 131). 사건들은 불확실하고 예측불가능한 환경을 이룬다. 이러한 환경 속에서 생명체는 파국에 맞서 자신을 보존하려고 노력할 뿐만 아니라 적극적으로 자신의 가능성을 시험해 본다. 질병을 포함한 생명의 부정적 가치들은 이런 가운데 필연적으로 나타나지만 그것들조차 생명적 활동의 일부를 이루는 것이다.

정상적인 것과 병리적인 것의 구분이 이미 생리적 차원에서부터 가치판단의 문제라는 것은 깡길렘의 확고한 주장이다. 이로부터 환원주의적 입장과 인간주의적 입장이 모두 거부된다. 이 입장의 장점은 생명 현상에서 외부적 관점에 종속되지 않는 주관성과 개체성의 차원을 이해할 수 있게 해준다는 것이다. 깡길렘은 보편적 생리학이 병리학의 토대가 되고 병리학이 질병을 이해하게 해준다는 것을 부정한다. 반대로 출발점은 환자의 경험을 다루는 임상이며 이로부터 병리학이 그리고 병리학을 토대로 해서 생리학이 확립된다. 이는 일종의 실용주의적 입장이며 보편적 관점보다는 '역사적' 접근의 중요성을 역설하고 있다(NP, 135). 깡길렘이 생명과학에서 역사성을 강조하는 것은 베르그손의 입장과 닮아 있다. 하지만 베르그손은 가치의 문제를 전면에 제기하지 않는다. 우리는 생명 진화를 창조인 동시에 물질적 장애물의 극복으로 보는 그의 입장이 생명현상의 부정적 가치와 적극적 가치를 동시에 제시하고 있다고 추정할 수는 있다. 하지만 세부적인 생명현상에서, 무엇보다도 생리적 차원에서 깡길렘이 제시하는 바와 같은 가치에 대한 구체적 설명은 부재한다. 심신의 상호작용으로부터 정상인과 건강의 조건을 설명하는 경우에도 마찬가지다. 베르그손은 심리적 영역을 다루고 있음에도 불구하고 건강이나 정상성에 대해 규범적 접근을 하지 않는다. 그래서 그의 연구는 두 기억의 균형이라는 정상성의 조건에 머문다. 윤리적 성인들을 다룰 때조차 마찬가지다. 그에게 윤리적 가치는 온전히 생명의 약동을 잇는 '사랑의 약동'의 몫이다(MR, 249~250). 이는 비록 생명에 내재적인 창조이기는 하나 거의 초월에 비견할 수 있는 도약으로서 개별적 유기체들의 불편함과 고통을 표현하는 부정적 가치들로부터 너무 멀리 떨어져 있다.

베르그손에게서 깡길렘의 규범성에 가까운 것을 찾는다면 습관을 창조하는 능력이다. 『물질과 기억』에서 정신과 신체의 기능을 대표하는 의지와 습관은 『창조적 진화』에서 생명체의 활동의 물질적 기초인 신경계의 의미 안에서 통합된다. 동물은 신경계를 토대로 행동하고 새로운 상황에 적응한다. 다양한 습관들은 환경에 대한 적응기제들이다. 하나의 습관을 들이고 이를 상황에 맞게 응용하는 것은 변화에 대처하는 생물의 능동적 양태를 보여 준다. 물론 동물에게서 습관의 유연성은 인간보다는 훨씬 제한되어 있다. 베르그손은 여기서 인간의 뇌의 진화의 특징을 본다. 그러나 그의 관심은 하나의 습관이 기계적 무의식으로 떨어질 때마다 깨어나 새로운 습관의 창조를 가능하게 하는 의식의 여정을 기술하는 것이기 때문에, 습관 자체에 대한 규범적 이해는 나타나지 않는다. 깡길렘은 인간과 동물의 구분 이전에 이미 생리적 차원에서 새로운 습관을 들이는 능력을 곧 새로운 생명적 규범을 세울 수 있는 토대로 본다. 그에게는 비록 무의식의 차원이라 해도 유기체의 상태를 유지하고 끊임없이 내외적 자극에 도전하는 생명의 근원적인 역동성을 제시하는 것이 중요한 문제였던 것으로 보인다.

생성과 로고스

깡길렘은 의학박사 학위논문 『정상적인 것과 병리적인 것』(1943)을 제출한 지 약 20년 후에, 사회성과 인간의 규범 및 오류에 관한 내용을 덧붙여 그것을 1966년에 다시 출판한다. 추가된 내용의 서문에서 정상성의 문제 그리고 생명의 능동성에 대한 자신의 최초의 입장이 잘못 제기되었다고는 생각하지 않는다고 조심스럽게 공언한다. 그런데 같은 해 출판된 논문 「개념과 생명」에서 그는 베르그손의 생명철학을 길게 논하면서 이에 대한 심대한 비판을 가하고 있다. 이것이 깡길렘이 베르그손의 입장에 동조하던 자신의 초기 입장에 대한 비판이라는 지적은 설득력이 있다.[7] 그는 학위논문에서 실증주의와 기계론적 태도를 비판하고 생명의 역동적 힘과 노력, 생명현상의 질적 특징을 주장할 때 베르그손을 참조하기 때문이다. 그렇다면 초기 입장에 대한 긍정과 부정이라는 이 모순적

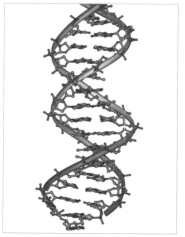

왼쪽 사진은 1953년 프랜시스 크릭(Francis Crick)과 제임스 왓슨(James D. Watson)이 자신들의 연구성과를 발표하기 위해 만든 이중나선 모형. 이후 이 모델은 오른쪽의 DNA 이중나선 모양으로 자리잡게 되었다.

태도는 어떻게 조화될 수 있을까? 우리는 여기서 깡길렘이 어떤 점에서 베르그손을 비판하고 있으며 이것이 어떻게 그의 초기 입장과 관련되고 있고 또한 이러한 비판이 유효한지 그리고 과연 어떤 함축을 지니는지 살펴보려고 한다.

깡길렘의 태도 변화는 1943년과 1966년 사이에 생물학의 역사에서 일어난 사건과 관련된다. 바로 1953년에 있었던 왓슨과 크릭의 DNA 이중나선의 발견이다. DNA 분자들은 세포핵 속에 들어 있는 생명의 정보로서 RNA에 의해 해석되어 아미노산 계열을 만들고 아미노산 중합체는 단백질을 이룬다. 이러한 일방향의 과정은 정보로부터 생명체가 만들어지고 복제되는 과정을 설명한다. 유전학의 확립은 생명체의 안정성에 견고한 토대를 제공하는 것으로 인식되었다. 멘델에게서 시작되고 바이스만이 공식화한 유전물질이라는 생각이 증명된 것이다. 그래서 깡길렘은 현대생물학이 기하학에 바탕을 둔 물리화학과 역학의 언어와 개념들을 벗어나 언어 이론, 소통communication 이론의 모델 위에서 구축된다고 한다. 즉 "메시지, 정보, 프로그램, 코드, 명령, 암호해독 등은 생명 인식의 새로운 개념들이다"('CV', 360). 그런데 우리가 더 주목해야 하는 것은 이로부터 깡길렘이 이끌어내는 철학적 함축이다. 그에 따르면,

> 생물학적 유전이 정보의 전달이라고 말하는 것은 어떤 의미에서는 아리스토텔레스주의로 되돌아가는 것이다. 그것이 생명체 속에 기입되고 보존되며 전달되는 어떤 **로고스**가 있다는 것을 인정하는 것이라면 말이다.('CV', 362)

주지하다시피 아리스토텔레스의 형상이론은 사물의 질서를 보장하며 생물학과 논리학을 동시에 기초한다. "인간은 생각하는 동물"이라는 정의는 생물학적 유개념과 종차로부터 가능하다. 생물분류학과 개념의 분류는 동일한 실재적 근원을 갖는다. 결국 "우주 속에서 형상들의 자연적 위계가 논리적 우주 속에서 정의들의 위계를 명령한다"('CV', 336). 형상이론은 또 생물학에서 구조적 유형의 안정적 반복, 즉 생식과 대물림(오늘날의 용어로 유전)에 대한 설명을 가능하게 해준다. 생명체의 형상은 우시아ousia인 동시에 로고스이며, "아리스토텔레스에 따르면 생명체의 개념은 결국 생명체 자체이다"('CV', 336). 깡길렘은 이러한 생각이 칸트와 헤겔에도 나

타나고 있음을 지적한다. 칸트에 의하면 생명체는 "그것의 유기조직organisation이 마치 개념의 순환적 활동인 것처럼" 생각할 때 이해될 수 있다. 헤겔은 개념과 생명의 연관성을 훨씬 더 직접적으로 표현한 사람이다. 『정신현상학』의 유명한 구절에 의하면 "생명은 개념과 그것의 실재성의 직접적 통일성이다"('CV', 345) 혹은 "생명은 개념의 직접적인 실재성이다"('CV', 347). 같은 맥락에서 깡길렘은 "생명은 역사적인 것이 아니다"라는 헤겔의 말도 인용하고 있다. 생명의 역사성을 힘주어 강조한 자신의 초기의 입장과 비교해 볼 때 대단한 변화라고 하지 않을 수 없다.

이런 입장의 변화는 베르그손에 대한 평가에도 여실히 반영된다. 헤겔의 입장을 제시하면서 깡길렘은 아리스토텔레스와 매우 커다란 유사성을 보여 주는 헤겔의 생각이, 현대생물학자들의 발견을 이해하는 데 있어서 베르그손보다 더 충실한 해석의 도구를 주지 않는가 자문하고 있다('CV', 362). 그러므로 깡길렘은 플라톤, 아리스토텔레스에서 칸트, 헤겔로 이어지는 전통적인 합리주의와 베르그손의 생성철학을 정면으로 대립시키면서 이제 전자의 입장에 손을 들어주는 셈이다. 사실 베르그손의 『창조적 진화』에서 이들은 항구적인 비판의 대상이다.[8] 베르그손은, 플라톤에서 시작하는 수학주의적 학문의 이상이 생명적 실재마저도 그와 같은 것으로 단정하는 데 이르는 과정을 강하게 비판하고 있다. 생명현상에서 구조적 안정성은 외양이며 그 아래 감추어진 생성이 더 근원적 실재이다. 또한 개념은 실재가 아니라 지성의 실용적 도구라는 점을 강조한다. 그래서 깡길렘은 유전학을 "반反베르그손적인 과학"이라고 선언하면서 베르그손이 드 프리스와 베이트슨을 참고하면서도 그들이 멘델의 법칙을 재발견한 사람들이라는 것은 고려하지 않는다고 비판한다('CV', 338). 유전학의 발전이라는 사건을 계기로 해서 깡길렘은 생성의 철학과 개념의 철학을 나누고 후자의 부상을 예견하는 것이다.

깡길렘의 지적 중에서 사실관계를 우선 확인하고 넘어가자. 베르그손은 유전학의 선구자들을 적잖이 인용하고 있다. 그중에서도 바이스만은 베르그손의 '생명의 도약' 개념의 형성에 매우 중요한 지적 자원을 제공한 사람으로 평가된다. 드 프리스의 돌연변이설은 진화의 연속성 속의 질적 도약을 설명하기 위해 길게 인용되고 있다. 『창조적 진화』가 쓰이기 1년 전인 1906년 베이트슨은 유전학la génétique이라는 명칭을 사용하기 시작했으며 유전자gène라는 말은 당시에는 아직 생겨나지 않았다. 베르그손은 베이트슨의 작업도 역시 인용하고 있으나 유전학에 대해 논하지는 않는다. 하지만 유전학이 막 떠오르는 학문이었다는 것을 감안하면 베르그손이 그것을 주제적으로 이야기하지 않았다고 비판하는 것은 부당할 수도 있다. 깡길렘의 지적 중에서 핵심은 결국 베르그손이 멘델을 거론하지 않았다는 것이 될 것이다. 멘델은 유전의 과정을 수학적 법칙으로 표현한 최초의 인물이다. 그는 하나의 형질을 야기하는 유전의 요소(입자)적 단위가 있음을 가정했으며 이 생각은 바이스만, 드 프리스, 베이트슨 등 유전학의 선구자들에게 전달되었다. 이는 종종 생물학의 분자나 원자로 비유되곤 했다. 이런 생각이 생명의 물리화학적 환원을 거부하는 베르그손의 철학과 양립하기 어렵다는 것은 분명하다. 베르그손은 물질계에서조차 원자적 불연속성보다는 에너지적 연속성을 강조한다. 물론 이런 입장은 물질의 원자적 현상을 부정하는 것이라기보다는 그것의 궁극적 실재성을 부정하는 것임을 말해 두자. 이와 똑같은 이유로 베르그손은 멘델의 계승자들인 바이스만, 드 프리스 등을 수용하면서도 유전물질의 원자적 실재성에 대해서는 침묵하고 있다. 대신에 베르그손은 '유전적 에너지énergie génétique의 연속성'에 대해 말한다(EC, 27).

그런데 우리는 여기서 유전학에 대한 깡길렘의 해석의 취약점 역시 간과할 수 없을 것 같다. 유전학이 형상론으로의 회귀를 내포한다면 형상론의 가장 고전적인 문제로 지적되는 본질주의의 혐의에서 어떻게 벗어날 수 있을까. 그것은 우선 개체적 차이를 설명할 수 없다는 난점을 갖는다. 깡길렘 자신이 아리스토텔레스주의의 커다란 문제점으로 지적한 것이 개체의 존재론적이고 인식론적인 위상이다. 만약 유와 종으로 표현되는 분류가 실재적인 것이라면 "영원한 형상들의 위계 속에서"(CV, 160) 개체들은 "개념의 실현의 불완전함"을 나타낼 뿐이다('CV', 340). 이는 깡길렘이 앞서서 그토록 열렬히 방어한 개체들의 적극적 실재성, 자연의 다양성에 대한 정반대의 관점에 이른다. 개체적 차이는 다시금 오류, 이탈, 실패, 낭비가 되고 괴물은 다시 괴물이 된다. 깡길렘은 이런 극적인 입장전환을 수용하는 것일까? 깡길렘은 학위논문에 차후에 추가한 '오류'라는 항목에서 질병을 생화학적, 유전적 오류로 보는 관점을 수용한다. 이 관점에 따르면 "생명의 오류와 사고의 오류 간에 차이가 없다." 깡길렘은 이것이 명백히 새로운 종류의 아리스토텔레스주의라고 말한다(NP, 209). 이와 같은 입장의 전환이 인정된다면 깡길렘은 어떤 근거로 자신의 초기 연구가 잘못된 것은 아니라는 평가를 내놓은 것일까? 개체의 능동성, 역동적 규범성, 주관성은 개체존재의 적극적 위상을 전제로 할 때 가능하다. 병리적인 것도 규범을 세우는 한에서 일종의 정상이라는 가치판단은, 질병이 생화학적

그레고어 멘델
(Gregor Johann Mendel, 1822~1884)

오류라는 더 근본적 차원의 판단과 어떻게 양립할 수 있을까? 질병이 생화학적, 유전적 오류에 기인한다면 생리학은 병리학을 근거로, 병리학은 임상을 근거로, 임상은 고통받는 환자의 경험을 통해서만 확립될 수 있다는 주장은 여전히 지지될 수 있을까?

형상적 본질주의의 또 다른 문제는 변이에 대한 설명이 원천적으로 불가능하다는 것이다. 멘델을 재발견한 사람들은 유형적 반복의 불변성을 강조한다. 그래서 드 프리스는 진화의 기작을 설명하기 위해 돌연변이에 의지한다. 한편으로는 유전물질의 불변성과 다른 한편으로는 거대돌연변이들이라는 모순된 생각들이 공존하게 되는 것이다. 이런 이유로 그의 이론은 고생물학자들과 집단유전학자들이 중심이 되어 제시한 1940년대의 진화종합설에서 비판되고 거부되는데 이때 본질주의적 사고는 결정적으로 버려진다. 진

자끄 모노
(Jacques Lucien Monod, 1910~1976)

화종합설의 대표자들은 종의 실체성 대신 유사한 생활환경에서 함께 살아가는 다양한 개체들의 집합 즉 개체군population을 제시하고 진화는 개체군 내의 점진적 변이와 자연선택에 따른 종분화spéciation에 의해 일어남을 주장한다.[9] 다만 이들도 멘델의 입자성 유전을 점진적 변이를 설명하기 위해 유연한 방식으로 채택한다. 중요한 것은 진화는 분명 무언가 대물림된다는 사실을 전제해야 하지만 동시에 변이를 설명할 수 있어야 한다는 것이다. 생물학사가들에 의하면 초기의 유전학자들과 진화론자들 사이에는 일종의 무관심이 존재하고 있었다. 이중나선구조의 발견 이후 분자생물학의 발전으로 이러한 무관심은 어떤 갈등으로 비화했다.[10] 마이어E. Mayr는 두 영역에 다리를 놓고자 하였으나 유전학자들이 진화를 분자적 환원주의로 설명하는 것을 경계하게 된다. 진화는 무엇보다도 개체, 집단, '역사적 사실들'에서 시작해야 하기 때문이다.[11] 즉 유전학의 발전은 진화론과 어떤 식으로든 화해해야만 했던 것이다.

분자생물학자들의 진화 이해는 아마 모노의 『우연과 필연』(1970)으로 대표된다고 할 수 있을 것이다. 모노는 과학이 언제나 플라톤적 정신으로 작업해 왔다는 것을 강조하면서 멘델의 요소적(입자적) 유전이라는 개념과 유전적 실체로서의 DNA라는 개념은 생명계 전체의 엄격한 통일성을 보여 준다고 말한다.[12] 원칙적으로 DNA 염기서열은 상응하는 아미노산 중합체의 배열을 전적으로 규정하므로 "유전정보의 구조적이고 기능적인 해석은 일의적이고 엄밀하다."[13] 하지만 모노는 물리학에서도 미시계는 불확정성 원리가 지배하는 것처럼, 생명현상도 미시적 수준에서는 우연과 교란에서 자유로울 수 없다는 논리로써 복제의 오류와 우연적 변이들의 생성을 설명한다. DNA 염기서열상의 결함이나 도치, 중복 등과 같은 것들이다. 그래서 "생명계의 모든 새로움과 모든 창조의 근원에는 단지 우연만이 있을 뿐이다. 진화라는 기적적인 구조물의 근원에도 역시 절대적이지만 맹목적인 자유에 해당하는 순수한 우연, 단지 우연이 있을 뿐이다."[14] 유전정보의 절대적 기능을 확신한다면 다른 설명이 있을 수 있을까? 분자생물학과 신다원주의를 결합하여 오늘날 명성을 얻고 있는 『이기적 유전자』(1976)의 도킨스도 결국 변이의 원인에 대해서는 이와 다른 주장을 하고 있지 않다. 그는 "현재의 DNA 분자는 인간의 가장 정확한 복사기술에 비해 놀라울 정도로 정확하기는 하나 그 DNA 분자도 때로는 오류를 범한다. 그리고 진화를 가능케 하는 것은 결국 이와 같은 잘못에서 비롯하는 것이다"라고 말하면서 조금 후에 실제로 모노를 인용하고 있다.[15]

깡길렘이 '정상적인 것과 병리적인 것'에 관한 초기 입장을 재검토하고 생명을 개념으로 재정의한 시기는 모노와 같은 유전학의 극단적 신봉자들이 이미 주요한 업적을 남긴 시기이다. 따라서 그들의 영향을 피하기는 쉽지 않았으리라 생각된다. 하지만 변이와 진화에 대한 당시 유전학자들의 생각은 초기 깡길렘의 생명철학을 특징짓는 생명체의 능동성이라는 생각과는 전혀 양립하지 않는다. 도킨스가 극적으로 표현하였듯이 생명을 단지 불멸의 나선(유전자)과 생존기계(개체)로 보는 관점에서 개체는 단지 유전자를 실어나르는 수동적 로봇에 지나지 않기 때문이다. 그런데 오늘날 깡길렘의 철학에서 재평가받는 지점은 역설적이게도 규범성과 정상성에 관한 그의 초기 연구이다.[16] 이는 유전공학의 점증하는 성과로 인한 가치문제의 대두와 환자를 수동적 대상으로만 취급하던 기계론적 의학에 대한 비판이라는 의학 내부의 철학적 반성의 결과이다. 그런데 이러한 현실적 요구 외에 더 중요한 학문적 상황이 있다. 이미 오래 전부터 유전학에서 모노와 같은 극단적인 유전자중심주의는 더 이상 지지받고 있지 않다. 다시 말해 유전자는 모든 것을 간직하고 있는 현자의 돌이 아니다.

이와 같은 변화는 유전학 내부에서 '후성유전학'l'épigénétique이라는 분야의 발전으로부터 시작된다. 후성유전학은 유전자만이 발생적 정보를 가지고 있으며 발생과정 전체를 지배한다는 생각에 도전한다. 즉 DNA 염기서열에 변화가 없어도 유전자 발현에 변화가 생길 수 있는데 이를 담당하는 후성적 물질들이 있고 그것들의 작용의 결과 또한 유전된다는 것이다. 그것들은 유전자의 물질적 기반인 세포질 내의 요소들이다. 한 예를 들면 DNA를 나선모양으로 감고 있는 히스톤이라는 단백질이 특정 DNA의 활성화를 결정한다. 일반적으로 후성적 물질들은 DNA들과 상호작용하면서 전체가 하나의 '고리'boucle처럼 작용한다. 그래서 아뜰랑H. Atlan에 의하면 배아의 발생을 주도하는 것은 DNA 염기서열 속에 내장된 '유전 프로그램'이라는 집중화된 체계가 아니며, 오히려 "발생유전자들의 활동을 포함하여 유전자들의 활동을 통제하는 것이 유기체라고 보는 것이 적절하다."[17] 게다가 켈러E. F. Keller에 의하면 DNA는 본래 안정되어 있지 않고 무수한 오류와 손상에 노출되어 있다.[18] 복제 과정에서 일어나는 오류는 DNA를 감싸는 단백질, 즉 후성물질에 의해 교정되고 수선된다. 그래서 "세포의 유전 기구는 취약하고 신뢰할 수 없는 부품들로 만들어져 있으면서도 고도의 신뢰성을 보이는 역동적 체계의 가장 놀라운 사례"이다.[19]

21세기 들어 주목받기 시작한 이러한 연구들은 멘델의 입자적 유전이라는 생각 자체를 의문시하는 내용들로 가득차 있다. 그것들은 유전자의 실체성을 부정하지는 않지만 그 존재감을 극도로 후퇴시킨다. 유전자를 포함하는 세포 내 물질들은 전체가 하나의 원환 속에서 역동적으로 상호작용하면서 무수한 오류가능성에 맞서서 생명체에 특징적인 안정성을 만들어낸다. 게다가 이러한 안정성은 절대적인 것이 아니다. 켈러에 의하면 복제의 신뢰성은 생명체가 처한 조건에 따라 달라진다. 복제의 오류를 수선하는 기제mechanism는 오류를 줄이는 대신 염기서열에 활발한 변이를 일으키기도 한다. 그래서 안정성과 가변성은 생명체의 두 가지 특징이며 필연과 우연이 아니라 생명체에 의해 통제되는 것들이다. 그것들을 통제하는 기제는 "미묘한 균형상태에 있을 뿐 아니라 그 균형 자체는 세포의 조절을 받고 있으며 그 세포가 처한 특정한 환경에 반응하여 이동한다."[20] 혹자는 생존이 위협받게 되면 각 세포들로 하여금 돌연변이를 허용함으로써 위험에 처한 집단의 '다양성'과 '적응가능성'을 강화하는 효소가 있다고 예측하기도 한다.[21] 이로부터 사람들은 진화의 속도에 대해 말할 수 있게 되었고 "진화가능성의 진화"라는 개념까지 등장했다.[22]

이와 같은 상황을 고려하면 우리는 지금 아리스토텔레스보다는 헤라클레이토스에, 그리고 칸트나 헤겔보다는 베르그손과 초기의 깡길렘에 더 가까이 있는 것 같지 않은가? 사실 유전자들이 본래 안정하지만 어쩌다 오류가 일어난다는 모노의 생각과 그보다는 오류가 기본적인 것이며 수선기제들의 활동에 의해 천신만고 끝에 안정성을 유지한다는 생각 사이에는 넘을 수 없는 간극이 있다. 전자에 의하면 유전적 질병은 오류에 지나지 않지만 후자에 의하면 질병은 오류가 아니라 수선능력의 부재라고 할 수 있다. 전자가 안정된 정상상태로부터 양적 변이에 의해 질병을 도출하는 꽁뜨의 태도와 연장선상에 있다면, 후자는 깡길렘의 초기 입장을 대표하는 규범성의 부재라는 생각에 가깝다. 베르그손에게도 병리 현상은 두 기억의 균형의 파괴에서 유래한다. 베르그손과 깡길렘에게 공통적으로 정상상태란 생명체의 역동적 균형에서 유래하는 불안정한 능력이다. 이런 생각은 진화현상의 이해에도 마찬가지로 적용된다. 변이의 원인이 우연들의 집합(유전자 재조합)만이 아니라 환경까지도 포함하여 유전자와 세포질의 역동적인 상호작용에서 유래한다면 이것은 진화가 로고스를 전달하는 과정 중에 실수하는 현상이 아니라 그 자체로 끝없는 변화와 생성이라는 생각을 보여 준다고 할 수 있다. 그래서 생명의 진화는 생명적 활동의 역동적 균형에서 비롯하며 이 균형은 시간과 역사, 우발적 환경의 영향을 받는다. 그럼에도 불구하고 이러한 거시적인 우여곡절 속에서 무언가 새로운 형태가 개화하고 그것들이 모여 생명계의 장관을 보여 준다면, 베르그손과 깡길렘이 강조한 창조는 이와 다른 것이 아니다.

3부

베르그손에서 시몽동, 들뢰즈로

생성철학의 급진화

3부에서 우리는 생명의 관점에서 생성의 관점으로 시각을 확대한다. 생명을 생성철학이라는 더 광대한 차원에서 어떻게 설명할수 있을까? 이는 시몽동과 들뢰즈의 문제의식이기도 하다. 첫 장에서 우리는 우선 시몽동의 철학을 소개하고 다음 장에서 베르그손과 정밀한 비교를 시도한다. 시몽동의 철학은 개체화individuation의 문제를 중심으로 이루어진다. 개체화의 문제는 서양 철학 전체의 문제라고 할 수도 있지만 생성의 관점에서 이 문제를 다룬 경우는 별로 없었다. 시몽동은 이미 만들어진 개체가 아니라 '전개체적상태'로부터 출발할 것을 주장하는데 이는 베르그손의 생성철학의전통에 서 있으며 나중에 들뢰즈의 차이의 존재론에도 중요한 영감으로 작용한다. 시몽동의 사유는 모든 종류의 안정된 본질이나실체를 전제하는 철학적 전통, 특히 근대과학 및 근대철학의 전제들을 심층적으로 전복하는 사유이다. 그는 열역학이론과 상대성이론, 양자역학, 드 브로이의 파동역학 등 현대의 과학적 성과들을 포괄적이고 체계적으로 반영하면서 비평형열역학을 예견하는, 철학적으로 매우 현대적이고 독창적인 개념틀을 구성하고 있다. 시몽동은 물리계에서 결정cristal 형성의 과정을 개체화과정을 설명하는 모범으로 삼아 생성을 연구한다. 이와 연속선상에서 그는 생명계의개체화과정을 생명의 유적 실재보다 더욱 핵심적인 것으로 제시한다. 우리는 시몽동의 개체화 이론을 통해 프랑스 생성철학의 문제와 현대과학의 문제들이 조우하는 지점을 살펴본다.

한편 들뢰즈가 보는 베르그손은 잠재성의 철학자이다. 그는『물질과 기억』의 '잠재성의 현실화' 도식을 통해『창조적 진화』에 나타나는 베르그손의 형이상학을 차이의 존재론으로 일관되게 해석하고 있다. 지속과 공간, 기억, 물질, 생명과 같은 베르그손 철학의 주요 주제들은 차이 철학의 관점에서는 이차적 중요성만을 갖는 것처럼 보인다. 『창조적 진화』에서 베르그손은 발생학의 모형 위에서 진화를 설명하고 있는데 들뢰즈는 이 모형을 잠재성의 현실화 도식과 일치시킨다. 『차이와 반복』에서 이 도식은 시몽동의 개체화 이론의 도움으로 들뢰즈식 생성철학으로 탈바꿈한다. 개체화 과정은 잠재성이 현실화되는 계기를 마련해 주며 강도차라는, 과학적인 동시에 니체적이고 칸트적인 개념에 의해 설명되는데, 여기서 들뢰즈의 독창성이 나타나는 동시에 베르그손과의 심층적인 관계가 드러난다. 우리는 베르그손과 시몽동적 계기로부터 차이 철학에서 나타나는 들뢰즈의 복잡하면서도 풍부한 개념들이 어떤 과정을 거쳐 정교화되는지를 파악할 수 있을 것이다.

1장

시몽동, 생성의 단위로서의
개체화를 사유하다

시몽동과 개체화의 문제

질베르 시몽동의 개체화individuation 이론은 그의 존재론이자 인식론이며 그의 사회이론과 기술철학에도 기본적 토대를 제공한다. 고국인 프랑스에서조차 생전에는 별로 알려지지 않았던 그의 사상은 지난 1990년대부터 본격적으로 연구되기 시작하고 있으며 21세기 초반 프랑스 철학계에 새로운 자극으로 등장하고 있다. 시몽동은 자연과학 분야에서 심층적인 연구를 한 후에 과학철학 및 형이상학의 문제에 관심을 갖게 된 전형적인 프랑스 과학철학자이다. 그는 1958년 학위논문으로 제출된 『형태와 정보 개념에 비추어 본 개체화』(2005)에서 열역학이론과 양자역학, 상대성이론으로 대표되는 현대 자연과학의 내용을 다루면서 새로운 철학적 문

중세 프랑스의 신학자 페트루스 아벨라르두스(Petrus Abaelardus, 1079~1142)

제제기의 틀을 발견한다. 우리는 시몽동의 개체화 이론에서 바로 이 새로운 지점에 주목한다. 사실 이 새로움의 급진성을 알기 위해서는 단지 자연과학과의 대결이 아니라 고대 그리스철학의 문제들, 서양 근대의 형이상학들, 근대과학 및 프랑스 생명철학 전통과의 비교가 필요하다. 하지만 우리는 철학사적 고찰은 서론에서 간략하게 다루고 본론에서는 개체화와 관련한 그의 독창적인 문제제기와 해결방식에 집중하기로 한다.

개체의 문제가 철학사에서 최초로 제기된 것은 아리스토텔레스 철학에서이다. 사실 철학은 다수의 복잡한 현상들 배후에 있는 일관된 설명 원리를 찾으려는 데서 출발하였고 이런 태도로 인해 현상의 실제적 단위라 할 수 있는 개체를 직접적인 철학적 주제로 삼기까지는 꽤 오랜 세월이 걸렸다. 아리스토텔레스는 플라톤의 이데아론이 유적 본질에 개체들을 종속시키는 데 반대하고 이 사람, 이 말, 이 벽돌과 같은 개체로부터 출발할 것을 주장하였다. 그러나 아리스토텔레스의 형상질료설은 여전히 형상을 모범으로 하는 본질주의적 입장에서 자유롭지 못하다. 이런 이유로 중세 후기에 이르러 개념에 대한 본질론과 유명론의 대립은 여전히 철학적 난제로 남게 된다. 그러나 아벨라르두스와 오컴을 잇는 영국 경험론은 본질주의를 배척하고 구체적 개체 쪽으로 관심을 이동시켰다. 경험론자들은 유명론의 입장을 견지하면서 유類적 개념이 아니라 개체들의 실재성에 무게를 둔다. 한편 근대과학은 유적 본질을 배제하고 개체들 간의 관계를 다룬다. 물론 그것은 개체 자체를 다루는 것이 아니라 개체들 간의

영국 프란체스코 수도회의 수사이자 철학자였던 오컴의 윌리엄(William of Ockham, 1285~1349)

관계를 수학적 체계로 나타내는 데 몰두하였으므로 거기서 개체의 철학적 위상을 명확히 하기는 어렵다. 그러나 근대과학의 암묵적 전제라고 할 수 있는 원자론을 보면 개체로서의 원자가 실재적인 것으로 상정되고 있는 것을 알 수 있다. 고대 원자론에서 원자가 단지 추상적 사유의 수준에 머물렀다면 근대과학에서는 실제적 작업 가설이기도 하고 여러 가지 방식으로 증명되기도 했으므로 물리적 개체의 연구에 실제적 진전을 보였다고 할 수 있다.

그러나 19세기 말에 이르러 원자의 실체성은 여러 가지 수준에서 의심받게 된다. 우선 오스트발트, 마하 등 에너지론energétisme에서는 원자의 실체성을 부정하고 그것이 힘이나 장으로 흡수된다고 주장한다. 다른 한편 입자론의 입장에서는 원자를 원자핵과 전자 등 다시금 더 작은 요소들로 분할하며 20세기 초 양자역학의 기초를 세운다. 에너지론은 에너지를 실체로 하는 존재의 연속성을 주

에른스트 마하(Ernst Waldfried Josef Wenzel Mach, 1838~1916)

장하는 반면 양자역학에서는 양자들의 불연속성에 기초한 존재의 불연속성을 주장하기에 이른다. 전자에서는 개체를 우주적 연속성에 용해시킨 반면 후자에서는 고대로부터 이어진 원자의 실체성은 부정하고 있으나 입자의 불연속성을 최종적인 것으로 놓는다는 점에서, 불가분indivisible의 무언가를 개체individu로서 취급하는 고대적 전제는 여전히 남아 있다고 할 수 있다.

사실 원자라는 말이 나누어질 수 없는 것a-tom을 의미하는 것처럼 개체도 라틴어의 어원in-dividuum을 보면 마찬가지의 뜻을 함축한다. 그런데 일상적으로 개체에는 구체적 존재자라는 의미도 있다. 아리스토텔레스가 사람의 형상 자체가 아니라 소크라테스라는 이 사람을 주목했을 때가 바로 그러하다. 그에 의하면 구체적 존재자는 언제나 형상과 질료의 결합이기 때문에 '복합체'이다. '구체적'concrete이라는 말 자체가 이미 복합되어con+crete 있음을 의미한다. 물론 그렇다고 해서 개체가 실제로 나누어지는 것은 아니다. 아리스토텔레스는 형상과 질료는 단지 따로 생각할 수 있는 것이지 따로 존재하는 것은 아니라고 했으니 말이다. 개체가 단지 나눌 수 없는 것이라는 의미만을 갖는다면 원자 혹은 그보다 작은 입자들을 개체라고 할 수도 있을지 모른다. 하지만 이런 경우 개체는 구체성을 상실한다. 또한 원자들이 모여 하나의 구체적 존재자를 이룰 때 이렇게 형성된 개체는 실제적으로 나눌 수 있는 복합체가 된다. 그러나 나누어지면 이전의 정체성을 상실하는 개체의 경우, 즉 이 복합체가 생명체인 경우는 이야기가 달라진다. 가령 베르그손이 지렁이가 둘로 나누어져도 각기 다른 개체로

프리드리히 빌헬름 오스트발트 (Friedrich Wilhelm Ostwald, 1853~1932)

서 재생되는 것을 보면서 그것을 과연 하나의 개체라고 할 수 있는지 물을 때는, 개체란 구체적인 것이면서도 나누어질 수 없는 것이라는 전제가 있다. 사실 개체의 의미는 오랜 기간을 통해 변해 왔기 때문에 무엇이 개체인가를 정의하는 일은 철학사 전체를 훑어보는 일이 될 것이다.

시몽동에 의하면 다양하게 나타나는 개체에 대한 설명들은 한 가지 중요한 점을 결여하고 있다. 형상질료설이든, 원자론이든, 또는 데까르뜨식의 실체론이든, 모든 철학적 입장들은 어떤 의미에서 개체의 형성을 설명하기 위해 고안된 것들임에도 불구하고 개체를 이미 이루어진 것, 주어진 것으로 생각하고 있으며 그 기원과 생성하는 과정을 도외시하고 있다. 가령 불가분적 원자들의 합성으로 복합적 개체를 설명할 경우 이미 입자 자체가 실체적으로 이해되고 있으므로 합성이라는 것은 우연적 이합집산에 지나지 않으며, 개체화의 설명 원리는 입자로서의 개체 자체의 특징 안에 내재하고 있

다. 형상질료설에서도 마찬가지다. 각 개체를 형상과 질료의 종합으로 설명할 경우, 형상이나 질료의 특징이 어떤 방식으로 개체를 결정하고 있기 때문에 이미 개체화의 원리는 주어져 있다. 이처럼 개체화의 원리를 개체에 앞선 실재 속에서 찾을 경우 개체화는 단순한 개체발생의 기계적 작동과정에 불과하게 된다. 시몽동에 따르면 모든 종류의 실체나 본질은 개체들로 무한히 "현금화現金化될 수 있는" 근원의 역할을 하고 있으며 따라서 진정한 개체화 과정을 알 수 없게 만든다(IFI, 23). 시몽동은 전통적 입장들이 고정적 원리에 입각해서 실재의 역동적 과정을 무시하고 있다고 비판하는 것이다.

시몽동 자신은 형상질료설과 원자론을 대표적인 형이상학적 입장으로 주요 비판의 대상으로 삼고 있지만, 18세기 자연학자들로부터 프랑스 생기론자들 그리고 라베송, 베르그손, 깡길렘으로 이어지는 생명철학의 전통과 비교할 때 그의 독창성은 더 잘 드러난다. 18세기 자연학자들과 생기론자들로부터 19세기 생명철학에 이르는 학문적 조류에서는 개체를 생명체로 제한하는 경향이 있다. 이들은 물리화학으로 환원할 수 없는 생명체의 독자성을 주장하고 있는데, 그것은 생명체가 다양한 부분들과 기능들을 가지고 있으며 부분의 합으로 설명되지 않는 전체성, 자가복구능력, 삶과 죽음의 문제, 생식을 통한 자기복제 등 물체와 구분되는 분명한 특징들을 가지고 있기 때문이다. 개체가 내부의 다양한 이질적 부분들을 통합하며 그런 한에서 스스로 자기동일성을 유지하는 존재자라면 그것은 물체에는 해당되지 않는다. 라베송은 물체의 원리를 보편적으로 퍼져 있는 관성inertia으로 보고 그것을 가능태puissance를 결여한 존재자라고 한다. 생명체만이 일정한 지속 기간 동안 잠재적 성향을 보존하고 실현할 수 있는데, 그것은 생명체가 이질적 부분들을 통합하는 고유한 자기동일성을 갖는 개체이기 때문이다.[1] 라베송의 영향을 받은 베르그손은 물체가 원리적으로 연속적이며 인위적 분할이 가능하기 때문에 개체성을 결여하고 있다고 보았다. 물체의 개체성은 생명체의 지각이 거기에 부여하는 윤곽에 의해 결정된다. 그러나 베르그손은 생명체에서도 개체성은 완벽한 것이 아니라 하나의 경향에 불과하다고 지적한다. 생명체는 변화하고 진화하는 존재자이기 때문에 처음부터 완벽한 개체로서 주어지는 것이 아니라 언제나 개체화를 향하는 도상에 있다는 것이다(EC, 12~15). 생성의 입장에서 '개체화'의 문제를 최초로 언급했다는 점에서 시몽동은 베르그손의 입장을 높이 평가한다.

생명철학은 근대물리학의 극단적 낙관주의에 대한 반발로 나타난 것이다. 근대물리학은 물질에 대한 완벽한 과학적 설명체계의 수립이 가능하다고 믿었으며 생명도 거기에 종속되는 한에서 과학적으로 설명될 수 있다고 보았다. 시몽동은 이와 같은 단순한 도식을 거부하면서 생명체와 물체가 어떻게 다른지를 설명하려 애쓴다. 하지만 그는 개체가 생명체에 국한된다고 보지 않는다. 그에 의하면 개체화는 모든 존재자들에게서 항구적으로 나타나는 과정이다. 물론 이 생각은 개체 혹은 개체화를 어떻게 이해하는가 하는 것에 달려 있다. 만약 개체를 나누어질 수 없는 것으로 보고 삶과 죽음의 경계를 인정한다면 개체성은 생명체에만 해당될 것이다. 그러나 시몽동은 물체에서도, 가령 결정結晶, cristal의 경우와 같이 특정

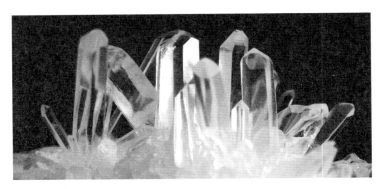

결정(cristal)

한 방향으로 체계를 이루면서 일정기간 지속하는 특징을 나타내는 경우 개체화를 말할 수 있다고 본다. 이런 현상은 오늘날 자기조직하는 물체의 특성으로 지목되기도 한다. 결정의 사례는 19세기 이래 많은 과학자들의 관심을 끌었지만 철학적으로는 거의 주목받지 못했다. 시몽동은 현대물리화학의 성과에서 취한 이 사례를 통해 물체의 개체화 과정으로부터 그의 독창적인 생성 철학을 전개하고 있다.

개체화의 모형 연구

형상질료설hylémorphisme의 모형에서 나타난 개체화 과정

형상질료설은 매우 오래된 입장임에도 불구하고 칸트의 인식론에서도 나타나듯이 근대인의 정신에 여전히 남아 있으며 아직도 우리의 상식에서는 개체의 구성을 위한 기본적 틀의 작용을 한다. 시몽동의 형상질료설 비판은 두 가지로 이루어진다. 한편으로 시몽동은 형상질료적 모형의 의인적anthropomorphique 특징을 드러내고 다른 한편으로는 이 모형이 결여하고 있는 에너지 조건을 부각시킨다. 가령 벽돌을 주조하는 사례는 비록 물체의 개체화이지만 인간의 가공이 들어간 인간적 의미의 개체화이다. 다른 한편 벽돌의 주조에는 재료와 그것을 찍어낼 주형moule, 다시 말해 질료와 형상만 있으면 되는 것이 아니라 일을 하고 에너지를 전달하는 과정이 필요하다. 특히 에너지 조건은 구조적 조건과 더불어 개체화의 중요한 조건으로 제시된다.

아리스토텔레스는 형상질료설을 논리학에서 자연학, 심신이론에까지 보편적으로 적용하고 있는데 벽돌의 주조와 같은 구체적 사례는 이 이론이 '기술적'technologique 기원을 갖는다는 것을 보여 준다. 우선 점토 벽돌이 점토라는 재료로부터 직육면체의 형태를 갖추어 가는 과정은 기술의 제작적 의도를 고려하지 않고서는 상상할 수 없다. 벽돌은 그것을 만든 장인이 의도한 대로 만들어진 한에서 벽돌의 개체성을 갖는다. 이처럼 기술이란 그것을 필요로 하는 인간 혹은 생명의 활동을 제외하고는 이해할 수 없다. 기술적 작용은 특수한 의도를 가지고 특수한 순간에 수행된다. 그것은 제한된 기간에 상연되는 작은 인형극과 같아서 그것을 조종하는 인간이 사라지면 아무런 의미도 갖지 못한다. 생명체는 일정한 욕구를 가지고 그것을 충족시킬 방도를 끊임없이 강구하며, 그 과정에서 문제가 생기면 해결을 한 뒤에도 또 다른 문제와 욕구에 봉착한다. 기술은 인간이 생명적 욕구를 해결하는 과정에서 나타난다.

시몽동은 기술의 생물학적 기원을 지적하는 면에서도 베르그손의 생각을 따른다. 베르그손은 다음과 같이 말한 바 있다. "생명은 유기체들을 산출하는 데 만족하지 못하고 그것들에게 보충으로 무기물질 그 자체를 제공하여 이를 생명체의 산업에 의해 거대한 기관으로 전환하려 한다."(EC, 162~163). 그러나 시몽동은 여기에 사회적 요소를 첨가한다. 생명체와 기술 사이에는 사회적 삶의 중개가 있다. 형상질료설은 사회적 삶의 위계적 양태를 반영한다. 자유인이 노예에게 일을 시킬 때 형상은 "명령"하는 자의 표상에 상응하고 질료는 복종하는 자의 "추상적 처분가능성"에 상응한다(IFI, 51). 명령의 유적 특성은 노예의 독특성을 고려하지 않고 무차별적으로 적용된다. 질료가 무규정적이듯 노예는 익명의 존재자이다.

그러나 형상과 질료의 극단적 이분법은 실제로 벽돌이 주조되는 과정을 보면 맞지 않는다는 것이 드러난다. 형상질료적 도식은 "장인의 작업실 밖에 있는 사람, 거기에 들어가는 것과 나가는 것만을 목격하는 사람의 지식에 상응한다"(IFI, 46). 실제의 과정은 직육면체라는 형상과 점토라는 무규정적 질료의 정적인 만남이 아니다. 우선 질료는 무규정적인 것이 아니라 나름의 질서를 가지고 있다. 가령 모래를 재료로 쓰려고 하면 반죽 자체가 되지 않는다. 점토가 벽돌의 재료가 되는 것은 그 안에 콜로이드 성질이 있기 때문이다. 분자들은 임의로 이동하는 것이 아니라 콜로이드 성질로 인해 평형을 이루며 유연하게 정돈된다. 시몽동은 이것을 점토의 '형상'이라고 한다. 다른 한편 직육면체라는 추상적 형상은 벽돌을 찍어내는 주형으로 구체화될 때 특정한 질료를 필요로 한다. 이 질료가 균열 없이 직육면체의 주형을 지탱해 주어야 한다. 즉 하나의 구체적 벽돌은 말하자면 질료화된 형상과 형상을 띤 질료가 절반씩 작용하여 이루어진다. 게다가 여기서 주형은 자신의 형상을 점토반죽에 적극적으로 부여하기보다는 점토가 가진 형상적 성질을 "제한하고 안정화"하는, 말하자면 소극적인 기능만을 한다(IFI, 43). 이처럼 시몽동은 생성과정에 주목해서 형상과 질료의 절대적 구분을 없애고 질료의 적극적 성질을 드러낸다.

마지막으로 지적할 것은 주형과 점토의 만남은 일련의 단계를 따라 진행되는 에너지의 역동적 과정이라는 것이다. 이미 점토의 반죽에서부터 분자들은 단번에 균일하게 조직되는 것이 아니라 서서히 균형을 찾아간다. 주형 안에 넣는 과정은 이 균형잡기의 마지막 총체적 정돈에 지나지 않는다. 또한 점토가 주형을 채우는 과정은 장인의 힘 또는 에너지를 전달하는 과정이기도 하다. 이렇게 해서 '주형-점토-장인의 손'이라는 체계 안에서 한 퍼텐셜에너지가 현실화된다.[2] 점토는 장인의 에너지를 실어나르고 주형은 점토의 퍼텐셜에너지의 현실화를 제한한다. 주형은 한계와 정지로서 개입한다. 즉 그것은 기하학적 구조로서가 아니라 점토를 고정시키는 장소인 한에서 형태를 부여하는 역할을 한다. 그러나 그것은 장인으로부터 가해진 점토의 압력에 반대되는 힘을 행사한다고 말할 수 있다. 그러므로 이 에너지계 내에서 (형상화된) 질료와 (질료화된) 형상은 어떤 의미에서 둘 다 동적인 역할을 한다(IFI, 45). 그래서 에너지 조건은 형상질료적 조건과 더불어 본질적인 조건이 된다.

위에서 본 벽돌주조의 과정은 아리스토텔레스의 형상질료설을 시몽동의 방식으로 재구성한 것이라고 할 수 있는데 여기서 이미 시몽동 철학의 몇 가지 중요한 태도를 이끌어낼 수 있다. 시몽동은 형상의 순수성을 부정하고 질료의 적극적 특성과 에너지의 전달과정을 부각시킨다. 아리스토텔레스의 형상질료설 역시 가능태와 현실태의 이론 및 4원인설로 보완되어 그 동적 측면을 설명하고는 있으나, 역시 중요한 것은 본질로서의 형상이 실현되어 가는 과정이다. 한편 가능태dynamis의 개념은 오늘날 힘이나 퍼텐셜에너지 등에 비교할 수 있을지도 모르지만, 이 역시 현실태 즉 형상에 의해 그 진행과정이 결정되어 있다는 점에서 시몽동이 말하는 자율적 에너지계와는 거리가 있다. 시몽동은 현대과학에서 도입한 개념들로 새로운 체계를 구성하려 한다. 그중에서도 정보이론으로부터 도입한 요소로서 질료의 '내적 공명'résonance이라는 특징을 빼 놓을 수 없다. 평형을 갖추어 가는 점토 반죽, 즉 "형상화되는 질료는 내적 공명 상태에 있다. 한 지점에서 일어나는 일은 다른 모든 점에 반향된다. 각 분자의 생성은 모든 지점에서, 그리고 모든 방향으로, 다른 모든 분자의 생성에 반향된다."(IFI, 45). 퍼텐셜에너지는 바로 내적 공명을 통해 체계 전체에 전달된다. 그래서 시몽동은 형상은 '정보/형태부여'information라는 작용으로 바꾸어 이해해야 한다고 주장한다. 시몽동은 정보라는 말을 단순히 전언내용이 아니라 'information'이라는 말의 어원를 살려 형태부여라는 말로 사용한다. 이는 개체화과정에서 계속되는 역동적 형태변화를 지칭하기 위해 고안된 것이다. 그래서 우리는 이를 필요한 경우에, "정보/형태부여"라는 이중적인 표현으로 번역하겠다.

내적 공명이 있는 것은 질료가 이미 어떤 방식으로 "구조화"되어 있기 때문이다(IFI, 50). 이런 구조화는 이미 자연 상태에 존재한다. 인간은 처음부터 자연에 존재하는 재료를 가지고 도구를 만들었다. 가령 식물과 동물의 부산물들(뼈, 피부, 껍질, 나무조각 등)은 이미 생명체의 조직에 의해 나름의 성질을 갖고 있다. 한편 점토반죽의 콜로이드 성질이나 우리가 다음에 살펴볼 결정의 구조 역시 질료의 자연적 성질을 보여 주는 대표적인 사례들이다. 바로 이 구조적 특징이 질료의 '내재 형상'forme implicite을 구성하는 동시에 한 개체를 바로 그것이게 하는 '현존재성'eccéité의 기원이 된다(같은 곳). 시몽동은 아리스토텔레스를 상기하면서 내재형상이라는 말을 사용하지만 그 의미는 전혀 다르다. 아리스토텔레스는 따로 생각될 수 있는 형상이 구체적 사물 안에 결합되어 있다는 의미로 그 말을 사용하지만, 시몽동은 이른바 질료라고 하는 것 안에 자신만의 독자적인 본질(예를 들면 콜로이드 성질)이 존재한다는 의미에서 그 말을 사용한다. '현존재성'이라는 말은 어떤 사물을 바로 그것이게끔 하는 특징이다. 그러므로 내재형상은 따로 존재하는 것도, 그 자체로 무규정적 질료에 부과되는 것도 아니며 개체화 과정과 동시적으로 현존재성을 가능하게 한다. 물론 개체화 과정은 다수의 역사적 우연, 즉 사건적 요소를 포함한다. 인공적 대상의 경우 개체화는 장인의 작업방식이나 신체상태 등에 따라 달라진다. 자연적 대상의 경우 기상상태나 땅의 형태 등 환경적 조건에 따라 달라질 수 있다. 내재형상은 이러한 사건적 요소와 더불어 개체의 '현존재성'을 구성한다.

시몽동이 물리적 개체화의 모형으로 제시하는 것은 결정이 형성되는 과정이다. 이는 물리적 개체화인 동시에 개체화 이론의 범례로 제시되어 생명의 개체화 과정에서도 계속해서 이것과 비교가 이루어진다. 물리적 세계에서 이미 개체화하는 특이성이 나타난다는 것을 보여준 점이 시몽동의 독창성 중의 하나로 꼽힐 수 있다. 이 개체화하는 특징은 물론 자연적인 것이어야 한다. 베르그손은 생명계에서 개체성이 "무한한 정도들degrés"을 포함하며 완벽하게 실현되고 있지 않다고 전제한 뒤, 생명체가 적어도 "자연적으로 고립되고 자연적으로 닫힌 계를 구성하는 경향이 있다"는 면에서 개체화의 추구를 볼 수 있다고 한다(EC, 15). 그렇다면 결정의 개체화는 어떠한가? 개체성이 무한한 정도들을 갖는다면, 결정의 형성도 자연적인 체계를 구성한다는 면에서 개체화의 경향을 말할 수 있지 않을까. 그러면 결정은 자연적으로 닫힌 계를 구성한다고 할 수 있을까? 시몽동은 다음과 같이 말하면서 결정의 개체화 연구에 착수한다. "생명 밖에서 개체화가 있을 수 있는지를······ 알기 위해서는 인간중심적인, 즉 동물중심적인 기술적 활동이 아니라 자연이 생명체로 정의된 계의 밖에서 보여 주는 요소적 단위들의 자연적 형성과정을 연구해야 한다"(IFI, 49). 요소적 단위들이란 결정의 형성이 시작되는 분자적인 미시 영역을 말한다.

먼저 결정이 형성되는 에너지 조건을 보자. 물리계에는 가령 진공 속에서 일어나는 추의 진동처럼 에너지 교환이 가역적으로 이루어지는 계가 있는가 하면 카르노와 클라우지우스의 법칙이 보여 주는 열역학 이론에서처럼 에너지가 높은 상태에서 낮은 상태로 가는 비가역적인 과정도 있다. 결정의 형성과정은 이러한 비가역 과정에 속한다. 결정은 일군의 입자들(원자, 분자, 이온)이 망조직과 같은 질서있는 배열로 정돈된 고체인데 보통 무정형amorphe 상태의 용액으로부터 생겨난다. 무정형 상태의 용액은 일정한 화학적 조성을 갖는 물질이 특정한 압력과 온도에서 고농도로 과포화된 용액으로서 액체와 고체의 중간적 상태이다. 결정의 입자들이 특정한 방향으로 안정적인 체계를 이루고 있다면 무정형 용액의 입자들은 방향이 없이(등방성) 무질서하게 혹은 '준안정적인'métastable 상태로 배열되어 있다. 대체로 압력을 동일하게 유지하면서 온도를 내리면 열의 방출과 함께 무정형 상태에서 결정 상태로 이행한다. 다른 한편 온도를 일정하게 하고 압력을 증가시키면 부피가 감소하는데 어느 순간 감소폭(ΔV)이 제로인 지점에 이르러 결정이 형성되기도 한다. 이것은 불연속적이고 비가역적인 에너지 변화 과정이다. 시몽동이 여기서 주장하고자 하는 것은 "모든 구조에는 에너지적 특징이 연루된다"는 것이다(IFI, 76).

결정이 구조를 갖추는 과정은 형상적 요인에 의한 것일까? 앞에서 본 것처럼 결정의 구조는 에너지 조건이 분자들의 배열이라는 질료적 특징을 변형할 때 나타난다. 그러나 에너지 조건이 전부는 아니다. 아리스토텔레스에게서는 형상적 결정론과 에너지적 과정은 배타적인 것이 아니다. 가능태에서 현실태로 이행하는 과정이에너지적 과정이라면 형상은 그 과정 안에서 실현될 수 있으니 말이다. 시몽동은 에너지 조건 외에 '특이성singularité 조건'을 제시한다.

가령 한 결정의 독특한 구조는 무정형 용액 안에서 일종의 싹germe의 형성을 계기로 생겨나기 시작한다. 싹의 형성은 임계적critique 특징을 나타낸다. 임계성은 동일한 물질이 상태 변화를 하게 되는 조건을 말한다. 예를 들면 빙점 이하의 온도에서 과포화 상태인 물에 얼음의 구조와 유사한 작은 물체를 넣으면, 물은 얼음이 되기 시작한다. 싹은 상태 변화를 유발하는데 변화된 상태는 새로운 구조를 보여 준다. 그러므로 "구조화의 시작은 임계적이다"(IFI, 79). 자연적 상태에서 결정의 싹은 저절로 생겨나는 수도 있고 환경적 우연에 의해 외부에서 들어오기도 한다. 저절로 생겨나는 것에 대해서는 그 명확한 기작이 알려지지 않았지만 대체로 일군의 분자들이 모여 일정한 한도 이상의 크기가 되면 만들어진다. 저절로 만들어지건, 외부에서 들어오건 어느 쪽이라도 싹은 역사적 특징을 갖는 일종의 '사건'으로 등장한다. 그래서 동일한 화학적 조성의 용암 분출에서도 광물의 결정화에 미치는 서로 다른 조건들에 의해 다른 형태의 결정이 존재하는 것을 볼 수 있다. 이런 요소들에 의해 암석의 나이를 측정할 수 있다. 그러므로 "한 물질에 대해 역사적이고 에너지적인 이중의 조건으로부터 유래하는 모든 특징들은 그것의 개체성을 이룬다"(IFI, 80).

결정의 싹은 일단 구조화를 시작하면 주변 환경이 준안정 상태인 한, 성장을 멈추지 않는다. 구조화된 결정은 일반적으로 싹과 유사한 구조를 가진 것으로 나타나지만 온도, 압력 등 환경 조건에 의해 또 다른 특징을 나타낸다. 개체화의 강력한 힘은 싹을 계기로 하는 분자들의 응집이다. 응집력은 '극성'極性, polarité으로부터 나타난다. "싹 주변의 분자들이 '극성'을 띠고 응집"하여 하나의 층을 만들면 이 층이 다음 층의 싹의 역할을 하는 식으로 계속되는 '릴레이' 구조에 의해 결정은 어마어마한 크기로 성장해 나간다(IFI, 87~88). 즉 싹은 아주 작은 미시적 단위로부터 시작하여 점차 내적 공명을 확대하여 거시적 체계로 이행한다. 개체화는 "미시계와 거시계의 중개이자 '소통'"을 보여 준다(IFI, 82). 싹이 가진 구조화하는 힘은 바로 극성에 있다. "결정 개체의 속성들은 결정의 발생을 주도한 극성이나 극성들의 다발을 연장하면서 이것들을 표현하고 현실화"하기 때문이다(IFI, 89). 이 말은 결정의 속성들이 형상적 특질에서 나오는 것이 아니라 결정의 발생을 유도하는 최초의 작용, 즉 '분극작용'polarisation으로부터 생성된다는 의미이다. 시몽동에 의하면, "구조화된 물질인 결정은 구조화하는 존재자가 될 수도 있다. 그것은 물질의 이러한 분극작용의 결과인 동시에 원인이기도 하다"(같은 곳). 이처럼 시몽동은 물리적 개체화에서 형상의 지위를 인정하지 않는다. 다음 절에서 보듯이 형상forme을 특이성의 내적 공명을 확대하는 '정보/형태부여작용'으로 대체하면 계système의 역동적 진화를 설명할 수 있다.

개체화의 일반적 특징들

전개체적préindividuel 상태 — 준안정성, 퍼텐셜에너지, 하나 이상의 것

이제까지 본 것처럼 시몽동은 개체를 개체화하는 과정의 결과

라파엘로, 〈아테네 학당〉, 1509. 좌측 하단에 앉은 자세로 커다란 책을 펼치고 독서에 몰두하고 있는 이가 피타고라스이고, 그의 등 뒤에 앉아서 피타고라스의 책을 훔쳐보면서 무언가를 필기하고 있는 이가 시몽동이 참조했던 이오니아의 생리학자 아낙시만드로스(Ἀναξίμανδρος, 기원전 610~546)이다.

로 보고 이 과정을 더 중요하게 다룬다. 철학은 이제까지 이미 생성된 개체를 모범으로 하여 개체화를 상상했기 때문에 진정한 생성을 다룰 수 없었다. 이제 존재론ontologie이 문제가 아니라 개체발생ontogenèse을 연구해야 한다. 즉 발생학적 존재론ontologie génétique이 중요해진다. 그렇다면 개체는 어디서 어떻게 발생하는가? 개체의 발생 이전의 존재의 상태는 무엇인가? 헤라클레이토스처럼 생성만이 있다고 할 경우 이런 질문은 부조리하다. 그러나 이 점에서 시몽동은 단호하고도 명확하다. 그는 다음과 같은 말에서 나타나듯이 차라리 무규정자apeiron을 상정한 아낙시만드로스 쪽에 가깝다. "아낙시만드로스가 고안한, 개체화된 모든 형태의 근원인 아페이론^{ἄπ} ^{ειρον} 같은 존재 아래서 자연은 가능적인 것의 실재réalité du possible이다."(IFI, 305) 가능태의 실재성을 주장하는 것은 개체화되기 이전의 상태에 적극적으로 실재성을 부여하는 것이다. 다만 시몽동은 이 전개체적 상태를 현대과학의 개념들을 빌려 설명함으로써 새로운 사유의 자료를 제공한다. 주로 열역학에 등장하는 준안정성 métastabilité, 계système, 퍼텐셜에너지, 엔트로피와 같은 것들이다. 좀 더 정확히 말해 시몽동의 작업은 '평형에서 멀리 떨어진 상태의 열역학', 즉 비평형열역학의 개념들과 매우 유사하다고 평가된다.[3] 평형에서 멀리 떨어진 상태에서는 초기조건에 의한 요동의 증폭으로 엔트로피를 감소시키면서 새로운 구조화, 자기조직하는 계가 출현할 수 있다는 것이 프리고진에게서 비롯된 비평형열역학의 핵심이다. 그러나 시몽동이 박사논문을 제출한 1958년은 아직 이러한 이론이 알려지기 전이라는 것을 지적하고 넘어가도록 하자.

전개체적 상태는 안정상태도 아니고 불안정한 상태도 아닌, 불안정한 에너지들이 그럭저럭 평형을 이루고 있는 준안정적인 계이다. 시몽동에 의하면 그것은 개체화의 필수조건이다.

안정적 평형만을 생각하면 개체화는 이해될 수 없다. 준안정적 평형을 생각해야 한다. 안정적 평형은 생성을 배제한다. 그것은 가장 낮은 수준의 퍼텐셜에너지에 상응하기 때문이다. 그것은 가능한 모든 변형들이 실현되어 어떤 힘도 존재하지 않는 체계가 도달한 평형이다. 고대인들은 불안정과 안정, 정지와 운동만을 알았고 준

안정성은 알지 못했다.(IFI, 27)

준안정적 상태는 과포화된 긴장상태여서 온도나 압력 같은 조건에 아주 작은 변형이 가해져도 평형이 깨지고 상태를 변화할 준비를 갖춘다. 그것은 아낙시만드로스의 무규정자에 비유되었지만 단지 추상적인 상태는 아니고 우리 주변에서 실제로 관찰할 수 있는 상태이다. 결정 형성 이전의 무정형의 과포화 용액을 보면 액체와 고체의 서로 대립되는 퍼텐셜에너지들이 긴장상태에서 공존하고 있다. 시몽동은 이 에너지가 순수한 가능태가 아니라 가능적이면서도 '실재적'이라고 주장한다. 그것이 실재적인 이유는 현실적으로 계 안에 존재하면서 변형의 동력이 되기 때문이고, 가능적인 이유는 계의 변형이 가해져야 현실화될 수 있는 것이기 때문이다. 현실화되기 이전의 퍼텐셜에너지들은 서로 이질적이어서 상호작용할 수 없으며 양립불가능한 상태로 공존한다. 시몽동은 이러한 상태를 "하나 이상의 것"plus qu'un 혹은 "단일성과 동일성을 넘어서는 것"이라고 표현한다(IFI, 26).

이 체계는 자기 자신으로만 구성되는 것이 아니고 배중률의 수단으로도 적합하게 사유될 수 없다. 구체적 존재, 혹은 완전한 존재, 즉 전개체적 존재는 단일성unité 이상의 존재이다. 개체화된 존재자의 특성인 단일성, 그리고 배중율의 사용을 허용하는 자기동일성은 전개체적 존재에는 적용되지 않는다. 이것은 우리가 모나드들을 가지고 단번에 세계를 재구성할 수는 없다는 사실을 설명해 준다. …… 단일성과 동일성은 개체화 작용에 뒤이은 존재의 상phase 들에만 적용된다. 그것들은 개체화의 원리를 발견하는 데 아무 도 움도 주지 못하며, 용어의 충만한 의미에서의 개체발생, 즉 개체화 되면서 분열되고 상전이相轉移, se déphaser하는 한에서의 존재자의 생 성에는 적용되지 않는다.(IFI, 25~26)

개체발생과 상전이

전개체적 존재가 하나 이상의 것이라는 말은 그것이 고정된 항 들만을 다루는 논리학으로는 생각할 수 없는 차원이라는 것이다. "개념들은 단지 개체화된 실재에만 적합하며 전개체적 상태에는 그 렇지 않다."(IFI, 27) 전개체적 존재는 생성하려는 힘이기 때문에 자 기 자신과 동일한 상태로 있지 않다. 그것은 자신 안의 양립불가능 한 퍼텐셜들을 실현시키면서 생성한다. 전개체적 상태로부터 일어 나는 개체발생은 그 전개되는 과정 전체 속에서 탐구되어야 한다. 개체화는 전개체적 상태의 퍼텐셜에너지들을 서서히 고갈시키면서 구조화를 이루어낸다. 그러나 퍼텐셜에너지는 개체화 이후에도 완 전히 고갈되는 것은 아니다. 개체화 이후에도 실현되지 않은 전개 체적 상태는 "개체에 연합된 에너지나 장"의 형태로 남아 있다(IFI, 149). 그래서 개체는 언제나 "개체-장" 혹은 "개체-환경의 쌍"으로서 만 존재한다(IFI, 25). 이와 같이 개체화는 시공적으로 일정한 경계 를 갖는다. 그것은 시간적 시작이 있으며 공간적으로 자신의 환경 을 갖는다. 개체의 시간과 공간은 개체화와 더불어 나타난다.

개체화하는 힘이 결코 고갈되지 않는다면 개체화의 결과인 개

황(soufre)의 안정화된 사방정계 결정

체는 상대적인 존재라고 할 수 있다. 왜냐하면 개체화는 결코 한 번
으로 완성되지 않기 때문이다. 결정의 연구에서 고찰한 바 있는 안
정성과 불안정성이라는 기준이 개체의 상대적 실현 정도를 나타낸
다. 그러므로 일정한 안정성에 도달한 개체는 또 다른 조건에서 다
르게 개체화될 수 있다. 가령 황soufre의 안정화된 결정인 사방정계
는 95.4도 이상이 되면 불안정해진다. 이처럼 개체의 상대성을 주장
하기 위해 시몽동은 열역학의 '상전이'déphasage라는 표현을 사용한
다.[4] 예를 들면 고체에서 액체로, 액체에서 기체로 가는 상태변화는
상전이의 대표적인 양상이다. 이것은 영속적 변화 속에서 상대적으
로 안정적인 형태를 얻는 단계이다. 전개체적 상태는 양립하기 어려
운 힘들의 공존 상태이며 이 상태에서 어떤 특이성 요인으로 인해
일시에 긴장이 해소되면 하나의 상을 취하게 된다. 결국 상전이는
시몽동식 생성의 다른 이름이다. 하지만 생성은 존재를 부정하는
것이 아니라 그것과 상보적인 관계를 이룬다.

존재와 생성의 대립은 존재자의 모범이 실체라고 가정하는 어떤 교설의 내부에서만 타당할 수 있다. 그러나 생성도 존재의 차원이 며 존재가 자신과 관련하여 스스로 상전이하는 능력, 그러면서 스스로 용해되는 능력에 상응한다고 가정하는 것도 가능하다. 전개 체적 존재는 상이 없는 존재이다. 개체화가 그 안에서 완성되는 존재자는, 존재자가 상들로 분배됨에 의해 그 안에서 해소되는 그러한 존재자이다. 이것이 바로 생성이다. 생성은 존재자가 그 안에서 존재하는 틀이 아니다. 그것은 존재자의 차원이며, 퍼텐셜들로 가 득한 초기의 양립불가능성의 해소 양태이다. 개체화는 존재자 속에서 상들의 출현에 상응하는데, 이 상들이 존재자의 상들에 해당한 다.(IFI, 25)

전개체적 퍼텐셜이 실현되는 양상을 보면 개체화는 순차적으로 상들을 만들어낼 뿐 아니라 여러 상들이 한 존재자에서 함께 현전할 수 있다. 가령 상태변화하고 있는 계에는 두 개 이상의 상들이 혼합되어 있다. 그래서 존재자는 "다상적多相的, polyphasé 존재자" 이다(IFI, 310). 이 다상적 특징은 외적 관점이 아니라 존재자의 내적 본성에서 나타나는 것이다. 생성하는 존재에게는 "전개체적 과거가 개체화된 존재자의 현존과 병행하여 살아남아 있고 새로운 증폭작용들의 싹이 남아 있기 때문이다"(IFI, 310). 시몽동에 의하면 존재자의 자기동일성은 유일한 상만을 인정하는 형상이론의 산물이다. 논리학의 배중율은 여기에 적합하다. 그러므로 개체를 고정된 '하나'로 취급하는 것은 지극히 추상적인 태도이다. 반대로 개체화되는 존재자는 순차적 '정보/형태부여'에 의해 그만큼의 구조를 갖는 상들로 나타나며, 이 상들은 서로 간의 내적 공명에 의해 소통하고 증폭된다. 그래서 "다상적 존재자의 이론에서 자기동일성은 내적 공명에 의해 대치된다"(IFI, 308). 생성하는 존재자는 자기 자신과 동일하지 않다. 내적 공명은 앞서 본 바와 같이 초기의 싹이 퍼져 나가면서, 변화하는 전체에 반향되고 퍼텐셜에너지를 전체에 전달하는 기작이다. 즉 다상적 존재자는 내적 공명과 '정보/형태부여'의 과정에 의해 분화되고 소통하며 무한히 증폭되는 존재자이다.

개체의 본성, 개체의 경계들

시몽동이 열역학이론에서 빌려온 개체화의 일반적 개념들이 설명하는 것은 무엇인가? 그것은 일종의 발생학적 존재론의 구상이며 개체화 과정의 기작mécanisme을 보여 준다. 시몽동이 개체화의 모형으로 제시한 것은 앞에서 살펴본 결정의 생성이다. 그런데 이것은 무정형의 액체에서 고체로 혹은 불안정한 고체에서 안정적 고체로 이행하는 과정에서 나타난 특수한 물리적 개체이다. 자연계에는 결정과 같은 안정적 존재자들 외에도 많은 존재자들이 있다. 생명체는 차치하고 지각 경험이 가능한 것들에 한정하더라도 기체와 액체들, 그리고 고체 중에서도 유리와 같은 무정형(혹은 비결정)의 고체가 있다. 무정형 고체는 결정처럼 일정한 방향성 구조를 갖지 않는다. 무정형의 용액이 그대로 굳어버린 형태이다. 더 나아가 원자나 전자, 양자 같은 미시계로 들어가면 어떻게 될까? 거기서도 개체화는 존재하는가? 시몽동의 개체화 이론은 이 물음에 대한 분명한 대답을 가지고 있다.

시몽동의 개체화 이론에서 결정의 생성은 단순한 사례가 아니라 범례paradigme의 성격을 가진다. 그것은 자연계에 존재하는 여러 형태들 중에서도, 시간 속에서 그 기원과 역사를 갖는 특정한 존재자로서 개체 존재자의 모범을 보여 준다. 그것은 미시 영역에 속하는 계의 상태들로부터 시작하여 거시 단계로까지 확장되는 과정으로서 "두 질서 간의 '중개'"를 수행한다(IFI, 27). 이처럼 물리적 실재는 그 내부에 "위상학적으로 포개진" 서로 다른 "크기의 단계들"을 포함하고 있다(IFI, 148). 그래서 시몽동에 의하면 "개체화가 있는 것은 미시물리의 수준과 거시물리의 수준 사이의 교환이 있기 때문이다"(IFI, 149). 개체는 "크기가 서로 다른 질서들 사이의 교환 체계에 기초하는 일정한 평형상태……에 상응하는 실재이다"(같은 곳). 그러나 물리적 개체는 절대적인 안정상태에 있지 않기 때문에 그 경계들limites은 끊임없이 변한다. 즉 경계들은 '준안정적'이다(같은 곳).

개체의 개념이 이렇게 미시계와 거시계의 중개로 정의되면 양자나 전자 같은 미시계의 입자들 자체에 개체성을 부여할 수는 없지 않을까? 그런데 시몽동은 미시계의 개체화에 대해 나름대로 설명을 시도한다. 우선 미시계의 입자들은 고전적 원자론에서 생각한 것처럼 자기동일적인 것이 아니다. 장이론(전기장, 자기장 등)에 따르면 그것들은 일정한 장에 연합되어 거기서 다른 입자들과 구조적이고 에너지적인 면에서 서로 교환 관계를 형성하고 있다. 그래서 만약 입자들을 물리적 개체라고 한다면 그것은 분명 "매개 없는 크기의 질서들, 극단의 가치들을 관련시키면서 전개체적 존재를 분리하고 상전이시키는 개체화"를 거친다고 볼 수도 있지 않을까?(IFI, 27) 이미 시몽동은 전개체적 상태로부터 개체화되는 과정에서 완벽하게 개체화되지 않은 퍼텐셜이 개체와 연합된 장의 개념으로 나타난다고 했었다. 그래서 그는 다양한 방식으로 설명되는 미시계를 전개체적 상태에 비교하며 "실재성은 본래 그 자체로 과포화용액 같은 것일지도 모른다"(IFI, 26)고 말한다. 그러면 결정의 범례에서 구상된 전개체적 존재와 개체화라는 도식은 미시계 내부에서도 적용할 수 있지 않을까 하는 생각이다. 이에 따라 그는 양자론이 확률로만 접근할 수 있다고 본 양자의 세계는 "단일성과 동일성의 세계를 넘어서는 전개체적 상태"이며(IFI, 26~27), 입자와 파동, 혹은 물질과 에너지의 대립은 보어가 말하는 것처럼 "실재의 상보적 측면이라기보다는 그것이 개체화할 때 돌발하는 차원들"(IFI, 149)이라고 조심스럽게 해석한다. 그러나 이 해석은 어디까지나 가설의 수준에 머문다. 시몽동은 양자론과 상대성 이론을 면밀히 검토하지만 이 부분에서 자신의 입장은 철학적 가설이라는 것을 명백히 한다. 왜냐하면 미시계의 존재를 현재 우리가 가진 개념적 도구로 완벽하게 설명한다는 것은 불가능하기 때문이다. 그래서 그는 "미시물리학적이라고 부를 수 있는 더 작은 크기의 질서의 현상들은 물리적이지도 않고 생명적이지도 않고 전물리적préphysique, 전생명적prévital이다"라고 선언한다(IFI, 151). 생명적 개체와 물질적 개체의 경계는 거시계에서 비로소 나타난다.

물리적 개체화에서 생명적 개체화로

물리적 개체화 과정과 생명적 개체화 과정을 비교하면서 시몽동은 흥미로운 지적을 하고 있다. 결정성장의 과정은 최초의 특이성을 전개하고 증폭시키는 과정이며 이 과정을 스스로 제한하는 기작은 존재하지 않는다. 반면 생명체는 최초의 특이성을 반복하는 것이 아니라 "여러 개의 특이성들을 양립시키고" 여러 가지의 "형태갖추기 과정"을 받아들이며, 자가제한적인 형태의 개체화를 겪는다(IFI, 152). 이는 물리적 개체화보다 훨씬 복잡미묘한 과정이라는 것을 알 수 있다. 그것은 생명체가 단순히 이미 만들어진 물리적 개체들을 종합하는 과정이 아니라 그 안정화 과정을 완결될 수 없게 하고, 오히려 그것을 연장하면서 물질의 반복적 구조가 확립되기 이전에 증폭되고 전파되는 구조를 만들어내는 것이다.

> 생명의 개체화는 물리적 개체화 안에 삽입되어 그 흐름을 유보시키고 늦추면서 그것을 기동적인inchoatif 상태로 전파시키는 것일지도 모른다. 생명적 개체는 말하자면 원초적인 수준들에서 안정화되지 않고 증폭되는 시발적始發的, naissant 상태의 결정이라고 할 수 있을지 모른다.(IFI, 152)

생명적 개체에서 출발하는 베르그손과 달리 결정의 개체화에서 시작한 시몽동은 물질적 생성의 우선성을 분명히 하고 있다. 전개체적 상태로부터 역동적 과정에 의해 물질적 개체화가 일어나기 때문에 뒤이어 더욱 심화된 역동성에 의해 생명적 개체화가 가능하다. 그렇다면 생명적 개체화의 독특성은 어떤 것일까?

생명적 개체화의 수준들 ― 군체와 개체

물리적 개체의 모형이 결정이었다면 생명적 개체의 모형은 두 가지 유형의 비교로 제시된다. 강장동물처럼 군체colonie를 이루는 형태와 고등동물처럼 고립된 개체가 그것이다. 이 두 가지 생명 형태의 비교는 개체의 의미를 이해하는 데 매우 중요하다. 히드라, 산호 등은 다수의 개체들로 이루어진 군체로 살아간다. 하지만 군체를 이루는 개체들은 공간적으로 밀착되어 있고, 각 개체들이 고등 생명체의 기관들과 비교할 수 있는 일정한 역할 분담을 한다는 점에서 완전한 개체들이 아니다. 이런 의미에서는 오히려 군체 자체가 개체의 역할을 한다고 볼 수도 있다. 그럼에도 불구하고 군체를 이루는 개체들의 일부가 떨어져 나갈 경우에도 군체 전체는 생명의 위협을 받지 않는다는 점에서 군체는 완전한 개체가 아니다. 게다가 군체 안에서 개체들이 떨어져 나간 자리는 다른 개체들의 성장으로 대체됨으로써 군체는 원리상 죽지 않을 수 있는 존재자이다. 이런 사례는 생명계에도 개체화가 완전히 이루어지지 않은 형태가 있다는 것을 잘 보여 준다. 시몽동은 강장동물의 성장을 결정의 성장과 자주 비교한다. 산호의 가지치기는 결정화 과정과 같은 방식으로 형태들을 전개한다. 군체는 아무렇게나 성장하는 것은 아니고 "결정처럼 일정한 방향성을 갖는다"(IFI, 201).

군체 안에서도 개체화의 다양한 단계들이 있고 생명계 전체로 확대하면 더욱 다양한 개체화의 수준을 구분할 수 있다. 그것은 생명체가 고립된 것이 아니라 종과 집단groupe, 또는 사회라는 전체 안에서 살아가기 때문이다. 개체화는 이 상위의 존

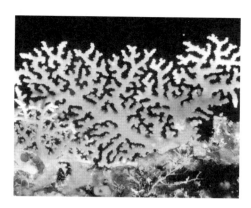

산호의 가지치기

재 양태들과 관련하여 이루어지기 때문에 다양한 단계를 가진다. 게다가 종이나 집단은 원리상 한계 없이 성장할 수 있다. 이런 이유로 시몽동은 물리적 개체 즉 결정의 모형을 생명계에서의 집단에 비교한다. 결정의 경우에는 한 분자층과 다음의 분자층 사이에 유기적인 관계는 없기 때문에 일부를 절단해도 계속 성장한다. 이와 같이 한계 없는 성장을 할 수 있고 죽음과 무관한 성격은 사회와 유사하다. 왜냐하면 사회는 원리상 계속 성장할 수 있고 개체들의 일부가 죽어도 유지될 수 있기 때문이다. 그러나 군이나 사회를 이루는 개체들의 본성은 그것들과는 비교할 수 없는 아주 독특한 면을 나타낸다. 개체는 종종 공간적으로 분리되어 있으며 성장에서 일정한 한계를 보여 주고 죽을 수 있는 존재인 동시에, 무엇보다도 생식으로 자신을 복제할 수 있다. 이런 개체는 어떻게 나타나는 것일까?

시몽동은 생명계에서 군체가 진정한 개체인가 아닌가 하는 질

물가의 풀잎이나 물속에 떨어진 낙엽, 썩은 나뭇가지 등에 붙어 살아가는 강장동물 히드라(Hydra). 모체에서 두 개의 눈이 양쪽으로 돌출해 자라고 있는 것을 볼 수 있다.

문에 대해 "엄밀히 말해 개체가 아니라 개체화에 대해서만 말할 수 있을 뿐이다"라고 말한다(IFI, 190). 군체가 그렇다면 물리적 개체에 대해서도 같은 말을 할 수 있을 것이다. 하지만 시몽동은 우리가 이미 보았듯이 물리적 세계에서 개체화만이 아니라 개체라는 말도 사용하고 있다. 물론 개체는 개체화의 산물이며 개체화는 다양한 정도들을 허용하기 때문에 엄밀한 의미의 개체성을 보여 주지 않는다고 하더라도 일정 수준에서 개체를 말할 수는 있을 것이다. 생명계에서 문제가 복잡해지는 이유는 자연적으로 고립된 개체의 등장 때문이다. 시몽동은 이러한 개체의 등장을 죽음과 유성생식이라는 두 가지 현상과 연관 짓는다. 강장동물은 보통 출아에 의해 무성생식을 한다. 출아는 몸의 일부가 혹처럼 돌출해서 어느 정도 자라면 새로운 개체로 되는 것이다. 하지만 개체들이 떨어져 나가기 전에 함께 증식하여 다시 군체의 일부가 된다. 그러나 반대로 개체가 군체에서 떨어져 나와 유성생식을 하는 경우도 있다. 그런 경우 그것은 알을 품은 다음 죽는다. 이 알에서 나온 개체 위에서 다시 군체가 생긴다. 즉 개체의 탄생, 유성생식, 죽음이라는 세 가지가 동시에 진행되는 것을 볼 수 있다. 일반적으로 생명계에서는 죽음은 유성생식을 하는 개체에 고유한 것이다. 강장동물은 보통 군체로 살아가지만 유성생식을 할 경우에 고립된 개체를 만들어낸다는 사실에서 우리는 하등한 형태의 삶과 고등한 형태의 삶이 뒤섞여 아직 분화되지 않은 모습을 본다(IFI, 169). 물론 여기서 하등이나 고등이라는 말에 인간적 의미의 위계를 설정하는 것은 아니다. 생식을 하고 죽음에 이르는 유한한 존재자라는 특성은 생명의 사다리의 상위 계열로 올라갈수록 두드러진다.

생명적 개체화의 기준 ― 생식과 정보

만약 개체의 모형을 생식을 하고 죽을 수 있는 유한한 존재자로 생각하게 되면 결정이나 군체와 같은 생명 형태는 완벽한 개체가 아니라는 것을 인정해야 할 것이다. 그렇다면 시몽동은 결국 라베송이나 베르그손 같은 생명철학의 전통에 합류하게 된다. 하지만 시몽동은 생명적 개체의 모형을 고등동물에서 찾는 것은 아리스토텔레스에서 유래하는 "인간중심주의"에서 기인한다고 본다(IFI, 171). 그렇다면 결국 시몽동은 다양한 수준의 개체들을 있는 그대로 인정하는 셈이 된다. 이것은 일종의 다원론인가? 실제로 그는 "존재론적 일원론은 상들의 다원론으로 대체되어야 한다"고 주장하기도 한다(IFI, 308).

그렇다면 이러한 이른바 고등한 형태의 개체성은 어디서 유래하는가? 앞에서 말한 것처럼 시몽동은 그것을 생식의 양태에서 찾고 있다. 다양한 생명적 개체들의 다양한 삶의 양태가 있는 만큼 생식의 양태도 다양하지만 대체로 '재생'régénération이라고도 불리는 무성생식과 우리에게 익숙한 유성생식의 두 가지로 분류할 수 있다. 이 생식이란 현상은 생명체의 단순한 현재적 속성이 아니라 그 원초적 발생의 양태를 반영하는 근본적인 속성이다. 시몽동에 의하면 "모든 경우에서 개체의 구조는 그 발생genèse의 도식에 연결되어 있을지도 모른다"(IFI, 189). 시몽동은 생명체의 원초적인 특성으로 신체적 성장과 생식, 두 가지를 들고 있다. 우선 이 두 가지가 생명체에서 혼합되어 나타나는 경우를 보기로 하자. 결정이나 군체, 식물에서 보이는 성장은 개체의 조직을 연장하여 공동체 안에 통합하는 활동에 상응한다. 식물은 일부를 절단해도 전체가 살아 있을 수 있고, 꺾꽂이처럼 가지를 가지고 전체를 재생할 수 있으며 엄밀히 보면 거기서 개체와 공동체의 구분은 명확하지 않다. 강장동물에서 보이는 출아에 의한 생식은 성장에 기초하여 기존의 신체를 연장하는 생식 방식이다. 세포분열에 의한 분열번식도 기존 개체의 신체적 변형에 의해 일어난다. 시몽동은 생물학자 라보Etienne Rabaud에 의지하여 이런 논의를 전개하는데, 라보에 의하면 신체를 연장하는 무성생식 방식은 도마뱀이 꼬리를 잘라 버리고 새 것을 만들어내는 재생과도 연결된다. 라보는 분열번식을 생식의 범례로 간주하며 유성생식이 무성생식보다 우월하다는 생각을 거부한다. 그에 의하면 유성생식은 재생의 한 경우에 불과하며 단순한 복잡화의 산물이다.

라보의 생각은 바이스만의 생식질연계설과 대척점에 서 있는 입장이다. 바이스만에 의하면 개체는 죽을 수밖에 없는 존재이고 생식세포를 통해 전달되는 유전적 특징이야말로 영속적인 생명의 특징이다. 라보는 이런 구분이 고등생명을 모형으로 하여 등장한 것이며 이를 생명 전체에 확대해서는 안 된다고 본다. 생명의 근본적 존재방식에서 볼 때 재생, 즉 개체의 몸soma을 연장하는 생식이 가장 기본적인 것이기 때문에 생식세포와 체세포의 근본적인 구분은 정당하지 않다. 시몽동은 라보의 입장의 극단적 특징을 수정하면서 "개체가 생식의 기초라는 생각은 개체가 생식세포인 한에서만 가능"하다고 말한다(IFI, 182). 시몽동에 의하면 독립된 개체의 생식은 "자신을 시간 속에서 '증폭'amplification하는 활동"이다(IFI, 173). 하지만 이 생식세포라는 것이 유전적 특징을 고정된 형태로 전달하는 것은 아니다. 시몽동은 DNA 사슬을 연상시키는 단백질 분자들의 쌍을 언급하면서 "발생은 단지 모나드적 본질에 속하는 완전한 개체의 개념 속에 포함된 특징들의 전개나 실현이 아니다.……존재자는 그 원리 속에 완전히 포함되어 있지 않다"고 말한다(IFI, 206). 심지어 "유전적 특징조차도 미리 결정된 요소가 아니라 해결해야 할 문제일지 모른다"고 한다(IFI, 206). 이 경우 종적 형상이라는 것도 고정된 것이라고 할 수 없다. 발생을 끝없는 증폭의 활동으로 보는 입장에서 종적 형상의 절대성을 주장하는 것은 불가능한 일이다.

라보의 생각은 결정을 개체의 범례로 놓은 시몽동의 입장과 일맥상통하는 면이 분명히 있다. 결정의 싹은 무정형 용액으로부터 나와 그 자체가 새로운 결정의 일부가 된다. 새로운 결정은 자신을 연장하여 계속 성장한다. 이러한 결정의 성장과정은 산호와 같은 군체의 성장과 유사하다. 이런 형태를 개체의 범례로 놓을 경우 고등한 생명체의 고립된 개체성을 설명하기는 쉽지 않을 것이다. 하지만 시몽동은 또 다른 기준에 의해 그것을 설명하려고 시도한다. 고립된 개체는 "신경계의 발달에 의한 정보 체제의 통일"로 인해 완벽한 개체성의 성립에 도달한다(IFI, 191). 시몽동은 정보라는 말을 개체화가 진행되는 동안에는 형태부여in-formation라는 의미로 사용하지만 신경망으로 하나가 된 개체에서는 이제 정보information라는 고유한 의미로 사용한다. 이런 개체성은 고도로 개체화된 형태에서 나타나며 결정의 개체화와는 일정한 불연속성을 보여 준다. 결정의 성장의 경우 한 분자층에서 다음 분자층으로 가는 과정만 있을 뿐 내부와 외부의 구분은 존재할 수 없는 반면, 생명체에는 '막'膜, membrane의 형성에 의해 내부와 외부의 위상학적 구분이 나타난다. 순차적으로 형성된 여러 분자층들이 단지 병존하고 있을 뿐인 결정에서 과거는 별 의미가 없는 반면 생명체에서는 과거 전체가 내부에 응축되어 있으며 내적 공명에 의해 정보 신호들의 자율적 처분이 이루어진다. 시몽동에 의하면 여기서 "위상학topologie과 연대기chronologie는 일치한다"(IFI, 227).

어떻게 물질적 개체와 판이한 이런 구조가 나타날 수 있었을까? 시몽동이 양쪽을 통일하고자 어느 정도 노력했는가는 그가 사용한 용어들을 보면 알 수 있다. 물리적이든, 생명적이든, 생성은 전개체적 상태를 필요로 하는데 이 전개체적 상태는 불안정하고 불균등한 힘들, 긴장들이 양립하고 있는 상태이다. 물리적 개체화는 이러한 긴장들의 '해소'résolution의 양태이다. 한편 생명적 개체화에 대해 시몽동은 '문제제기'problématique와 문제들의 '해결'résolution이라는 개념들을 내놓는다. "한 생명체의 상태는 풀어야 할 문제와 같다. 개체는 구조들과 기능들의 연속적 합성을 통하여 문제의 해답이 된다. ...... 개체발생은 해답에서 해답으로 완전한 안정성[성체]에 이를 때까지 도약하는 항구적인 문제제기이다"(IFI, 204). 이 생각은 베르그손에게서도 나타나지만 시몽동 시대의 생물학자들이 공유한 견해이기도 하다. 전개체적 상태에서 물리적 개체화로, 그리고 생명적 개체화로 이행하면서 긴장의 해소라는 말은 문제의 해결로 변형된다. 이 문제의 해결이라는 말은 생명체가 '의미'를 발견하는 존재자라는 것과도 연결된다. 문제를 문제로 느끼는 데서, 그리고 그것을 해결하는 데서 의미가 발생한다. 그러므로 의미는 생명에서 이미 나타난다. 안정성에 도달한 성체는 단지 탄생에서 죽음으로 이행하는 사이의 존재자인 것만이 아니라 의미를 부여하는 존재자가 된다. 특히 성체는 집단과 관련하여 의미를 발견한다(IFI, 218).

시몽동과 베르그손, 간략한 비교

생명적 개체화는 물리적 개체화를 안정성에 도달하지 않은 상태에서 지연시키고 증폭시켜 새로운 개체화를 이루어낸다. 문제제기와 그 해결 그리고 의미의 생성으로 특징지어지는 이 과정은 물리적 개체화와 어떤 측면에서 연속선상에 있으면서도 새로움, 불연속성을 첨가한다. 그러나 두 개체화는 역동성의 차원에서 차이가 있는 것이지 '실체적'으로 그러한 것은 아니며 베르그손에게서처럼 명백한 방향의 차이를 보여 주는 것도 아니다. 그러나 시몽동이 "생명의 개체화는 물리적 개체화 안에 삽입되어 그 흐름을 멈추고 그것을 늦춘다"고 할 때, 우리는 물질과 생명의 관계에 관한 베르그손의 『창조적 진화』의 표현과 유사한 표현을 본다. 생명은 "물질적 변화의 진행을 멈출 수는 없으나 그것을 늦출 수는 있다"(EC, 247). (멈추다라는 말이 두 저자에서 다른 의미로 표현되고 있다. 시몽동은 일단 멈춘 다음 늦춘다는 것이고 베르그손은 완전히 멈출 수는 없지만 늦출 수는 있다는 것이다). 예를 들어 식물의 엽록소의 기능이나 동물의 감각-운동 기능은 최종적으로 태양에너지에서 기인하는데, 생명이 에너지를 축적하고 사용하는 방식으로부터 "[물질적] 에너지의 하락은 에너지가 흘러들어가는 몇몇 지점에서 잠정적으로 중단된다"(같은 곳). 에너지가 흘러들어가는 지점이란 생명체가 활동하는 지점이다. 생명은 물질의 흐름을 결정적인 방식으로 멈추거나 돌릴 수는 없으나, 잠정적으로 중단시키고 지연시키면서 에너지를 축적하여 필요할 때 소비한다. 그 행태는 "낙하하는 무게를 들어올리는 노력"과 같은 것으로 비유된다(같은 곳). 물론 베르그손은 생명적 운동의 상승하는 힘을 더 강조하였고 이로부터 "자신의 진행과정을 단지 중단함으로써 물질을 창조하는, 물질성의 역과정의 가능성 또는 필연성" 곧 초의식이라 불리는 잠재성의 원리를 가정하여 생성과 동격으로 놓음으로써 유심론적 해석의 여지를 남겨놓았다(EC, 246).

물질의 개체화에서 시작하는 시몽동에게서 물질과 구분되는 생명의 독특한 힘, 또는 더 근본적인 의미에서 초의식의 운동 같은 형이상학적 장치를 찾아볼 수는 없다. 하지만 다음과 같은 의문은 여전히 남아 있다. 물리적 개체화로부터 생명적 개체화 과정의 차이를 말할 때 전자의 자연적 흐름을 멈추거나 늦추는 힘의 본성은 무엇일까? 그것이 물질의 자연적 개체화와 거꾸로 된 방향의 힘이 아니라면 어떻게 이런 일이 가능할 수 있을까? 우리는 어떤 방식으로 둘 간의 관계를 형상화할 수 있을까? 두 철학자에게 공통적으로 명백한 것은 생성의 과정 속에서 존재자는 자기 자신과 동일한 것으로 남아 있을 수 없다는 것이다. 생성은 계속적으로 분화하고 새로운 차이를 만들어내고 질적 도약을 하는 가운데 이루어진다. 그러므로 여기에 동일률과 배중률을 적용할 수는 없다. 이미 베르그손은 "개념들은 고체의 형상을 따라 만들어졌으며 우리의 논리는 무엇보다도 고체의 논리여서" 끝없이 변화하고 진화하는 생명의 영역에는 그것들이 적용되지 않는다고 말한 바 있다(EC, V, VI). 단일성, 다수성, 인과성 등 물질을 설명하는 범주들은 생명 현상의 설명에는 맞지 않는다. 베르그손이 생명을 묘사하는 특징은 시몽동이 전개체적 상태 및 개체화로 상징되는 생성에 대해 묘사하는 것과 상당히 유사한 면이 있다. 베르그손에게서 초의식이라는 잠재성의 원리는 무수한 이질적 경향들의 상호침투이며 그 자체로는 실현될 수 없고 물질과의 접촉에 의해 생명적 개체들로 개체화된다. 생명은 물질성과 '타협'하고 이를 '극복'하는 가운데 이질성들을 통일하면서 상승하는 초의식의 운동으로 묘사된다. 한편 물질은 초의식의 역과정 운동에 의해 탄생한다. 그러므로 물질과 생명의 생성은 동일한 근원적 원리로부터 분기되는 동시에 이루어진다. 시몽동에게서 전개체적 상태는 이질적 힘들이 긴장 속에서 공존하는 상태이며 특이성에 의해 물질적 개체들로 개체화된다. 생명은 물질적 개체화가 완성되지 않은 상태에서 이를 이용하여 여러 특이성들을 동시적으로 증폭하는 활동이다.

결국 생명적 개체화의 역동성은 물질적 개체화 자체에서 유래한다기보다는 전개체적 상태의 존재방식에서 직접 유래한다고 볼 수밖에 없을 것 같다. 고도의 에너지적 긴장 상태는 물질의 개체화 과정으로 안정화되지 않는 또 다른 과정을 잉태하는 것 같다. 우리는 시몽동이 '가능적인 것의 실재성'이라고도 부르는 전개체적 상태가 베르그손의 잠재성 원리와 상당히 유사한 역동적 상태라는 것을 지적할 수 있을 것이다. 두 철학자는 생성에서 에너지적 조건을 중요시하는 데서도 공통점이 있다. 다만 시몽동은 이러한 생성의 과정을 형이상학적 개념보다는 자연과학에서 빌려온 개념들로 설명함으로써 자연주의적인 이해를 가능하게 해준다는 측면에서 장점을 보여 준다고 할 수 있겠다.

2장

베르그손과 시몽동,
유와 개체를 보는 두 시각

시몽동과 베르그손을 비교하는 연구는 아직 별로 없는 편이다. 그러나 이들의 사유가 '생성의 철학'이라는 자격으로 분명한 친연성을 가지고 있다는 데는 대체로 동의가 이루어져 있다. 이들이 제시하는 변화에 기초한 세계상은 우선 스콜라 철학자들이 존재자들을 한정된 유genre와 종espèce들로 분류하는 방식과는 근본적으로 다르다. 베르그손은 진화를, 그리고 시몽동은 개체화과정이라는 구체적 과정을 통해 존재자들의 생성을 다룬다. 이런 구체적 맥락에서 두 철학자의 독창성은 니체나 화이트헤드 같은 또 다른 생성철학자들과 비교할 때 두드러진다. 우리는 두 철학자의 사상을 역사적이고 문헌학적으로 비교하기보다는 존재자들을 분류하는 데 통상적으로 사용되는 유와 개체라는 주제에서 시작하여 점점 더 세부적인 주제들로 들어가는 현미경적 분석 방식을 택할 것

조지 버클리
(George Berkeley, 1685~1753)

이다. 우리는 존재자들의 생성을 우선 물리학적인 수준에서, 그리고 물리학적인 것과 생물학적인 것의 관계의 수준에서 이중적으로 다루고자 한다.

근대의 물리과학이 탄생한 이래로 법칙적 관점은 유적 관점을 대치했다고 평가된다. 고대인들은 자연계에 존재하는 개체들을 이데아나 형상과 같은 유적 본질로부터 설명하였지만 이제 수학에 기초한 법칙들이 물리적 영역은 물론 생명의 영역에까지 침투하여 고대적 분류체계를 대체하려는 야심을 보여준다. 법칙들은 사물들보다는 관계들에 기초하기 때문에, 근대인들은 중세를 수놓은 보편자의 문제는 사라질 것이라고 믿을 수 있었다. 이는 특히 버클리나 흄 같은 유명론자들에게서 두드러진다.

하지만 실제로 상황은 그렇게 간단하지 않다. 오늘날에도 보편자의 문제는 여전히 과학 법칙들 안에서 기능하고 있다. 사실 법칙이란 개별자들 간의 관계만이 아니라 보편자들 사이의 관계이기도 하지 않은가? 법칙은 여러 수준에서 작용하고 있으며 과학이 발달할수록 법칙은 극도로 추상화된 개념들 사이에서 작용한다는 것을 알 수 있다. 여기서 우리는 법칙의 본성은 무엇이고 그것이 개별자들 및 보편자들과 맺고 있는 복합적인 관계는 어떤 것일까 하는 본질적인 물음에 직면한다. 한편 물리적 영역에서 생물학의 영역으로 나아갈 경우 이 문제는 어떻게 될 것인가? 어떤 형태로든 변형되어야 하지 않을까? 생물학에서는 물리학에서처럼 엄밀한 방식으로 법칙이 적용되기는커녕, 예외가 규칙인 경우를 종종 발견할 수 있기 때문이다. 실제로 생물종이란 무엇인가 하는 물음만 보더라도 그렇게 간단치가 않다. 그것이 구체적 실재인지 어떤 점에서 개체와 다른 것인지 하는 문제에 대해 생물학자들은 다양한 대답을 내 놓고 있다. 또한 이것은 단지 과학의 문제가 아니라 철학적인 문제이기도 하다. 우리는 베르그손과 시몽동이 그들의 고유한 생성철학의 관점에서 이런 문제들을 어떻게 다루고 있는지를 교차연구를 통해 비교해 보기로 한다.

베르그손의 관점에서 개체성과 유사성 그리고 동일성

생명의 영역에서 개체와 유

베르그손에게서 개체성의 문제는 『창조적 진화』의 1장 초반에서 이미 제기된다. 이 문제에 대한 베르그손의 입장은 비교적 명확하다. 개체성은 생명체들에서만 존재한다. 왜냐하면 생명체만이 "자연 자체에 의해 고립되고 닫혀 있기" 때문이다. 생명체만이 "상호 보완하는 이질적인 부분들"로 이루어져 있으며 "상호 함축하는 다양한 기능들"을 수행한다(EC, 12). 베르그손은 결정cristal조차도 이런 이질적 부분들을 갖지는 않는다고 덧붙인다. 이 입장은 라베송에서 부트루로 이어지는 프랑스 유심론의 계보와 연결되어 있다. 이들은 물체와 비교하여 생명체만이 개체성을 가질 수 있다고 단언한다. 라베송은 습관에 관한 그의 유명한 책에서 이렇게 말하고 있다. "동질적 전체에서는 존재들은 있을지 모르지만 하나의 존재자는 없다. …… 이질적 전체는, 서로 간에 유사하고 전체와도 유사한, 부분들로 나누어지지 않는다. 그것은 단지 존재들이 아니라 하나의 존재자이다. …… 생명과 더불어 개체성이 시작된다."[1] 여기서 '존재들'이란 라베송이 프랑스어에서 물질명사를 지시하는 형식으로 표현한 것de l'être을 번역한 것인데, 이는 물질을 마치 설탕덩어리가 그러하듯 존재들의 더미로 보는 것이다. 물체들은 내부에서 동일한 본성을 가진 부분들로 이루어져 있어 나누어져도 여전히 본성은 변화하지 않는다. 하지만 생명체는 이질적 부분들로 구성되어 있어서 나누어지면 본성이 변화한다. 죽음이라는 것도 이렇게 변화된 속성이 아닐까.

그런데 베르그손은 여기서 그치지 않는다. 생명의 속성들은 결코 완전히 실현되는 법이 없다. 그러므로 개체성은 "무한한 정도"를 포함한다. 게다가 그것은 도처에서 "생식의 경향과 투쟁"하고 있다. "시간 속에서 영속하려는 욕구 때문에 공간 속에서는 결코 완전할 수 없다"는 것이다(EC, 13). 생명체로 하여금 완벽한 개체성을 가질 수 없게 하는 이 두 가지 이유는 과정processus 철학으로 특징지을 수 있는 베르그손 철학에서 직접 유래하는 것이다. 베르그손은 생명을 거대한 '흐름'courant으로 규정하는데 그 안에서 개체는 한정된 시간과 존재를 누릴 수밖에 없다. 이 흐름은 유기체의 배germe에서 배로 전달되는 에너지로 표현되고 성체는 이를 전달하는 '매개자'에 지나지 않는다. 그러므로 생명적 힘은 개체의 수준에서가 아니라 유전의 수준에서 작용한다. "생명체는 특히 경과의 장소이며 생명에서 본질적인 것은 그것을 전달하는 운동 속에 있다"(EC, 129). 생명의 본질이 흐름 속에 있다면, 유한한 개체가 생명의 모든 특징들을 실현하는 데는 한계가 있을 것이다.

그래서 생명계는 개체성에서 다양한 정도들을 보여 준다. 그러나 이러한 다양성은 베르그손의 이원론적 입장에 기인하는 더 심층적인 이유를 가진다. 생명과 물질의 기원을 추적하는 『창조적 진화』의 3장에서 베르그손은 유기체를 물질적 흐름과 생명의 흐름 사이의 '타협안'modus vivendi이라고 표현한다(EC, 250). 생명 그 자체는 의식과 마찬가지로 상호침투하는 잠재적 경향들로 가정된다. 생명의 경향들을 분할division하면서 현실화하는 것은 물질과의 접촉이다. 베르그손은 잠재적 경향들을 구체화할 때 분할이라는 표현을 쓴다. 이는 쪼갠다는 의미인 분리와는 좀 다른 차원에서 언급된다. 특이하게도 이러한 분할은 개체들의 분리dissociation와 그것들의 연합association을 동시에 야기한다. 물질과의 접촉에 기인하는 생명의 최초의 폭발 이래로 연속적 분화를 통해 우선 개체들이 형성된다. 다른 한편 산호와 같은 군체colonie나 개미집단이 보여 주는 다형성polymorphisme 2에서 나타나듯이 서로 연합하려는 경향도 생명의 보이지 않는 안내자로서 항상 현존한다. 물론 분리와 연합이라는 이 이중의 운동은 조화로운 방식으로 이루어지는 것은 아니다.

개체화하려는 경향은 서로 연합하려는 적대적이고 상보적인 경향

산호 군체

에 의해 도전을 받는 동시에 완성된다. 마치 생명의 복수적multiple 단일성은 복수성의 방향으로 끌려가면 그만큼 더 자신 위로 움츠러드는 노력을 하는 것처럼 말이다.(EC, 259)

개체성의 다양한 정도들은 단일성과 복수성 사이의 이러한 투쟁에서 유래한다. 생명계에서 개체성에 대한 엄밀한 정의를 요구할 수 없는 이유는 바로 개체성이 제한된 시간 내에 자신의 모든 잠재적 경향들을 실현하는 것이 불가능하기 때문일 뿐만 아니라 수학적 의미의 단일성이 생명계에 잘 적용되지 않기 때문이기도 하다.

'생명의 도약'élan vital은 "순수한 단일성도, 순수한 복수성도" 아니다. 왜냐하면 단일성과 복수성은 "타성적 물질의 범주들"이기 때문이다(EC, 261).

물질과의 접촉에 의한 잠재성의 현실화, 생명의 분리와 연합이라는 주제들은 개체성의 문제에 대해서만 중요한 것이 아니다. 그것은 또한 유의 실재성이 있다는 것을 보여 주기도 한다. "유의 관념은 생명의 영역에서는 객관적 실재성에 대응한다. 거기서 유는 유전이라는 의심할 수 없는 사실을 표현한다"(EC, 228). 이미 본 것처럼 베르그손은 유전을 개체를 매개로 배에서 배로 전달되는 생명의 흐름이라고 보는데, 이는 앞에서 보았듯이 바이스만의 생식질연계설에서 영감을 받았다. 이 가설은 19세기 말 신다윈주의 이론의 토대가 된다. 비록 신다윈주의가 그 기계론적 유형의 설명방식으로 인해 베르그손의 항구적인 비판의 대상이 되기는 하나, 베르그손이 변이의 원인으로 "배에 내재적인 차이들"을 지목하는 것은 신다윈주의적 영감에서 비롯된 것이다. 하지만 이 배에 내재하는 차이들은 세대를 통해 전달되는 생명의 운동에 기인한다는 것을 덧붙여야 한다. 이와 같이 확인된 유의 실재성은 우선 종의 현존 속에서 자신의 합법성과 존재론적 위상을 쟁취한다. 이는 다윈의 개체군적 사유 속에서는 거의 나타나지 않는 내용이다.[3] 유전학의 성과 없이 경험론에 충실했던 다윈과 생식질의 연속성으로부터 유전학을 예고한 바이스만의 사상 사이에서 베르그손은 후자 쪽에 가까운 것이 분명하다.

개체의 출현과 마찬가지로 신종의 출현은 생명의 도약에서 비롯한다. 생명의 도약은 분화différenciation를 야기하는 힘이다. 분화는 분할과 분리를 야기하는 포괄적 개념이다. 신종의 형성은 동일한 형태가 전달되는 것으로는 불충분하다. 베르그손에 의하면 "유전은 단지 형질들caractères만을 전달하는 것이 아니라 형질들이 변형되도록 하는 약동도 역시 전달한다. 이 약동은 바로 생명성 그 자체이다"(EC, 232). 따라서 개체들과 종들의 출현은 동일한 원인, 동일한 충동에 기인한다. 생명의 도약에 의한 분화 과정은 배발생학에서 나타나는 개체발생의 과정에 비교할 수 있다. 수정란의 분열을 생각해 보라. 베르그손이 제시하는 유탄의 이미지가 그러하다. 생명의 도약에서 유래하는 폭발은 "곧바로 조각조각 파열되는 유탄들"을 낳고, "이 파편들 자체가 일종의 유탄들이어서 이번에는 그것들이 조각조각 파열되었고 그 파편들은 다시금 파열되는 식으로" 계속된다(EC, 99).

유의 실재성은 또한 일반관념들의 기원을 이룬다. 『물질과 기억』에서 일반관념들은 생명체의 적응 현상에 기인하는 것으로 설명된다. 생명체는 비슷한 외부 자극들에 대해 모호한 유사성의 지각으로부터 출발하여 동일한 행동으로 대응한다. 일반관념의 기원은 거기에 있다. "초식동물을 끌어들이는 것은 풀 일반이다"(MM, 177). 그런데 생명체로 하여금 유사성을 지각하게끔 하는 것은 유사성 자체일까? 즉 유사성은 이데아와 같은 실재성에 기초하고 있을까? 『물질과 기억』은 이 질문에 정확한 대답을 주지 않는다. 그러나 베르그손에게 일반관념들은 단지 이름뿐인 것은 아니다. 일반관념의 기원을 이루는 유사성이 지각의 환상인 것도 아니다. 『창조적 진화』가 유전 속에서 유의 객관적 실재성을 인정하듯이 『사유와 운동』은 유사성의 생물학적 기초를 명확히 단언하고 있다.

생명은 마치 자기 자신이 일반관념이기라도 한 것처럼, 유와 종의 관념이기라도 한 것처럼, 마치 자신이 유한수의 구조의 도면을 따르기라도 하는 것처럼, 마치 자신이 생명의 일반적 속성들을 만들어내기라도 한 것처럼 그렇게 작업하고 있다.(PM, 58)

이러한 생명의 일반적 속성들은 생명의 약동의 분기하는divergente 힘과 어떻게 양립할 수 있을까? 생명의 약동은 무엇보다 창조와 변화의 담지자가 아닌가? 깡길렘은 유전이 약동을 전달한다고 해도 이는 일종의 "형태발생적인 선험성"a priori morphogénétique을 담보할 수 있어야 한다고 주장한다(1990, 354). 깡길렘의 주장은 유전 프로그램 같이 발생을 미리 조절하는 기작을 염두에 두고 있다. 그러나 이는 약동의 속성과 양립할 수 없는 내용이다. 베르그손은 "단일한 약동이 어째서 무한히 진화할지도 모르는 유일한 신체에 새겨지지 않았을까"를 물은 적이 있다(EC, 257~258). 이에 대한 대답은 물질과의 접촉이 생명적 힘의 폭발을 야기함으로써 생명의 잠재적 경향들의 분할을 촉진한다는 것이다. 하지만 이는 왜 진화가 단지 개체들만을 생성하지 않고 이 개체들을 일정수의 범주들로 분류하고 정돈할 수 있게 하는 종들을 생성하였을까 하는 데 대한 대답은 되지 못한다. 일반관념들의 효력을 담보하는 종의 실재성은 바로 '경향'이라는 수수께끼같은 용어의 사용에 있다. 베르그손에 의하면 "생명은 하나의 경향이고 경향의 본질은 다발로 전개되는 것이며, 그것은 단지 커진다는 사실로 인해 자신의 약동을 공유하고 있는 분기하는 방향들을 창조하는 것이다"(EC, 100). 생명적 약동은 무한한 개체들을 야기하는 단선적인 폭발이 아니라 유탄의 이미지가 보여 주었듯이 우선 경향들로 분할되고 다음에 개체들로 분리되는 복합적인 분화의 과정이다. 종과 개체는 비록 같은 원인에 의해 생성된다고 해도 경향들의 분화라는 차원에서 일종의 위계를 가진다.

물질의 영역에서 개체와 유

물체$^{le\ corps}$는 그 자체로서는 개체성을 가질 수 없다. 물체의 개체성을 만들어내는 것은 우리의 지각이다. 이 점에서 베르그손의 태도는 단호하다. 『물질과 기억』의 4장에서 베르그손은 이렇게 쓴다. "물질을 절대적으로 한정된 윤곽을 가지는 독립된 물체들로 나누는 것은 모두 인위적인 분할이다"(MM, 220). 지각장에서 물질적 연장은 우선 우리에게는 연속된 것으로 나타난다. 여기서 "최초의 불연속을 세우는 것은 생명"이다(MM, 222). 물질은 생명체의 욕구를 충족시켜줄 '대상들'^{objets}로 나누어지는 것이다. 이러한 관점은 『창조적 진화』에서 더 공고해진다. 『물질과 기억』에서 물질의 연속성은 단지 가설적으로 진술되었으나 여기서는 철학적 주장으로 제시된다. 그래서 우리가 물질에 대한 우리의 가능적 행동, 즉 지각을 제거한다면 "물체의 개체성은 아마도 실재 자체일 우주적 상호작용 속에 용해된다"(EC, 11).

『창조적 진화』에서 유의 형성은 "지각의 영화적 특성"에서 유래한다. 물체의 성질qualité들은 물질적 생성의 연속적 흐름 속에서 우리가 고립시키는 "안정된 외관들"이다(EC, 301). 이러한 성질들 중에서 특히 형태의 지각은 물질의 연속성 속에서 유의 출현을 설명하는 열쇠가 된다.

> 형태는 변전transition 위에서 취해진 순간성에 지나지 않는다. ……순차적 이미지들이 서로 많이 다르지 않을 때 우리는 그것들을 모두 단 하나의 중간적moyenne 이미지의 증감으로 또는 이 이미지가 다른 방향으로 변형된 것으로 본다. 그리고 우리가 사물의 본질이나 사물 자체에 대해 말할 때 우리가 생각하는 것은 바로 이러한 중간적 이미지이다.(EC, 332)

여기서 '중간적'이라는 용어는 물론 단순히 평균적이라는 의미가 아니다. 그것은 차라리 사물의 운동이 우리에게 나타내는 '도식적인' 태도와 관련된다. 우리의 지각이 사물을 인지하는 것은, 예를 들면 조각가 피디아스Phidias가 "파르테논 신전의 소벽"에 "말이 성큼 내딛는 발걸음"을 조각해 놓은 방식과 유사한 데가 있다(EC, 332). 여기에는 동일한 방식으로 우리의 주의를 끄는 스냅사진들과는 달리 '특권적 순간'에 대한 집중이 있고 이것이 바로 우리가 '형상'이라 부르는 것을 구성한다.

그러나 『사유와 운동자』에서는 물질계에서 유들의 실재성에 대한 옹호를 발견할 수 있다. 물질적 유는 "성질들", "요소들이나 화학적 결합들" 그리고 "물리적 힘들"의 세 가지로 나누어진다(PM, 59). 그러나 이러한 분할은 단지 "동일성"identité에 의해 정당화된다. "여기서 유들을 구성하게 해주는 것은 동일한 것의 반복이다"(PM, 61). 예를 들면 산소 원자들과 중력은 도처에 있으며 우주의 어떤 순간에도 동일하다. 한편 성질들은 "요소적인élémentaire 물리적 사건들의 진동수"에 기초한다. 즉 전자와 원자핵 등 아원자 차원의 사건들을 말한다. 여기서 진동수는 반복되는 동일성의 조건이 된다. 베르그손은 색의 지각을 가능하게 해주는 물리량을 사례로 드는데 이는 맥스웰의 전자기파 이론에 따르면 전자기파의 진동수가 될 것이다. 예를 들면 녹색이 언제 어디서든 항상 동일하게 나타나는 일정한 진동수(주파수)의 영역이 있다. 물질적 속성들의 동일성은 그것이 수학적인 것에 가까워질수록 그만큼 더 완벽해진다. 이처럼 베르그손이 물질계에서 말하는 일반관념들은 생명계에서 말한 일반관념들과는 아주 다르다. 왜냐하면 생명계에서 동일종에 속하는 유사한 개체들이 동일한 기계에서 제조된 다수의 물품들과 다른 이유는 바로 그것들이 서로 동일하지 않다는 이유 때문이다. 물질적 속성들의 동일성과 생명적 속성들의 유사성은 유들을 기초하는 두 개의 다른 근원이다. 그러므로 두 가지 질문이 제기될 수 있다. 첫째는 동일성에 기초한 물질적 유의 실재성은 물질의 연속성이라는 주장과 어떻게 화해할 수 있는가 하는 것이다. 이 문제는 베르틀로P. Berthelot가 베르그손의 물질 개념에 대한 비판에서 중심적으로 제기한 바 있다.[4] 두 번째는 생명적 유와 물질적 유의 두 근원 사이에 어떤 관계가 존재하는가 하는 것이다. 즉 동일성과 유사성이 두 개의 다른 근원이라면 그것들이 어떻게 둘 다 유적 질서 안에서 분류될 수 있는가 하는 것이다.

우선 언제 어디서나 동일한 물질의 특징은 물질의 연속성의 개념과 무리 없이 조화를 이룰 수 있는 것처럼 보인다. 이러한 관점에서 물질의 유는 자연 속에 그 근원을 가진다. 가령 보편적 중력은 자연 속에 연속적으로 퍼져 있는 힘이다. 색을 나타내는 전자기파의 진동수들은 전자기파의 다른 형태들과 연속되어 있을 뿐 아니라 베르그손의 연속주의 입장에서는 모든 종류의 물리량들과 연속되어 있다. 이때 문제는, 색지각의 경우, 한 색깔의 동일성의 형식을 구성하는 진동수들이 어떻게 "일정한 경계들 사이에서"(녹색이 나타나는 일정한 진동수의 영역에서) 나타나는지를 알아야 한다는 것이다(PM, 61). 다시 말하면 그것이 나타내는 일종의 불연속성에 대해 말할 수 있어야 한다는 것이다. 이 문제에 대해 베르그손은 상세한 대답을 하지는 않는다. 단지 이와 같은 수학적 조건에 더하여 그는 유가 지니는 생물학적 특징을 제시할 뿐이다. 그는 "감각적 성질들의 지각은 기억이 가하는, 실재에 대한 일종의 수축"(MM, 31)이라고 보는 『물질과 기억』의 주장을 여기서 상기하고 있다. 여기서 우리는 다시 한 번 유의 기원이 물질계에서만 유래하는 것은 아니라는 것을 확인하게 된다. 왜냐하면 지각 체계는 생명종에 고유한 것이기 때문이다. 과연 붉은 색은 그것이 나타내는 일정한 전자기적 진동수라는 물리량에 의해 실재를 보장받는가, 아니면 한 생명종이 이러한 한정된 물리적 영역을 자신의 방식으로 지각하기 때문에 가능한 성질인가? 이 문제는 제1성질과 제2성질에 대한 데 까르뜨와 로크의 구분과도 연결된다. 아무튼 물질의 연속성과 물질적 유의 불연속성 사이에 양립이 불가능한 것은 아니다. 다만 베르그손의 추론을 따르자면 이러한 양립가능성은 물질계 자체에만 그 근원을 가지는 것은 아니다.

두 번째 문제는 베르그손의 이원론과 관련되는데 좀 더 구명하기 어려운 문제이다. 이것은 과학적 인식의 위상에 관한 베르그손의 태도와 관련되어 있다. 게다가 베르그손의 입장은 시간이 지나면서 변화하고 있다. 우선 『창조적 진화』(1907)에서 베르그손은 기하학적 질서와 생명적 질서를 구분하면서, 전자를 법칙들에, 후자를 유들에 관련시킨다. 거기서 그는 법칙들은 관계들에 대한 근사적 인식에 접근할 뿐인 반면 그 나머지인 "절반의 인식"에 해당하는 유들은 "사물 자체"에 근거할지도 모른다고 한다. 이는 경험이 "항들의 병렬적 관계 옆에서 독립적인 항들을" 나타낼 수도 있다는 조건에서 그러하다(EC, 231). 즉 유는 보편자로서 항들의 관계가 아니라 항들 자체와 관계하는 반면 법칙은 단지 관계들에 기초한다. 다음에 베르그손이 『사유와 운동자』에 수록된 1922년의 글에서 물질적 유를 기초하는 동일성에 대해 말할 때 문제가 되는 것은 여전히 측정에 기초하는 기하학적 질서이다. 그런데 이번에는 그것은 "실재에 내재하는 객관적 일반성들"의 근원을 이룬다(PM, 58). 그러면 위에서 지적한 요소들, 힘들, 진동수들 같은 보편적 항들로 구성되는 법칙들은 실재와 직접 관련을 맺는다고 할 수 있다. 과학에 관한 베르그손의 태도는 여기서 분명히 변화하고 있다. 과거처럼 과학 법칙들의 인위적 성격을 고발하는 대신에, 그는 과학이 실재의 근원에 도달한다는 것을 점점 명백히 드러내고 있다. 그래서 결국 생명의 인식과 물질의 인식은, 서로 다르면서도 위계적이라기보다는 동일한 수준에 위치하는 두 실재에 접근한다고 말할 수 있다. 그래서 베르그손은 "형이상학은 과학보다 우월하지 않다. 그것들은 둘 다 실재 자체에 근거하고 있다"라고 말하는 것이다(PM, 43).

시몽동에게서 개체화와 문턱 그리고 정보의 개념

물체의 개체화 그리고 유를 형성하는 변이의 문턱들

시몽동은 한정된 개체보다는 개체화과정 자체를 강조하는 드문 사상가들 중 하나이다. 그는 개체를 개체화과정의 산물로 본다. 그는 개체화과정을 이미 만들어진 개체들로부터 설명하는 모든 이론, 인간적 표상으로부터 출발하는 이론들로부터 벗어나 사물의 본성과 심층에 도달하기 위해 아주 다른 가능성을 탐색하기 시작한다. 자연 세계에서 개체화는 정적이라기보다는 역동적인 방식으로 일어난다. 거기서는 안정된 것으로 가정된 존재자들을 몇 가지 위계적인 범주들로 분류하는 것이 문제가 아니라 그것의 발생을 추적하는 것, 즉 "개체발생을 그 실재성의 전개과정 전체 속에서 파악하는 것"이 문제이다(IFI, 24). 그래서 시몽동의 작업은 생성의 문제들, 혹은 더 일반적으로 "발생학적 존재론"ontologie génétique의 문제와 관련된다(Barthélémy, 2005, p. 39).

시몽동의 작업은 두 가지 문제를 제기한다. 개체들의 기원은 무엇인가? 그리고 개체들이 그로부터 유래하는 전개체적인 것의 존재론적 위상은 무엇인가? 모든 종류의 존재자들의 기원은 개체화 이전에 있다고 본 점에서 시몽동은 이오니아의 생리학자들, 특히 아낙시만드로스에 조회한다. 아낙시만드로스는 가능성으로서만 존재하는 무규정자, 즉 아페이론으로부터 다양한 개체들의 출현을 설명하였다. 이러한 소크라테스 이전의 근원에 조회함으로써 시몽동은 "전개체적 실재"의 개념을 중심적인 위치에 놓는다. 이를 위해 그가 동원하는 개념들은 주로 물리학에서 빌려온 개념들이다. 열역학은 전개체적인 것의 "준안정적 평형"을 설명하는 중요한 도구들을 제공한다. 준안정적 평형은 요소단위 수준을 넘어서는 긴장되고 과포화된 에너지의 체계이다. 개체화는 이러한 계의 에너지적인 비평형으로부터 "존재자가 스스로와 관련하여 상전이하는" 사실로부터 나타난다(IFI, 25).

존재자는 우선 긴장된 단일성의 상태로 그리고 생성을 구성하는 구조화와 기능화를 향해 자신을 밀어붙이는 양립불가능성을 은닉하는 상태로 존재하는 것으로서 나타날지도 모른다. 생성 자체는 이러한 최초의 상태의 해결을 상전이에 의해 가능하게 하는 차원으로 간주될 수 있다. 그러므로 최초의 동력은 단순하고 하나인 존재자가 아니라, 모든 상들의 출현 이전에 존재하는 것으로서의 존재자, 모든 상들을 도래할 수 있는 형식이나 구조들로서가 아니라 에너지적으로 은닉하고 있는 존재자일지도 모른다.(IFI, 314)

　전개체적 상태에 대한 시몽동의 묘사는 물리적이고 형이상학적인 개념들을 혼합하고 있다. 그러나 계의 에너지의 준안정성과 상전이는 물리적 이미지 없이는 이해될 수 없다. 특히 시몽동이 과포화된 용액에서 출발하는 결정의 개체화과정을 모범으로 제시할 때,

물리적 설명에 특권을 부여하는 것은 명백해 보인다.

결정의 형성은 물리적 수준에서부터 개체와 유형의 출현을 동시에 보여 준다. 앞 절에서 본 것처럼 결정화과정이 보여 주는 개체화과정의 두 조건은 구체적으로 에너지 조건과 특이성 조건이다. 어떤 온도와 압력 조건에서 준안정상태의 과포화용액에 결정의 싹을 넣으면 상태 변화가 일어난다. 과포화되어 변화되기만을 기다리는 상태가 에너지 조건이라면 변화를 야기하는 계기가 되는 싹의 존재는 특이성 조건이다. 우선 싹은 무정형물질을 응집시켜 분자층들에 구조화를 야기한다. 최초의 층은 두 번째 층에 다시금 싹으로 작용하여 계속적으로 퍼져 나가면서 증폭된다. 결정의 구조화의 기저에는 분자들의 응집을 가능하게 하는 분극작용이 있을 뿐 이 구조화 과정을 주도하는 '형상'forme과 같은 본질은 없다. 그래서 시몽동은 다음과 같이 말한다. "싹은 결정과 실체적으로 구분되지 않는다. 그것은 결정 안에 포함된 채로 있고 결정은 더 커다란 싹처럼 된다. 여기서 몸은 싹으로 연장할 수 있고 싹은 몸으로 연장할 수 있다"(IFI, 89). 이 말은 개체와 유의 근본적인 동일성을 함축한다. 보통 싹이란 개체로 될 수 있는 가능성으로서 유적 본질을 지닌다고 할 수 있다. 하지만 싹 자체가 연장되어 개체가 되거나 거꾸로 개체 자체가 싹으로 기능한다면 유와 개체 사이에는 아무런 차이도 존재하지 않게 된다. 이는 바이스만의 생식질연계설을 근본적으로 전도시키는 것이다. 시몽동이 생식질연계설에 의도적으로 반기를 드는 것은 유類와 종, 그리고 개체를 위계적으로 구분하는 생물학적 상식을 거부하기 위해서이다. 개체를 속성들에 의해 설명할 때, 보통 이 속성들은 유적인 것으로서 생물학적 기원을 갖는다. 그러나 시몽동은 유와 개체가 모두 개체화의 산물이라고 본다.

또 다른 사례를 보자. 예를 들어 황이라는 원소는 황의 과포화 용액에서 얻은 싹의 특징에 따라 사방정계orthorombique와 단사정계 monoclinique라는 두 가지 동소체 결정을 얻는다. 동소체들은 동일한 화학적 조성을 가지면서도 다른 형태, 다른 구조 즉 다른 유형type 을 가지고 있다. 사방정계는 정육면체 모양, 단사정계는 약간 비스 듬한 육면체 모양으로 섭씨 95.4도 이하에서는 전자가 더 안정적이 고 95.4도와 115도 사이에서는 후자가 더 안정적이다. 사방정계는 구조화되기 이전의 에너지를 모두 사용한 안정적 형태이며 단사정 계는 초기 에너지를 완전히 사용하지 않은 불안정한 상태이다. 사 방정계에서 단사정계로 가기 위해서는 열량이 필요하기 때문에 양 자 사이에는 에너지적 불연속성이 존재한다. 이처럼 싹과 에너지 조 건에 따라 동소체들의 구조(유형)가 결정된다. 한편 동일한 싹으로 한 유형의 황의 결정을 여러 번 만들어낼 경우 그것들은 동일한 형 태, 동일한 구조를 가지면서 그 내부에서 더 미세한 요인들(예를 들 면 냉각속도 같은 연속적인 요인)에 의해 개체적 차이를 나타낸다. 이처럼 에너지 불연속성이 유형을 나타나게 하는 조건이라 해도 황 의 두 동소체 유형의 발생 조건과 각 동소체 내의 다양한 개체들의 발생 조건 사이에 근본적인 차이는 존재하지 않는다고 본다. 유형 적 특징이나 개체의 독특한 특징이나 모두 "에너지 조건과 특이성 조건의 만남으로부터 나오기 때문에 개체적이다"(IFI, 81). 그래서 시몽동은 다음과 같이 말한다.

우리는 결코 어떤 특수존재자를 한 유형에 속하는 것으로 고려해서는 안 된다. 특수존재자에 속하는 것이 유형이다. 이는 특수존재자를 가장 독특하게 만드는 singulariser 세부사항들과 같은 자격으로 그러하다. 왜냐하면 이 특수존재자 안에 있는 유형의 존재는 존재자를 독특하게 만드는 세부사항들의 기원에 있는 것과 동일한 조건들로부터 나오기 때문이다. 이 조건들이 안정성의 영역들을 한정하면서 불연속적인 방식으로 변화하기 때문에 유형들이 존재하는 것이다.(IFI, 81)

유와 개체의 차원들 자체는 불연속적이라 해도 그것들은 연속적으로 생성될 수 있다. 두 경우 모두 동일한 개체화과정에 의해 생성된다. 기본적인 에너지 조건에 역사적이고 우연적인 특이성의 요소가 첨가되어 구조를 낳고 퍼텐셜에너지의 상태변화, 즉 상전이를 야기한다. 그러므로 구조의 탄생은 "임계적" 특징을 보여 준다. 물질적 자연에서 불연속적인 경계들은 실체적인 것이 아니라 경험적 기초를 가지며, 부정적인 특징을 갖기는커녕 새롭고도 창조적인 무언가를 구성한다. 이 사실은 과학적인 기초를 갖는 동시에 흥미로운 철학적 고찰의 대상이 될 만하다.

한 가지 예를 더 들어 보자. 헤르츠파와 가시광선, 자외선, 적외선, X선, 감마선과 같은 다양한 전자기파들 사이에는 연속성이 있다는 것이 발견되었다. 그것들은 전자기파인 한에서 동질적이고 각각이 갖는 다양한 파장들에 의해서만 서로 다르다. 예를 들어 "가시광선과 헤르츠파들은 전자기파에 해당하는 공통적 유의 두 종들이 아니다. 전자기파의 정의에서 헤르츠파나 가시광선파의 정의로 이행할 수 있게 해 주는 어떤 종차도 지시된 바 없다"(IFI, 107). 여기서도 실체론적 구분은 설 땅을 잃는다. 하지만 이러한 연속성이 구분을 불가능하게 하는 것은 아니다. 시몽동은 "물리적 존재들의 위상학"은 유와 종이 아니라 "내포의 보편적 특징에 주어진 세부화에 의해, 귀납의 언어로 아종들sous-espèces이 될 만한 것을 정의하게 해준다"고 한다(같은 곳). 이러한 세부화나 귀납이란 정확히 무엇일까? 그것들은 어떻게 여러 전자기파들을 서로 구분하게 해주는가? 전자기파가 에너지조건의 연속성을 함축한다면 진동수와 파장의 차이는 특이성조건과 관련된다. 그러므로 여전히 특이성, 임계성, 문턱과 같은 개념들로부터 분리의 불연속적 경계가 설명될 수 있다.

하지만 여기서도 생명체의 지각 그리고 기술적 이용이라는 두 가지 원인을 주목해야 한다. 적외선, 자외선 그리고 가시광선은 생명체들의 지각 능력에 따라 구분된다. 만약 생명체가 없다면 그것들의 진동수와 파장의 차이는 아주 사소한 것으로 남을지도 모른다. 한편 장파, 중파, 초단파 등을 구분하는 것은 훨씬 더 명확하다. 그것들은 전파의 환경 조건들에 의존하며 근본적으로 기술적이고 산업적인 개념들이다. 그래서 에너지조건과 특이성조건이 물리계에 존재하는 유와 개체를 결정한다면 생명체의 지각과 인간의 기술은 이와 다른 층위를 덧붙인다고 할 수 있다.

물리적 개체화와 생명적 개체화의 관계 및 생명계에서 유의 형성

물질에서 생명으로 가는 과정이 연속적인가 불연속인가 하는 문제 역시 시몽동에게서는 전개체적 상태의 개념을 중심으로 제기된다. 이와 관련하여 두 가지 사항을 명확히 해야 한다. 우선 전개체적인 것은 미시계의 존재방식과 관련되어 있으며 "미시물리의 수준과 거시물리의 수준 사이에는 어떤 교환"이 있다(IFI, 150). 이런 교환은 유기화학의 거대분자 수준에서 일어나며 물질과 생명의 연속성은 바로 이러한 교환의 수준에서 찾아야 한다. 물체와 생명체는 동일한 물리화학적 요소들로 이루어져 있다. 그것들이 유기 조직인 한에서는 상호교환이 가능하다. 바로 거기서 우리는 두 번째 사항에 주목해야 한다. 물체와 생명체가 물리화학적 수준에서 연속되어 있다고 해서 그것들의 개체화과정도 연속된 것은 아니다. 시몽동은 요소적 환원주의를 유물론이라고 부르는데 이는 특히 경계의 대상이다. 생명적 개체화는 보다 단순한 요소들로 이미 만들어진 물리적 개체들의 종합일 수 없다. 생명체와 물체의 관계는 개체들의 수준에서가 아니라 개체화의 수준에서 고려되어야 한다. 생명적 개체화는 물리적 개체화의 최초의 동력을 따르지만 거기에 완전히 종속되지는 않는다. 물리적 개체화는 자신의 전개체적 상태에서 주어진 최초의 특이성을 전개하고 그것을 반복하면서 안정화되는 반면 생명적 개체화는 특이성들이 안정화되기 이전에 그것들을 순차적으로 받아들이고 그것들을 양립가능한 상태로 만들어 증폭시킨다. 그러므로 생명적 개체화는 물리적 개체화가 완성된 이후에 이루어지는 것이 아니라, 그 이전에 이루어진다.

따라서 물리적 개체화와 생명적 개체화 사이에는 근본적인 불연속성이 있다. 시몽동은 이것을 "정보 수용능력의 양자적 차이"라고 부른다(IFI, 151). 물질적 개체와 생명적 개체 간의 차이는 그것들이 개체화되는 다양한 양태들에 기인하는 것이지 그것들의 정의에 기인하는 것이 아니다. 생명계에서도 개체의 의미를 엄밀히 정의하려 할 경우 다양한 방식으로 나타나는 개체성의 형태들은 설명할 수 없을지도 모른다. 시몽동이 개체보다 개체화를 강조하고 각각의 개체를 개체화의 산물로 간주하는 것은 바로 이런 이유이다.

생명의 원초적인 형태들 중에서 산호와 같은 군체들은 결정에 비교할 수 있는 존재방식을 가지고 있다. 즉 한 군체 전체의 삶은 '성장'이라는 동일한 방향으로 향하고 있다. 군체는 엄밀히 말해 개체도 집단도 아니고 이 두 성질을 공유하는 미분화된 양태이다. 산호와 같은 초보적 형태들로부터 출발한다면 군체와 관련하여 상대적으로 고립된 개체는, 그보다 상위에 있는 단위를 개체라고 할 경우, '하위개체'sous-individu라고 할 수도 있을지 모른다. 즉 "생명의 단위가 유기화된 완전한 집단이고 고립된 개체가 아니라면" 말이다 (IFI, 158).

이렇게 접근하면 생명계에 대한 아주 다른 조망을 얻게 된다. 고립된 개체가 아직 명확히 등장하지 않는 곳에서는 생식은 신체적 과정의 일부와 혼합되어 있다. 예를 들면 산호의 출아현상과 아메바의 분열번식은 신체의 일부를 변형하여 일어난다. 물론 이 두 가지는 아주 다른 삶의 방식을 보여 준다. 전자는 군체에서 싹을 내어 성장하는 방식인데 새로 생긴 개체는 공간적으로 집단에 통합됨으로써 군체를 영속하게 만든다. 후자에서 개체는 대부분의 생식이 그러하듯이 시간 속에서 자신의 생존을 연장한다. 자신의 신체를

아메바. 씨포데리아 암퓨라(Cyphoderia ampulla)

연장함으로써 생식하는 존재자는 죽음을 초월하는 존재자라고 할 수 있다. 이런 삶의 방식에서 죽음은 필연적인 것이 아니다. 시몽동은 이러한 조망을 더 확대하여 그것을 생명의 일반적 특징으로 만든다. 사실 집단적인 한에서 생명의 단위는 영구적으로 생존할 수 있다. 왜냐하면 "집단은 군체와 기능적으로 동등한데……그것은 순차적인 개체화를 통해서 늙지 않고 영속한다"는 점에서 준안정성을 유지하기 때문이다(IFI, 217). 개체는 고립되어 있어도, 종이든, 사회이든, 집단에 통합되지 않고는 살아남을 수 없으므로 시몽동은 이러한 생명의 초보적 특성을 강조한다.

그러나 이제 생명을 고립된 개체의 관점에서 보면 죽음이 본질적인 특성으로 출현한다. 산호에서조차 군체에서 떨어져나온 개체는 알을 품은 후 죽는다. 고립된 개체와 유성생식, 그리고 죽음의 관계는 분명해 보인다. 유성생식하는 개체는, 생식질만이 세대를 통해 연장되고 성체는 죽을 수밖에 없음을 강조하는 바이스만의 유명한 가설의 범례로 사용되고 있다. 개체는 종과 근본적으로 구분되며 종의 특질은 배에서 배로만 전달된다. 그러나 신체적 변형이든, 유성생식이든, 생식이란 '정보'를 전달하는 활동이다. 그것은 "증폭시키는 전달의 활동"이며 "개체성의 정도들은 이 활동의 밀도에 달려 있다"(IFI, 190). 이 활동이 신경계에 집중될 때 개체는 완벽한 독립성을 소유하게 된다. 시몽동은 생명적 개체화의 정점을 신경계로 실현되는 정보체제의 독립성과 관련시킨다. 개체는 "스스로 자신의 발달을 지배하고, 스스로 정보를 축적하여 이 정보를 수단으로 자신의 활동을 지배하는 자율적 존재자"이다(IFI, 191). 고립된 개체를 특징짓는 유성생식과 정보체제의 독립성은 생명의 상위 수준의 개체화의 결과이다.

생명계에서 유의 문제는 우선 생식의 양태와 관련되어 있다. 시몽동은 생식을 설명하기 위해 생명의 고등한 형태로부터 출발하는 아리스토텔레스나 바이스만의 입장을 거부한다. 그에 의하면 결정에서 아메바를 거쳐 산호에 이르기까지, 개체 그 자체는 직접 자신의 생식질을 연장한 것이라는 의미에서 동시에 "유전물질"이기도 하다. 따라서 그는 유성생식이 단순한 '복잡화'에 지나지 않는다고 간주하는 라보Rabaud의 입장에 동의한다. 이런 입장은 자연히 몇 가지 난점을 제기한다. 분열번식 같은 사례를 보면 개체와 종의 구분은 그렇게 명확하지 않다. 반대로 유성생식에서 유전물질은 생식세포들에 의해 전달되는 명확한 위상을 갖는다. 이는 오늘날 정보이론의 은유와 유전프로그램의 개념을 원용하는 분자생물학에서 "유전의 벡터"라고 불린다. 이 점에서 시몽동이 유전적 형태형성configuration의 개체화하는 힘을 과소평가했다는 비판이 있다.[5] 실제로 시몽동에게서는 생명의 형질들의 유형type을 만들어내는 것은 개체화과정 즉 내적 공명을 통한 정보의 전달 과정이다. 개체들을 산출하는 것은 안정된 유전적 유형들이 아니다. 개체발생은 프로그램의 엄밀한 전개가 아니며 이를 넘어선다. 물론 유전은 존재한다. 그러나 "유전적 형질은 미리 결정된 요소가 아니라 해결해야 할 문제이며, 구분되는 동시에 통합된 두 요소가 부조화 관계 속에서 이루고 있는 짝이다"(IFI, 206).

유형의 문제는 진화에 대한 시몽동의 입장에 조회할 때 더 명확히 드러난다. 진화는 유전형질의 단순한 전달을 넘어서는 변화나 도약을 내포한다. 그런데 진화는 개체화과정과 어떤 관련이 있을까? 시몽동은 진화를 설명하기 위해 두 가지 장치를 이용한다. 하나는 '문제제기'problématique라는 개념적 장치이고 다른 하나는 '유형성숙화'néoténisation라는 생물학적 장치이다. 한편으로 생명의 과정은 개체발생이든, 진화이든, "영속적인 문제제기"이자 "순차적인 해결의 연쇄"이다(IFI, 206, 214). 개체화과정은 문제해결의 과정이고 진화는 무엇보다도 개체화과정을 연장하는 것이다. 개체화과정은 개체들의 수준에서만이 아니라 생명의 더 상위의 수준에서도 작동하기 때문이다. 그러므로 시몽동에게서 개체화과정은 개체의 발생을 넘어선다. 그것은 "사람들이 생각하는 것보다 훨씬 더 일반적인 작용"이다. 생명체는 자신이 활동하는 차원들 모두에서, 즉 지각과 행동 그리고 적응이라는 차원들에서 문제 해결을 시도한다. "개체발생은 개체화과정이다. 그러나 개체발생만이 생명체에서 이루어지는 유일한 개체화과정은 아니다.…… 산다는 것은 개체화의 행위자가 되고 환경이 되는 동시에 그것의 요소가 되는 것이다. 지각, 행동, 적응이라는 행태는 개체화 과정의 근본적이고 영속적인 국면들이다"(IFI, 213). 개체화과정은 적응이라는 행태까지 포함한다는 측면에서 명백히 진화와 관련된다. 혹자는 시몽동의 "긴장/해결"tension/résolution이라는 용어쌍을 다윈의 "변이/선택"이라는 용어쌍에 비교하면서 "개체화는 보편적 진화기작에 시몽동이 붙인 이름"이라고 해석하기도 한다.[6]

　다른 한편으로 유형성숙 현상은 시몽동이 진화를 설명할 때 특별한 중요성을 갖는다. 시몽동은 "개체화과정은 유형성숙幼形成熟화 과정과 직접 관련되기 때문에 진화의 뿌리"라고 말한다(IFI, 213, note). 유형성숙이란 한 종이 어린 상태에서 성숙을 멈추고 생식기만 성숙하여 번식하면서 신종의 기원이 되는 것을 말한다. 보통 영장류의 진화를 이와 같이 설명하는 것을 볼 수 있다. 가령 어린 침팬지의 뇌와 인간의 뇌 사이에는 유사성이 존재하는데 침팬지는 성장이 빨라 나중에는 어린 시절의 뇌와 매우 다른 모습이 되지만 인간은 큰 차이가 없다. 시몽동은 유형성숙이 진화의 주요 원인이라고 보는데, 이는 그것이 일종의 개체화과정의 전개라고 보기 때문이다. 그래서 "생명적 개체화가 물리적 개체화의 가장 조숙한 면을 보존하고 확장한다고 가정하면 …… 동물적 개체화는 식물적 개체화의 가장 원초적 단계에서 영양을 공급받고 그것 안에서 다 자란 식물로 발달하기 이전의 어떤 것을 보존하면서, 좀 더 긴 시간 동안 정보를 수용하는 능력을 보존한다고 가정할 수 있다"는 것이다(IFI, 152). 이런 관계를 일반화하면 신종의 형성은 모태가 되는 종의 개체들이 조숙한 상태로 스스로를 증폭시키는 과정에 기인한다고 할 수 있다. 즉 자신에게 주어진 성장과정을 그대로 답습하지 않고 기원에 있던 잠재성 혹은 특이성들을 증폭시켜 그것들이 새로운 방식으로 변화할 가능성을 열어 놓는 것이다. 그리하여 시몽동은 "생명체들의 범주 속에서 가능적 유형성숙의 발달군들을 가정함으로써 개체들의 등급들classes 사이에서 이런 유형의 관계를 일반화할 수 있다"고 말한다. 즉 생명적 유의 개념은 유형성숙적 발달에서 유래한다고 볼 수 있다. 물론 시몽동에게는 생식과 개체발생 그리고 진화가 모두 개체화과정의 일부이며 개체화과정은 무엇보다도 문제제기와 해결의 과정이므로, 유형의 개념은 고정된 것이 아니라 생명의 역동적 과정과 궤를 같이한다고 볼 수 있다.

이런 역동적 입장은 유개념에 대해 아리스토텔레스적인 형상질료설과는 전혀 다른 조망을 제시한다. 개체화과정은 증폭하는 정보의 전달 과정이다. 유형성숙의 과정이 기존 상태의 퍼텐셜을 증폭하면서 생명의 자연적 과정을 늦추거나 유보시키는 과정이라면 이는 개체화과정의 모든 행보와 일치한다. 그러나 시몽동은 유형성숙이라는 개념에 대해 충분히 논의하지는 않고 암시하는 것에 그치고 있다. 1950년대 후반이라는 시기를 생각하면 오늘날과 같은 다양한 자료를 접하기는 어려웠을 것으로 생각된다. 오늘날에도 유형성숙에 대해서는 논란의 여지가 많다. 다양한 자료들로부터 이것이 진화의 주요한 요인으로 거론되는 것은 사실이지만 아직은 일반적 의미를 제시하기 어렵고 부분적 해석들에 그치는 상태이다.

분화différenciation와 동일화identification, 생성에 대한 두 상이한 견해들

베르그손과 시몽동의 사유는 두 가지 본질적인 점들을 중심으로 수렴된다. 우선 이들은 잠재적인 것le virtuel의 실재성에 대해 명확히 긍정적인 태도를 보여 준다. 베르그손에게 있어서는 생명의 잠재성, 시몽동에게는 전개체적인 것의 잠재성이 그것들이다. 두 번째로 개체와 유의 본성 및 그것들의 관계는 잠재적인 것 혹은 전개체적인 것으로부터 시작되는 그것들의 발생과 관련이 있다. 이런 이유로 개체화과정 자체는 다양한 정도들을 통해 이루어진다. 우리의 비교 분석은 이 두 가지 근본적인 유사성의 지점으로부터 출발한다. 그러나 이 두 가지 점들에 대한 분석은 다음 세 가지의 상이한 쟁점들로 우리를 인도하게 될 것이다. 즉 물질에서 생명으로의 이행, 물질에 있어서 개체와 유의 문제, 생명계에서 개체와 유의 문제가 그것이다. 이 문제들은 두 저자의 사유가 갈라지는 지점들을 보여줄 것이다.

베르그손에게 있어서 잠재적인 것의 의미는 들뢰즈가 잘 분석한 바 있다. 잠재적인 것의 현실화actualisation는 가능적인 것의 실현réalisation du possible이 아니다. 가능적인 것은 형상이든, 이데아든, 실재적인 것을 선행하는 것처럼 보이지만 사실은 실재를 모방하여 과거 속으로 역투사한 관념일 뿐이다.7 물론 플라톤에게는 가능적인 것, 즉 이데아가 실재적인 것이지만 그것은 어디까지나 관념적 실

재성이다. 들뢰즈에 의하면 "가능적인 것을 닮는 것이 실재적인 것이 아니라 실재적인 것을 닮는 것이 가능적인 것이다"(B, 101). 일상적으로는 가능성의 실현은 가능적인 것과 실재적인 것 사이의 유사성을 가정한다. 마치 플라톤의 형이상학에서 이데아를 모방하는 이미지들처럼 말이다. 또한 가능적인 것의 실현은 가장 이상적인 상태로부터 일종의 제한을 가하여 이루어진다. 그래서 실재적인 것은 가능적인 것이 빈약해지고 축소된 이미지이다. 무엇보다도 가능적인 것의 관념은 실재 개념에 대한 우위에 근거해서 추상적 도식으로부터 실재적인 것의 조건을 만들어낸다. 이와 반대로 베르그손의 잠재성은 그 자체로 실재적이다. 그것은 분화의 운동을 통해 현실화된다. 그것은 자신을 제한하는 것이 아니라 적극적인 방식으로 "자신의 고유한 현실화의 노선들"을 창조한다(B, 100). 따라서 잠재적인 것과 현실화된 존재자들 사이에 유사성은 없고 단지 차이가 있을 뿐이다. 잠재성의 차이화 운동이 곧 현실화이자 창조이다. 우리는 시몽동의 전개체적인 것을 베르그손의 잠재적인 것에 비교할 수 있다. 사실 전개체적 실재는 개체들과 유사성을 갖지 않는다. 개체들은 미리 존재하는 구조로부터 나오는 것이 아니며 진정한 새로움으로서 출현한다. 전개체적인 것은 창조적이고 생산적인 힘과 유사하다. 두 철학자에게 잠재적인 것과 전개체적인 것은 힘들 혹은 경향들의 불안정한 균형을 내포한다. 힘들은 단지 현실화될 기회만을 기다린다. 즉 잠재태는 분화되기를, 전개체적인 것은 상전이 되기를 기다린다. 시몽동은 잠재적인 것이라는 말을 사용하는 대신에 열역학에서 빌려온 "퍼텐셜"이라는 말을 주로 사용한다. 아주 드물기는 하나 '가능적인 것'이라는 말을 사용하기도 하는데 이 것이 의미하는 내용은 아낙시만드로스의 아페이론을 묘사할 때처럼 무규정적인 것, 무언가로 현실화될 미결정의 가능성이어서 플라톤적 형상이 아니라 베르그손의 잠재성에 가깝다. 베르그손에게서 잠재성은 의식을 모범으로 하는 지속의 형이상학 전체를 구성하는 개념으로서 생명의 창조적 운동으로까지 연장된다. 그러므로 순수한 개념적 도식에 의지하지 않는 잠재적인 것의 본질적 내용과 관련하여 두 철학자의 유사성은 분명해 보인다. 베르그손에게서 그것은 분화에 의해 현실화되고 시몽동에게서는 개체화에 의해 현실화된다. 발생을 추적하기 위해, 즉 생성을 사유하기 위해서는 이미 만들어진 존재자들을 설명하는 개념적 장치들은 소용이 없다. 그래서 베르그손에 의하면 "철학은 전체 속에 다시 한 번 용해되기 위한 노력일 수밖에 없다"(EC, 193). 문제는 전체 속에서 다시 출발하는 것이고 이로부터 새로운 사유를 시작하는 것이다. 그런데 생성의 사유는 실재의 운동을 인식하는 새로운 방법을 요구한다. 베르그손에게 그것이 직관이라면 시몽동에게는 그것이 '변환'transduction이 된다. 시몽동에게 변환이란 개체화의 역동적 과정을 일컫는 다른 말이기도 한데, 넓은 의미에서 생성의 양태라고 할 수 있지만 이 맥락에서 우리는 인식적 기능을 염두에 두고 있다. 즉 귀납이나 연역과 같은, 한정된 존재자를 파악하는 방법이 아니라 실재의 발명적 측면, "하나의 문제상황을 정의할 수 있는 여러 차원들의 발견"과 관련된다(IFI, 33).

두 번째 유사성의 지점으로 넘어가 보자. 개체성은 다양한 정도들에서 실현되기 때문에 유일하고 완전한 개체화는 없다. 개체화의 불완전성은 또한 전개체적인 것과 잠재적인 것의 존재방식과 관련되어 있다. 베르그손에게서 개체화되려는 생명적 경향은 연합되려는 경향 속에서 그 적을 만난다. 이는 생명에 내재적인 "복수적 단일성"의 특징 자체로부터 나온다. 군체에서 고립된 개체에 이르기까지 다양한 형태의 개체화의 정도들을 관찰할 수 있는 것은 생명에 내재하는 복수성과 단일성 사이의 긴장으로부터 유래한다. 그래서 생명계에는 절대적인 의미의 개체성은 존재하지 않으며 한 유기체의 "전체의 외관상의 개체성은 미결정적인 수의 잠재적 개체성들이 잠재적으로 연합된 구성체이다"(EC, 261). 사실 베르그손에게서 이러한 잠재성의 도식은 기억의 도식을 연장한 것이다. 『물질과 기억』에서 역원뿔의 도식은 지각 속에서 잠재적 기억의 현실화를 나타낸다. 무한수의 잠재적 기억들은 의식 밖으로 팽창하려는 경향이 있음에도 불구하고 정신의 단일성(삶에 대한 주의)에 이끌려 현재를 향해 현실화된다. 현실화는 개별적 기억들이 축적되는 꿈의 평면으로부터 유적 기억들이 단일한 지각에 삽입되는 행동의 평면에 이르기까지 계속적으로 왕래하는 정신의 운동에서 비롯한다. 정신적 운동과 생명의 운동은 역동적 과정에 의해 무수한 차이들의 잠재성을 외관상의 단일성으로 현실화한다는 점에서 그것들 사이에 유비가 있음은 분명하다.

시몽동에게서는 "다상적 존재자"l'être polyphasé라는 개념을 통해 이와 유사한 역동적 잠재성의 실현을 볼 수 있다. 개체화는 유일한 상으로 실현되는 것이 아니라 존재자가 자기 자신과 관련하여 다양한 방향으로 상전이하는 현상이다. 황의 동소체들의 사례에서 보았듯이 개체화된 존재자는 전개체적 실재의 퍼텐셜을 모두 고갈 시키지 않는다. 자신 안에 전개체적 퍼텐셜을 내포하고 있는 존재 자는 "다른 상과의 관계 속에서" 존재하는 다상적 존재자이다(IFI, 307). 다상적 존재자는 동일한 차원 속에서 존재하는 부분들의 합 과는 전혀 다른 다차원적 단일성을 가진 존재자이다. 거기서 상들 은 각각 고유한 차원을 가지면서 잠재적으로 존재하고 필요한 순 간에 자신의 개체성을 드러낸다. 다상적 존재자는 베르그손의 복 수적 단일성과 매우 유사하다. 두 저자에게 상들(시몽동) 혹은 경 향들(베르그손)은 잠재적 상태에서는 소통하지 않지만, 현실화되 면서 차례로 구체화된다. 이로부터 다양한 존재자들의 양태들을 지배하는 개체성의 다양한 정도들이 유래한다. 잠재적인 것은 이미 만들어진 형태도 아니고 절대적 무도 아니면서 그 고유한 역동성에 의해 개체화의 근원적인 조건들을 구성한다.

그러면 두 저자의 사유가 분기하는 지점은 어디일까? 이 지점은 바로 개체발생의 문제이다. 개체발생은 요소적 수준에서 생성을 인 도하며 두 저자는 각자에 고유한 사례를 통해 이를 설명한다. 이러 한 특수한 사례의 선택이 두 저자의 이론적 범례를 구성하는 데 본 질적이다. 개체발생은 개체화과정과 우선 동일시할 수 있는데, 시 몽동은 결정의 사례를 사용하고 베르그손은 유기체의 발생과정을 강조한다. 각각에서 물리화학적 사례와 생물학적 사례는 좋은 대 조를 이룬다. 물론 이러한 사례의 선택은 우연적인 것은 아니고 각자의 철학적 입장을 반영하는 것이다. 특히 생명과 물질의 관계, 물리적인 것과 생물학적인 것 사이의 관계에 대한 두 철학자의 입장이 반영되어 있다.

시몽동은 개체발생의 현상을 전개체적인 것의 상전이 개념을 통해 확립하고자 한다. 상전이는 외부 세계와의 상호작용이 야기하는 특이성의 사건을 기회로 일어난다. 이러한 기본적 과정과 관련하여 저자는 물질적 개체화와 생명적 개체화 사이의 불연속성을 강조하는데 이는 특히 문제의 특이성으로부터 유래하는 정보의 수용 양태 및 정보의 전개과정과 관련된다. 게다가 불연속성은 물리생물학적인 관계만이 아니라 심리적이고 집단적인 개체화에 이르기까지 각 영역에서 다른 영역으로 이행하는 문제와도 연결된다. 개체발생은 문턱의 효과가 존재하자마자 나타난다. 즉 연속적 과정의 한가운데서 불연속성의 지점이 발생하자마자 나타난다. 시몽동에 의하면 모든 관계에는 연속적인 항과 불연속적 항이 있다고 가정하면서 "이는 각각의 존재자가 스스로에게 연속적 조건과 불연속적 조건을 결합시킬 것을 요구한다"고 주장한다(IFI, 111).

이와 반대로 베르그손에게서 개체발생은 무엇보다도 생명의 약동에 원리를 두고 있는 생물학적 현상이며 물질은 "우주 전체에 내재하는 지속"으로 용해된다(EC, 11). 우주 전체의 지속이 직접적으로 개체화를 가능하게 하지는 않는다. 생명체들을 종이나 개체들로 분할하는 것은 물질과 생명의 접촉이다. 물질은 임의의 특이성이 아니라 생명과 독립적인 원리 혹은 그것과 대립하는 운동이다. 그러므로 여기서는 일단 이원론적 사유가 작동하고 있다. 설사 여기서 장껠레비치의 용어를 빌려 이원론을 실체와 관련된 것이 아니고 경향들과 관련된 것으로 본다고 해도 그러하다(Jankélévitch, 1931 : 174). 생명의 약동은 생명적 개체화와 연속되어 있으며 물질과의 만남은 극복해야 하거나 넘어서야 할 일종의 장애물로 나타난다. 그러므로 생명과 물질이 지속의 두 차원이라 해도 그것들을 나누는 심연은 매우 깊다. 이 이원론과 우주적 연속성의 관계가 베르그손의 형이상학에서 어떤 방식으로 설명이 되든 간에 그의 형이상학의 가장 어려운 문제들 중 하나임은 분명하다. 베르그손의 이원론은 기계론적 환원주의에 기초하는 그 시대의 생명과학에 대한 반대에서 비롯한다. 또 생명과 물질을 관통하는 우주 전체의 지속을 주장하는 베르그손의 연속주의는 19세기 말의 에너지론의 입장과 일정한 관련 속에서 이해해야 한다.[8] 이처럼 생명과 물질에 대한 베르그손의 설명에서 나타나는 난해함은 그 시대의 자연과학의 상황과 무관하지 않다. 그러므로 베르그손이 물체의 개체성을 인정하지 않고 생명계에서만 개체들의 형성을 보는 것도 이러한 상황과 부분적으로 관련이 있다고 하겠다.

두 번째 분기의 지점은 물질계에서 개체와 유의 본성에 관련된다. 시몽동에게 결정의 전개체적 상태는 '등방성'isotropie으로 특징지어지는 무정형 상태이다. 이를 구성하는 분자들은 구조도 질서도 없이 배열되어 있다. 반면 결정을 구성하는 분자들은 각뿔이나 육면체, 팔면체 등 기하학적 구조를 가진 망으로 정돈되어 있다. 요소들의 주기적 배열은, 성장을 위해 열려 있으면서도 한 구조 속에서 안정된 '체계화'를 보여 준다. 여기서 개체성이 있다면 그것은 '자연적으로' 형성되고 상대적으로 안정된 구조 속에 있다는 점에서이다. 또한 동일한 조건이 같은 구조의 개체들을 생산할 때 이 개체들은 동일한 유에 속하게 된다. 서로 다른 기하학적 구조들을 산출하는 것은 기본적으로 에너지 조건과 각 형태의 싹에서 유래하는 특이성 조건이지만 여기서 형성된 개체들은 더 세부적이고 우연적인 상황들, 즉 또 다른 특이성 조건들에 따라 변이할 수 있다. 이와 같이 시몽동은 생성의 연속성 속에 불연속성을 도입함으로써 유와 개체의 순차적 발생을 설명하고 있다.

시몽동에게서 물리화학적 개체화의 범례의 구실을 하는 결정에 대해 베르그손은 단 한 번 언급을 하고 있다. 그에게 결정이 개체일 수 없는 이유는 그것이 "부분들 간의 이질성도, 기능들의 다양성도 갖지 않기 때문이다"(EC, 12). 베르그손은 물질이 일반적으로 "자연적으로 고립되고 자연적으로 닫힌 체계들을 구성할 수 없다"고 단언한다(EC, 15). 베르그손이 결정의 발생기작을 모르지는 않았을 것으로 보인다. 아위Haüy 주교가 결정의 주기적 형성에 대해 세운 가설은 18세기 말에 이미 널리 알려져 있었고 시몽동이 많이 참조한 제르네Désiré Gernez의 유명한 논문도 1876년에 출판되었기 때문이다. 앞서 지적한 것처럼 베르그손은 라베송과 부트루의 입장을 따르는 것처럼 보인다. 부트루는 이렇게 말하고 있다. "결정은 개체가 아니다. 왜냐하면 그것은 현재 존재하는 유사한 결정들로 거의 무한히 분할이 가능하기 때문이다."[9]

그러나 베르그손은 물질적 개체가 지각에 상대적이라고 보는 반면 물질의 유들은 실재를 반영하는 것으로 인정한다. 즉 물질적 유는 요소원자들과 힘들 그리고 물리화학적 성질들이 자연의 도처에서 "동일한 것의 반복"으로 나타나는 현상이다. 이런 주장은 물질의 연속성에 기초한다. 자연을 물질 혹은 에너지의 무한히 연속된 파동들로 보는 베르그손은 특정한 성질의 동일성을 물질의 운동에 내재하는 진동수를 통

에밀 부트루 (Etienne Emile Marie Boutroux, 1845~1921)

해, 예를 들어 색의 경우에는 일정한 경계를 가진 전자기파의 진동수를 통해 설명한다. 이것이 지각의 객관적 배경을 이룬다. 시몽동은 여러 전자기파의 종류에 대한 분석을 통해 진동수와 파장의 차이라는 더 구체적인 특이성 조건을 보여 준다. 중요한 것은 물질적유들을 실제적으로 결정하는 경계들의 존재이다. 베르그손은 이에 대해서는 상세한 설명 없이 물질적 파동을 자신의 지각 속에서 한 순간에 '수축'하는 생명체들의 기능을 제시할 뿐이다. 시몽동의 경우 전자기파의 에너지 조건은 베르그손의 물질의 연속적 파동과 같은 맥락에서 이해될 수 있다. 하지만 시몽동은 특이성, 임계성, 문턱과 같은 개념들로부터 분리의 불연속적 경계를 설명한다는 점에서 동일성과 연속성만을 주장한 베르그손보다 유리한 위치에 있다. 바로 이 부분이 시몽동이 현대과학(특히 양자역학)과 바슐라르의 영향으로 베르그손의 연속주의에 반기를 드는 곳이다.

마지막으로 생명계에서 유와 개체의 본성에 대해 두 저자의 생

각을 비교해 보자. 베르그손에게서 개체발생은 생명체에 한정되어 있고 그것은 멀리 보면 생명의 약동에서 유래한다. 유의 탄생도 다른 기원을 갖지 않는다. 약동은 생명의 폭발적인 힘으로서 생명에 내재하는 경향들을 진화의 커다란 노선들로 분할한다. 이 노선들은 다시금 종들과 개체들로 세분된다. 그러나 약동은 유한한 힘으로서 단 한 번 주어지기 때문에 이로부터 생명의 예측불가능하고 사건적인 특성이 유래한다. 이런 세계관은 '우발성'contingence을 생명의 과정에 중요한 요소로 간주하게 한다. 유들의 탄생은 결정된 것도 아니고 그렇다고 해서 완전히 우연적인 것도 아니다. 유의 문제는 무엇보다도 존재자들의 집단을 그들의 공통적 성질들로 구분하는 것이다. 생물학은 3세기 이래로 생물의 분류 체계를 확립해 왔다. 그러나 분류를 확립하는 기준이 언제나 명확한 것은 아니었다. 분류는 단순히 존재자들의 외양에 기초한 목록이 아니라 진화의 굴곡을 점점 더 잘 반영하려는 시도이기도 하다. 그런데 우리가 앞에서 본 것처럼 고생물학자 굴드에 의하면 생명의 문門들은 막대한 수의 종분화가 축적됨으로써 점진적으로 나타난 것이 아니라 오히려 '폭발적'이고 '우발적'contingent인 방식으로 나타났다. '캄브리아기 대폭발'로부터 유래한 문門들은 진화의 커다란 노선들을 형성하면서 막대한 시간 속에서 무한수의 종들로 분화되었다. 그러므로 진화는 베르그손적인 용어로 말한다면 원초적인 폭발로부터 일어나 분화에 의해 진행하는 것이지 연합에 의해 진행하는 것이 아니다. 자연적 현상의 수준에서 비교한다면 생명의 약동은 우발성의 원리와 그렇게 다르지 않다. 이런 관점에서 유와 개체의 형성은 우발성과 역사적 인과성에 크게 의존한다고 할 수 있을 것이다.

그렇다면 유전의 수준에서도 우발성의 문제를 이야기할 수 있을까? 유는 배에서 배로 전달된다. 1953년에 제시된 분자생물학의 "중심도그마"의 교설도 바로 이 생각에 근거해 있다. 코드와 유전프로그램이라는 이미지는 오늘날 어느 정도 빛이 바래고 있지만 말이다. 하지만 최근에 파고-라르죠Fagot-Largeault는 여전히 이에 대한 보수적인 의견을 제시한다. "개체의 유전체는 그 유기체의 모든 세포들에 동일하게 현전하며 '준안정적'이기보다는 '안정적'이다. 이는 형상질료설을 너무 성급하게 거부하지 않을 것을 권장한다."[10] 그런데 우리가 다루는 두 저자는 공통적으로 유전과 관련하여 좀 더 넓고 유연한 관점을 제시한다. 베르그손에게 유전은 무엇보다도 "약동의 전달"이다. 그것은 역동적 과정이다. 시몽동에게 유전은 미리 결정된 것이 아니라 "해결해야 할 문제"이다. 양자에게 유전은 약동이라는 이미지를 통하건, 개체화의 분석을 통하건 간에, 생명적 과정의 전면에 나타나는 문제이다. 여기서 우리는 물론 유전에 관한 정확한 설명을 제시하려는 것이 아니다. 그러나 이들의 입장이 이미 코드와 유전프로그램이라는 개념들에 기초한 엄격한 유전적 결정론에 대한 비판의 원리를 내포하고 있는 것은 분명하다. 게다가 이러한 비판은 오늘날 점점 더 커다란 중요성을 획득하고 있다. 우리가 앞에서 깡길렘과 베르그손을 비교할 때 보여 주었듯이 DNA가 단백질로 선형적이고 비가역적인 방식으로 번역된다는 주장은 오늘날 문자 그대로 받아들이기 어렵다. 우리는 이로부터 예측불가능성과 우발성이 생물학에서 핵심적인 역할을 하고 있다는 것을 추측할 수 있다.

생물학적 유를 설명할 때 우발성을 강조하는 데서 두 저자가 공통점을 보이고 있다면 둘의 사유가 분기하는 지점은 좀 더 심층적인 차원에서 나타난다. 베르그손이 생명계에서 개체와 유의 이원성을 확신한다면 시몽동은 그렇지 않다. 시몽동은 개체가 이미 '유전물질'의 구실을 하고 있는 아메바나 산호와 같은 사례로부터 생명의 단위를 고립된 개체가 아니라 집단으로 보고 유와 개체의 동일성 또는 미분화를 강조한다. 그는 특히 군체생활을 하는 산호의 경우와 결정과의 유사성을 강조한다. 여기서 두 가지 점을 주목해야 한다. 우선 시몽동에게서 개체화는 생식과 모순되지 않는다. 개체화는 공간 내의 성장에 의해 시작하여 시간 속의 생식으로 완성된다. 이는 생식과 개체화를 모순된 현상으로 간주하는 베르그손과는 상당히 다른 관점이다. 다음에 시몽동은 유성생식을 생명의 본질적 현상으로 간주하지 않고 오히려 우연적인 복잡화로 본다. 이와 같이 일반화된 개체화로부터 출발할 경우 물질에서 생명으로의 이행을 이해하기는 상대적으로 쉽다. 오늘날 자기조직 체계의 이론가인 카우프만이나 점토의 결정화로부터 생명의 기원을 설명하는 케언스–스미스A. G. Cairns-Smith에게서도 이와 유사한 상황을 볼 수 있다.[11] 그러나 이와 같은 경우들에서는 공통적으로 유성생식을 평가절하하는 경향이 보인다. 하지만 유성생식은 대부분의 종들에서 유전적 다양성을 증가시키는 기원이 될 뿐만 아니라 종분화를 통한 급진적인 변화의 출현을 설명해 줄 수 있다.

한편 베르그손이 명백한 것으로 간주하는 종의 실체성은 바이스만의 주장을 기원으로 한다. 베르그손의 이원론은 개체의 물질성이 해체되는 운명을 가지고 있는 반면 창조적 힘으로서의 생명의 흐름은 무한히 계속된다는 생각에 기인한다. 물론 시몽동이 주장하는 개체화 역시 전개체적인 것 안에 존재하지 않던 분극작용과 구조화를 통해 새로움을 창출한다. 이런 점에서 그것은 프리고진과 스

스튜어트 카우프만
(Stuart Alan Kauffman, 1939~)

텐거스가 주장한 자기조직 체계에 비교할 수 있다.[12] 하지만 자기조직화에서 종분화에 이르기까지는 넘기 어려운 벽이 있다. 베르그손이 진화와 종분화의 문제를 설명하는 데 몰두했다면 시몽동은 물리화학적 수준에서부터 개체발생의 구체적 범례를 주기 위해 노력했다고 말할 수 있을 것이다. 이러한 태도의 차이가 아마도 전개체적인 것으로부터 개체화로 이행하는 과정과 관련된 두 저자의 서로 다른 설명의 원인이 되었으리라 생각할 수 있다. 베르그손이 잠재성의 현실화를 생명의 원초적 폭발의 가설에 기초한 분화 과정으로 구성한다면 반대로 시몽동에게 그것은 결정의 범례에서 나타나는 불균등성의 동일화identification 과정으로 구성된다. 물론 이러한 동일화가 논리적 과정이 아니라 자기조직화하는 분극작용polari-sation에 기인한다는 조건에서 말이다.

나가는 말 ― 베르그손과 시몽동의 과학적 배경

유와 개체의 문제에 관한 베르그손과 시몽동의 입장은 그들 각자의 형이상학뿐만 아니라 그들이 마주한 당대의 과학적 배경과 밀접하게 연관된다. 생성 형이상학의 관점에서 볼 때 두 철학자의 문제 해결 방식에는 비교를 가능하게 하는 흥미로운 지점들이 있다. 개체보다 개체화의 문제의 중요성을 강조하는 점, 개체화의 다양한 정도를 인정하는 점, 물질과 생명의 연속성과 불연속성을 취급하는 방식, 무엇보다 전개체적 잠재성을 적극 주장하는 점이 그러하다. 거기서 우리는 생성 형이상학에서 기인함에 틀림없을 몇 가지 기본 전제들 및 문제들을 다루는 태도의 유사성을 발견할 수 있다. 다른 한편 두 철학자가 몸담고 있는 과학적 배경을 살펴보면 그들이 갈라지는 지점을 포착할 수 있다. 혹은 거꾸로 말해 그들이 갈라지는 지점은 대체로 그들의 서로 다른 과학적 배경에 기인함을 알 수 있다.

베르그손은 고전역학이 그 정점에서 위세를 떨치면서도 새로운 과학에 의해 도전받기 시작하는 패러다임 전환기에 있었다. 베르그손이 영향을 받은 패러데이의 전기장 이론, 그리고 까르노, 클라우지우스, 톰슨의 열역학 제2법칙은 19세기 후반의 과학으로서 고전 물리학의 역학적 관점에 대립하는 에너지학의 성립을 예언한다. 베르그손의 철학은 세르가 잘 표현했듯이 이 전환기에서의 주저를 보여 준다. 세르는 베르그손에게서 과학과 형이상학의 대립은 역학의 패러다임과 에너지학의 패러다임 사이의 대립과 다름없다는 다소

과장된 평가를 하기도 한다.[13] 분명한 것은 베르그손에게 물질과 생명의 이원론은 엄밀한 인과성으로 대표되는 고전물리학적 물질 개념으로서는 설명하기 어려

미셸 세르 (Michel Serres, 1930~)

운 생명 현상에, 분명한 실재성을 할당하겠다는 의지의 표현이라는 것이다. 진화가 무엇보다 생성인 이유는 그것이 고전적 기계론으로 설명되지 않는다는 믿음과 연결된다. 다른 한편 에너지학에서 유래하는 베르그손의 연속주의는 물질과 생명을 아우르는 우주 전체의 지속에 연관된다. 연속주의와 이원론이라는 이 대립, 많은 연구자들이 베르그손 철학의 가장 큰 난제로 꼽는 이 모순은 그가 대면한 자연과학의 상황과 무관하지 않다. 여기서 물질에서 개체성을 보기를 포기하고 생명적 힘과 물질적 힘의 접촉과 폭발에서 생명적 종과 개체들의 형성을 보는 그의 태도가 유래한다. 바이스만에게서 영향을 받는 생명적 흐름이라는 생각이 물질의 옷을 입은 생명체 안에서 유전적 흐름으로 그리고 약동으로 전달된다는 그의 생각도 마찬가지다. 이 동일한 바이스만의 이론이 신다윈주의의 기원이 되었으며 오늘날까지도 강력한 것으로 남아 있는 유전자 환원주의의 원조라는 것을 생각할 때 여기에는 아이러니한 면

이 있다. 도킨스는 개체를 "유전자를 실어나르는 생존기계"라고 하였는데 베르그손은 이를 "세대를 관통하는 생명의 흐름"으로 표현하였다. 우리는 이들의 철학적 대립에도 불구하고 그 표현의 유사성에 놀라지 않을 수 없다.

시몽동에게서도 에너지학의 역할은 처음부터 절대적이다. 다만 그것은 단순히 고전적인 열역학의 형태는 아니다. 시몽동의 시대는 프리고진의 비평형열역학 이론이 나오기 전이지만, 그는 이와 매우 유사한 생각을 개진하고 있다. 물론 소산구조에 해당하는 현상들은 이미 꽤 알려져 있었다. 오늘날에는 이를 통틀어 자기조직화하는 계라고 부르는데 시몽동이 개체화의 모형으로 삼은 결정의 성장은 이에 해당한다. 결정의 성장에서 생명적 개체화를 관통하는 유와 개체의 연속과 불연속은 에너지학의 연속주의와 양자역학의 불연속주의를 모형으로 하고 있다. 그러므로 시몽동이 베르그손의 연속주의를 비판하지만 그것을 전면 부정하는 것은 아니고 거기에 문턱이나 임계성 같은 불연속의 도식을 첨가할 뿐이다. 자기조직화하는 계에서 출발할 때 물체와 생명체의 연속성을 설명하는 것은 상대적으로 용이하다. 문제는 생명체 내에서 생식과 유전정보의 존재를 어떻게 설명할 것인가 하는 점이다. 개체화에서 출발하는 시몽동에게서도 이와 유사한 어려움이 나타나는 것은 당연하다. 개체 자체를 유전물질로 보거나 유성생식을 단순한 신체적 복잡화로 볼 때 종적 실체성과 진화를 설명하기는 쉽지 않다. 사실 체세포와 생식세포의 이원성이 오늘날의 하드웨어와 소프트웨어의 이원성에 해당하는 근본적 차이라는 것을 알아차린 사람은 바로 베르그손이었다. 그의 생명-물질 이원론은 세대를 통해 전달되는 생명적 흐름 즉 정보가 개체의 물질성으로부터 설명될 수는 없다는 것을 극단적으로 보여준 것이라고 할 수도 있다. 그러므로 유전학자들이 DNA 또는 유전자를 생물학의 원자와 같은 것으로 보는 것은 상당한 비약이라고 하겠다. 왜냐하면 원자는 아무리 미시영역의 실재라 하더라도 하드웨어인 반면 유전자는 적어도 그 정보의 측면에서는 소프트웨어이기 때문이다.

물론 시몽동에게서 개체화라는 용어는 우리가 알고 있는 고립된 개체에 해당한다기보다는 더 넓은 의미를 포함하고 있다. 그것은 결정의 성장이라는 집단적 이미지에서 출발하여 생명의 군체, 집단, 사회로 이어지므로 집단의 변이 즉 진화에도 적용가능한 개념이다. 굴드에 의하면 변이는 집단적으로 일어날 때만 진화에서 유의미한 결과를 낳는다. 물론 신다윈주의자들은 이에 문제제기를 하고 있어 더 해석을 요하는 문제이기는 하다. 수수께끼는 개체화라는 말의 정의에 달려 있다. 오늘날 과학자들은 어떻게든 개체화 즉 자기조직화하는 계로부터 생식의 문제, 유전정보의 문제를 설명하고자 한다. 이 문제가 조만간 성공적으로 설명이 된다고 해도 개체화로부터 유전정보의 전달에 이르는 과정에는 단순한 물리적 전환보다는 좀 더 근본적인 전환이 있다는 것을 인정해야 할 것이다. 베르그손은 이에 좀 더 민감하게 반응한 반면 시몽동은 물질에서 생명으로 가는 과정의 연속성에 더 민감하게 반응하였다. 자연과학에 대한 이런 태도의 차이로부터 전개체적 상태로부터 개체화로 가는 과정, 즉 잠재성의 현실화 과정에 대한 그들의 서로 다른 설명방식을 이해할 수 있다. 베르그손에게 잠재성은 수천의 경향들의 상호침투이다. 진화는 발생학을 모형으로 하여 생명의 잠재적 경향들이 종과 개체들로 분기하는 과정, 즉 분화differénciation하는 과정이다. 반면 시몽동에게서 전개체적 상태는 긴장된 힘들의 공존이며 개체화 과정은 '분극작용' 즉 싹을 중심으로 하여 동일한 요소들을 응집시키는 작용이다. 비록 그가 상전이 혹은 다상적 존재자라는 생각을 제시하여 개체화의 다면적 실현을 암시하고는 있지만 물체나 생명체의 개체화에 대한 설명에서 시발점의 역할은 분극작용이라는 계기에 있다. 들뢰즈가 개체화 과정을 설명하기 위해 시몽동의 전개체적 상태에 의지하면서도, 자신의 생성철학의 핵심적 모형으로 베르그손의 잠재성의 현실화를 채택한 것도 무리는 아니다. 들뢰즈가 차이의 철학을 구성하고자 하는 한에서 말이다.

들뢰즈의 베르그손주의와
차이철학의 기획

들뢰즈의 베르그손주의 ─ 개념의 퍼즐맞추기

들뢰즈는 니체와 베르그손, 스피노자, 칸트 등 철학사의 거봉들에 대한 독특한 방식의 연구를 거쳐 『차이와 반복』(1968)에서 자신의 독자적 철학을 시작한다. 이 작업은 차이를 존재론적 개념으로 격상시켜 차이가 발생하고 전개되는 운동을 해명하려는 것으로 이루어진다. 차이의 격상 또는 명예회복은 동일성철학 또는 본질주의에 대한 선전포고와 다름없다는 면에서 우리는 얼핏 니체와 같은 전투적 태도를 예감할 수 있지만 이 책에서 들뢰즈가 보여 주는 태도는 매우 차분하고 진지하며 상당히 체계적인 편이어서 여기서는 베르그손적 아우라가 니체적 아우라를 넘어서고 있지 않나 생각된다. 이러한 짐작이 별 의미가 있는 것은 아니지만 아무튼 이 책에서 들뢰즈가 베르그손이 창안한 개념들과 장치들을 다양한 방식으로 이용하고 있는 것은 사실이다. 이것은 이미 이전에 이루어진 들뢰즈의 베르그손 연구를 토대로 하지만 『차이와 반복』에 이르러 들뢰즈 사유의 존재론적 골격을 구성하는 데 소용된다. 물론 베르그손적 색채는 이후에는 점점 희미해진다. 또는 본래의 베르그손적 색깔이 다른 색으로 덧칠되어 알아보기 어렵게 된다. 그럼에도 불구하고 우리는 이 글에서 들뢰즈 사유의 베르그손적 계기들을 『차이와 반복』을 중심으로 추적해 볼 생각이다.

들뢰즈는 자신의 사유의 뼈대를 세우는 과정에서 베르그손의 개념들에 대한 해체와 재구성을 시도하는 것으로 보인다. 구어적 표현으로 일종의 '헤쳐 모여'를 시도하고 있는 것이다. 우선 개념들의 쌍 혹은 순서들을 뒤섞고 새로운 짝짓기를 만들어낸다. 베르그손의 철학에서는 열쇠가 되는 개념들이 언제나 대립쌍으로 작용한다. 잘 알려진 지속과 공간, 물질과 기억, 생명과 물질, 닫힘과 열림 이외에도 각각의 맥락에서 등장하는 상당수의 이분법의 작동에 익숙해야만 이 철학을 세부적으로 이해할 수 있다. 게다가 이 개념쌍들은 시간적으로 어느 정도 선후관계를 가진다. 가령 지속과 공간의 이원성이 이해되어야 물질과 기억의 이원성을 의미 있게 이해할 수 있는 식이다. 그러나 들뢰즈가 쓴 책의 제목이 보여 주는 차이와 반복의 쌍은 베르그손에게서는 직접적으로 짝을 짓는 개념들이 아니다. 그것들은 정신과 물질의 이원성을 간접적으로 표현한다. 하지만 들뢰즈의 철학에서 이러한 이원성은 무대 뒤로 밀려난다. 더불어 정신과 물질이 내포하는 일종의 위계도 거부된다. 그래서 그에게는 차이와 반복도 대립적인 것만은 아니다. 반복 자체가 차이를 생성하는 반복과 동일한 것의 반복으로 이분화된다. 자연히 들뢰즈는 자신이 베르그손으로부터 취한 개념들에 새로운 내용을 첨가한다. 다양체와 차이는 존재론적 개념으로 격상된다. 질과 양의 이원성도 강도의 개념으로부터 새롭게 조명된다. 분화différenciation는 미분화微分化, dif-

베네딕트 데 스피노자
(Benedict de Spinoza, 1632~1677)

férentiation 개념과 새롭게 짝을 짓는다. 잠재태의 현실화라는 장치는 생성철학의 도식으로서 일관된 방식으로 참조되고 있다.

이러한 개념들의 해체와 재구성은 주어진 그림을 수정하는 데 이용되는 것이 아니라 또 다른 그림을 그리는 것을 목표로 하고 있다. 차이들의 운동에서 시작하는 생성철학의 그림이 그것이다. 그런데 여기에서조차, 아니 여기에서야말로 베르그손의 영감은 최초의 동력으로 작용한다. 들뢰즈가 「베르그손에 있어서 차이의 개념규정」(1956)이라는 논문에서 "지속은 자기 자신과 다른 것différer avec soi"이라고 정의할 때(CD, 88) 그것은 지속의 분화라는 맥락에서는 자기 자신으로부터 스스로 차이들을 생성하는 동적 과정을 뜻한다. 이 차이의 운동은 어떤 '동인'mobile도 전제하지 않는다(CD, 89). 그래서 위 표현은 "지속은 자기 자신과 달라지는 것"이라는 동적 과정으로 이해되어야 한다. 이렇게 차이의 운동은 지속의 운동과 하나가 됨으로써 헤겔의 논리학을 연상시키는, 하지만 그와는 반대되는 '실제적' 의미에서의 생성철학의 지평을 열어 준다. 이제 『차이와 반복』에서 들뢰즈는 더 이상 지속의 개념을 사용하는 대신에 그것을 차이의 운동으로 대체한다.

　우리는 분화, 혹은 더 정확히 말해 차이를 만드는 운동(차이화 운동)에서 시작하는 들뢰즈의 생성철학이 결국 베르그손의 지속 개념에 대한 숙고에서 유래하는 것을 알 수 있다. 그렇다면 이러한 기획은 베르그손의 철학에 비하여 어떠한 새로움을 가져오는가? 물론 이 질문은 들뢰즈 철학 전반에 대한 평가에 관련된다. 여기서 우리는 문제를 더 확대하지 않고, 베르그손의 개념들을 해체하고 자기 방식으로 재구성하는 들뢰즈의 모든 시도는 무엇보다도 베르그손의 지속 개념을 파우스트적으로 회춘시키는 결과를 가져온다는 것에 일단 주목하고자 한다. 사실 베르그손이 분석적 지성을 비판하지만 우리는 그가 자신의 개념들을 상당히 분석적인 방식으로 배치하는 것을 볼 수 있다. 자신의 네 개의 주요 저작 중에서 그가 지속의 개념을 전면에 부각시키는 것은 단지 첫 저서 『시론』에서뿐이다. 우리는 지속이 『물질과 기억』에서는 기억으로, 그리고 『창조적 진화』에서는 생명의 운동으로 모습을 바꾸어 사태를 설명한다는 것을 알고 있다. 지속은 새로운 영역과 마주할 때마다 그 자체로서가 아니라 새로운 개념들을 통해 문제를 제기하고 해결하게 하며 단지 이러한 작업의 전체적 방향을 지시하고 최종적 정리를 위해 자신을 드러낼 뿐이다. 때로는 겸손하게도 스스로가 하나의 사례로서 설명을 위해 등장하기도 한다. 주로 의식상태와의 유비를 보여줄 때 그러하다. 마치 배우들을 이용하여 자신의 계획이 수행되게끔 지도하면서 가끔 문제가 생기면 구원투수로 등장하기도 하는 영화감독과 같다. 지속의 변형태들에 해당하는 새로운 개념들은 각자 자신의 영역에서 지속의 생명력을 보여 주기는 하지만, 그럼으로 해서 지속이라는 개념 자체는 언제나 시원적 영감으로 작용하는 듯하고, 모든 것을 자신 안에서 기억하고 있는 현명한 노인과도 같은 지속은 모든 것에 개입하여 그것들을 직접 해결하기에는 너무 늙은 것처럼 보인다. 반면 차이, 강도, 분화와 미분화, 잠재태의 현실화와 같은 개념들과 장치들로 활동의 역량을 재무장한 들뢰즈는 모든 것에 개입하여 문제제기를 하고 패기 있는 해결을 시도한다. 이 새로운 개념들은 지속이라는 오래된 영감의 근원 앞에서 마치 "당신은 늙지 않았소. 우리와 한 몸이 됩시다"라고 제안하고 있는 듯하다. 그리하여 지속은 강도의 이름으로 젊음을 되찾고 차이화 운동으로 힘차게 돌진하여 잠재태를 현실화하고 개체화하는 데 앞장서게 된다.

그러나 앞서 말한 것처럼 이러한 기획은 전투적이기보다는 매우 진지하면서도 용의주도하게 진행된다. 새롭게 구성된 개념 체계로부터 새로운 그림을 그리기 위해서는 까다로운 퍼즐맞추기가 요구된다. 열린 전체로서 무수한 질적 차이들을 내포하는 다양체 개념은 생성철학에서 유일한 존재론적 실체가 된다. 그리고 차이화 운동 혹은 분화와 미분화의 운동은 생성의 논리학이며 또한 생성철학의 기본적 역량에 해당한다. 잠재태의 현실화는 생성의 도식 schème에 해당한다. 들뢰즈는 이 도식을 수학과 생물학, 특히 발생학을 모범으로 하여 공들여 다듬는다. 마지막으로 강도는 현실화의 과정을 이중화하면서 구체화하는 개념인데 들뢰즈는 여기서 시몽동의 개체화 이론을 끌어들여 '전개체적인 것으로부터의 개체화'라는 도식을 원용한다. 즉 강도장으로부터 발생하는 현실적 변화와 운동이 이 도식으로 설명된다. 이러한 과정에서 퍼즐의 조각들이 언제나 잘 들어맞는 것은 아니다. 우선 베르그손에게서 지속은 불가분적 본성을 갖는다는 사실로 인해 분화는 지속의 직접적 특징으로 제시되지 않고 생명의 과정으로서만 이야기된다. 여기서 들뢰즈는 퍼즐 조각을 뒤집는다. 그는 지속의 가분성을 이야기하고 이를 분화의 동력으로 삼는다. 다른 한편 강도는 베르그손이 양적 본성을 갖는 것으로 이미 비판한 바 있다. 들뢰즈는 여기서도 퍼즐 조각을 뒤집는다. 그리하여 강도는 질과 양의 나뉨 이전에 지속의 적자로 재탄생한다. 이렇게 뒤집힌 조각들이 끼워져 있음에도 불구하고 전체적으로는 베르그손주의와 크게 어긋나지 않는 그림이 탄생한다. 우리는 들뢰즈의 그림에서 설명해야 하는 두 부분, 즉 뒤집힌 퍼즐 조각들이 어떻게 해서 베르그손주의와 맞물리는지를 보여주는 것으로부터 출발하겠다.

'잠재태의 현실화' 도식에서 나눔과 분화

들뢰즈는 『차이와 반복』을 쓰기 12년 전에 「베르그손에 있어서 차이의 개념규정」이라는 밀도 있는 논문을 썼다. 이 논문에는 그의 베르그손 해석의 열쇠가 되는 동시에 자신의 고유한 차이의 철학을 정초하는 개념들이 상세히 정의되고 치밀하게 전개된다. 여기서 그는 '내적 차이의 운동'을 '실체'로 놓고 출발한다(CD, 89). 이것은 들뢰즈의 존재론적 기초 개념이 된다. 사실 이를 존재론이라고 표현할 때에는 주의할 점이 있다. 전통적으로는 존재와 운동(또는 생성)은 대

프리드리히 빌헬름 니체 (Friedrich Wilhelm Nietzsche, 1844~1900)

립하는 개념들이다. 파르메니데스는 운동을 일컬어 존재하는 것이 아닌 것, 즉 비존재$^{to\ meon}$라 했고 참으로 존재하는 것은 불변, 부동의 일자라는 논변을 제시했다. 어떤 것이 참으로 존재한다면 그것은 변화, 생성, 운동함으로써 그 자신이 아닌 것으로 될 수는 없기 때문이다. 이 생각은 플라톤의 이데아론에 전달되었고 운동을 설명하고자 한 아리스토텔레스의 가능태-현실태 이론도 결국 운동을 존재(형상)에 종속시킴으로써 비로소 가능하게 된다. 이는 중세를 거쳐 근대철학의 다양한 종류의 실체론으로 이어진다. 따라서 생성철학이 그 자체로 가능하다면 그것은 존재론과는 필연적으로 대립될 것처럼 보인다. 그러므로 생성을 변호하는 들뢰즈가 존재론을 말하는 것은 역설로 보인다. 사실 니체나 베르그손 같은 생성철학자들에게도 '존재론적'이라는 형용사를 붙인다면 매우 어색하게 들릴 것이다. 그런데 역설의 철학자 들뢰즈는 이를 간단히 뒤집는다.

그가 『차이와 반복』의 1장에서 둔스 스코투스의 일의성univocité의 존재론에 대해 논하면서 "존재가 단 하나의 같은 의미에서, 하지만 자신의 모든 개체화하는 차이나 내재적 양태들을 통해 언명된다"고 말할 때 이는 두 가지를 의미한다. 하나는 존재가 모든 양태들에 대해 동등하게 분배되어 있다는 것, 그리고 다른 하나는 "존재는 차이 자체를 통해 언명된다"는 것이다(DR, 52~53/101~103). 이것은 서로 다른 무수한 존재자들을 그 자체로 인정하는 것, 존재자들의 내적 차이에도 불구하고 그것들의 동등한 가치를 주장하는 것이다. 개별적 존재자들이 각각 존재 자체의 발현이라는 스피노자적 영감으로 가득찬 일의성 개념은 몽테벨로P. Montebello가 말하는 것처럼 "분화의 힘" 그리고 "자연의 내적 생산성"을 보여 주는 것 같다.[1] 이렇게 해서 참으로 존재하는 것이 차이와 운동, 즉 생성이라는 식으로 말할 수 있게 되는 것이다.

"지속은 자기 자신과 다른 것"이라는 들뢰즈의 규정은 바로 스스로 다른 것이 되는 내적 차이의 운동을 말한다. 다른 말로 하면 타자화의 운동이다. 이와 같이 근본적으로 이해된 차이의 개념은 유類와 같은 일반성에 종속된 종차의 개념과는 무관하며, 개체들의 고유성을 담보하는 차이, 심지어는 개체 내부에서도 끊임없이 달라지고 성숙하고 창조하는 과정, 즉 개체화하는 차이를 의미한다. 들뢰즈는 이것을 궁극적으로 '분화'différenciation 현상과 연결시켜 진화의 다양한 경향들을 창조하는 추동력으로 설명한다. 결국 들뢰즈에게서 개체화하는 차이와 진화의 분산되는 방향들은 차이화 운동이라는 하나의 동일한 과정에 귀착된다. 이는 개별적인 생명체 내

부의 변화와 종들의 진화를 연
속적인 것으로 보는 베르그손의
생각에 맞닿아 있다.

베르그손에게서 차이 개념
의 구체적 출처를 꼽는다면『물
질과 기억』의 순수기억과『창
조적 진화』에서 베르그손이 다
윈을 따라 진화의 내적 요인으
로 지목한 '배germe에 내재하는
차이들'을 들 수 있다. 순수기억
은 사건 자체의 개별성과 독특
성을 간직하고 있는 기억들이고

둔스 스코투스
(Duns Scotus, 1266~1308)

개별적인 정신적 실체를 이루는 것이다. 우리는 순수기억의 방향으
로 갈수록 차이에 주목하게 되고 신체의 행동 방향으로 갈수록 반
복과 유사성에 주목하게 된다(MM, 173). 이 두 방향의 운동은 기
억의 무수한 차원들을 넘나든다. 들뢰즈는 특히 순수기억을 '존재
론적' 기억이라고 규정함으로써 차이의 위상을 결정적으로 자리매
김한다(B, 50~51). 한편 배에 내재하는 차이들은 생명적 힘의 '분화'
로 야기된다. 그것들은 신다윈주의자들이 말하듯이 우연의 산물
이 아니라 좀 더 심층적인 원인에 의한다. 즉 "차이들은 배에서 배
로 개체를 통해 나아가는 어떤 충동impulsion의 전개이며 순수한 우
연이 아니다"(EC, 86). 결국 진화라는 현상은 차이들의 분화에서
그 고유한 원인을 갖는다. 이런 의미에서 들뢰즈의 다음 말을 이해

할 수 있다.

> 지속, 기억, 약동은 정확히 구분되는, 개념[차이 개념]의 세 측면을 구성한다. 지속은 자기 자신과의 차이이다. 기억은 차이의 정도들의 공존이다. 생명의 약동은 차이의 분화이다.(CD, 99)

이처럼 들뢰즈는 베르그손의 중요한 세 개념들을 차이의 일원론으로 통합하는 것을 알 수 있다. 사실상 기억과 약동은 지속의 다른 모습들이고 그런 면에서 지속을 자기 자신과의 차이화 운동으로 본다면 기억과 약동 역시 차이 개념으로 설명하는 것이 가능하다. 하지만 지속을 차이 자체로부터 설명하기 위해서는 다양체에 대한 고찰이 필요하다. 수학자 리만의 '연속적 다양체'를 변형한 것으로 평가되는 베르그손의 '질적 다양체'라는 개념은 베르그손이 지속을 정태적으로 구상화한 것이라고 보면 될 것 같다. 베르그손은 지속을 최초로 묘사하는 『시론』의 1장에서 의식 상태들의 시간적 성격을 무엇보다도 강조하고 있으므로 그것의 정태적 특징보다는 동태적 특징을 설명하는 데 주력한다. 동시에 의식 상태들을 이루는 요소들은 서로 다르면서도 매순간 통일된 전체를 이루고 있다. 음악 선율의 비유는 지속의 이질적 요소들이 시간 속에서 역동적으로 종합되는 과정을 잘 보여 주는 사례이다. 지속은 이질적 hétérogène 요소들의 통일이라는 특징으로 인해 이미 차이를 내포하고 있다 할 수 있는데 이것을 정태화하면 이질적 차이들을 내포하는 질적 다양체가 된다(E, 78). 사실 베르그손은 지속과 다양체에 대한 고찰에서 차이 자체보다는 이질적 요소들의 유기적인 상호 침투와 불가분성을 강조하고 있다. 그런데 이러한 질적 다양체를 다시금 생성과 운동의 차원에서 설명하고자 하면 차이의 분화에 호소해야 한다는 것이 들뢰즈의 생각이다.

들뢰즈는 이 차이화 운동을 설명하기 위해 질적 다양체를 더 정교하게 다듬는데 이것은 잠재태를 형상화하는 작업이다. 이질적 상태들의 통일로서의 지속은 분리된 순간들의 연결이 아니라 매순간 이전의 상태를 보존하면서 질적인 변화를 겪는다. 이것이 기억의 본래 모습이다. 이제 들뢰즈는『물질과 기억』을 참조하여 '차이의 정도들degrés의 공존coexistence'이라는 개념을 창안한다. 기억은 매순간의 변화를 있는 그대로 담지하고 있다. 베르그손의 유명한 역원뿔 도식이 보여 주듯이 우리의 의식(무의식을 포함하는 의식) 속에서 의지는 행동의 평면에서 꿈의 평면까지 무수한 잠재적 층을 오가는 운동을 한다. 각 층에는 기억들이 총체적으로, 그러나 서로 다른 밀도로 배열되어 있다. 우리가 어떤 의식의 평면에 위치하는가에 따라 이에 상응하는 잠재적 기억들의 총체가 매순간의 지각 속에서 현실화된다. 들뢰즈는 기억의 여러 층들은 이런 방식으로 공존하며 그것들은 지속의 잠재적 실재성을 구성한다고 본다. 들뢰즈는 이런 존재방식을 차이의 정도들의 공존이라 부르며 이렇게 이해된 잠재성으로부터 차이의 운동을 설명하고자 한다.

이제 차이들의 분화는 잠재성의 현실화로 설명된다.『물질과 기억』에서 순수기억은 지각 혹은 신체의 호출에 부응하여 점차로 이미지화되고 현실적 지각에 삽입된다.『창조적 진화』에서 잠재성의 현실화는 생명에 내재하는 수천의 상호침투하는 경향들이 물질과의 접촉에 의해 분리되는 것을 의미한다. 그런데 베르그손에게서 잠재성은 아리스토텔레스의 가능태와 달리 고정된 형상으로 존재하지 않으며 어떤 물질적 요인으로 인해 현실화된다고 해도 본래의 상태로부터 변질을 겪을 수밖에 없다. 따라서 들뢰즈는 현실화된 것들과 잠재성 사이에는 유사성이 존재하지 않는다는 것을 강조한다(B, 100). 창조의 수수께끼는 바로 여기에 있다. 그것은 자기 자신과 달라지는 생성의 운동이다. 잠재적인 경향들은 이러한 차이의 운동을 통해 현실적 경향들로 분화되며 그런 한에서 분화는 진정한 창조이다. 그러면 이러한 차이의 운동을 가능하게 하는 직접적 동인은 무엇일까? 베르그손에게는 물질과의 접촉이라는 분명한 요인이 있다. 지속은 공간에 의해 분리되고 기억은 신체적 요구에 의해 현실화되며, 생명은 물질과의 접촉에 의해 폭발한다.

들뢰즈에게 현실화의 출발점은 공간이나 물질 같은 외적인 원리가 아니다. 들뢰즈는 "분화는 지속 안에 있던 [차이의] 정도들의 분리"라고 설명한다. 그렇다면 문제는 다시 이 정도들이 왜 '분리'되는가 하는 것으로 귀착된다. 여기서 들뢰즈는 지속이 필연적으로 나누어지는diviser 것처럼 이야기한다. 즉 가분성을 지속에 귀속시키는 것이다. 『시론』에서 지속이 불가분적이라는 것은 수없이 강조되고 있다. 베르그손은 지속을 나누게 되면 본성이 변화된다고 말한다. 우리가 의식상태에 대한 명료한 표상을 가지게 되면 그것은 더 이상 본래의 의식상태가 아니라 공간표상을 통과하는 지성적 형태를 띠게 되는 것과 같다(E, 62). 그러나 들뢰즈는 이를 『베르그손주의』에서 다음과 같이 변형한다.

> 베르그손이 종종 편의상 그렇게 표현했다고 해도 지속이 단순히
> 나누어질 수 없는 것이라고 생각하는 것은 커다란 오류일지 모른
> 다. 사실상 지속은 나누어지며 나누어지기를 멈추지 않는다. 바로
> 그렇기 때문에 지속은 다양체인 것이다. 그러나 그것은 본성상의
> 변화 없이는 나누어지지 않으며 나누어질 때는 본성을 변화시킨
> 다.(B, 35~36)

들뢰즈는 지속의 불가분성을 무슨 근거로 이렇게 뒤집는 것일
까? 우리는 차이에 관한 논문에서 그 유래를 볼 수 있다. 거기서
들뢰즈는 나눔^{division}을 분화와 구분하면서 그것들을 이렇게 설명
한다.

> 지속은 자기 자신과 달라진다고 해도 달라지는 것은 어떤 방식으
> 로는 여전히 지속이다. 문제는 지속을 혼합물을 나누듯이 나누는
> 것이 아니다. 즉 지속은 단순하고 불가분적이며 순수하다. 문제는
> 다른 데 있다. 즉 단순한 것은 나누어지지 않는다. 그것은 분화된
> 다. 분화되는 것은 단순한 것의 본질 자체이다. 또는 그것은 차이의
> 운동이다.(CD, 91)

실제로 베르그손은 지속의 불가분성을 강조하는 동시에 생명
의 진화를 경향들의 분화로 설명하고 있으니 이로부터 들뢰즈는

지속은 불가분적이면서도 분화가능하다고 말하는 것이다. 하지만 같은 논문의 조금 뒤에서 그는 다음과 같이 덧붙인다.

> 지속 즉 불가분적인 것이 정확히 말해 자신을 나누어질 수 없게끔 하는 것은 아니다. 나누어지면서 본성을 변화시키는 것, 그렇게 본성을 변화시키는 것이 잠재태 또는 주관적인 것을 정의한다.(같은 곳)

바로 앞에서 분화와 나눔을 구분해서 설명한 들뢰즈가, 지속이 그래도 나누어진다는 주장을 고수하는 것은 논리적으로 매끄럽지 않다. 게다가 이번에는 불가분적인 것이 나누어진다는 모순된 주장을 하면서까지 왜 이런 무모함을 무릅쓰고 있을까? 잘 설명되지 않는다. 『시론』에서 잠재태 또는 주관적인 것은 의식 상태를 말하는데 베르그손은 그것이 "나누어지면 본성을 변화시킨다"고 말한다. 이는 불가분적인 것을 나누면 본성이 변질된다는 것이어서 불가분성이 지속의 본성이라는 뜻이다. 그런데 들뢰즈는 이를 지속이 "나누어지면서 본성을 변화시킨다"고 한다. 들뢰즈의 생각은 베르그손 사상의 전개의 선후를 뒤바꿈으로써 재구성된 것이다. 의식은 공간적 언어로 표현되고, 생명은 물질 속에서 모습을 드러낸다. 『시론』에서 지속의 불가분성은 공간성과 대립되고 있다. 공간이 개입하면 지속은 본성을 바꾸기 때문에 더 이상 지속이 아니다. 지속이 나누어지면서 본성을 바꾼다고 하면 본성을 바꾼 것 자체도 역시 지속이 되어야 하지만 공간 표상은 지속이 될 수 없다. 공간은 지속에 이질적인 것이기 때문이다. 하지만 『창조적 진화』에서는 달라진다. 생명은 의식과 유사하게 지속하지만 물질과의 접촉에 의해 분화된다. 하지만 그렇게 분화되어 물질성을 띠게 된 생명체들 역시 지속한다. 왜냐하면 물질은 생명과 다른 본성을 가진 것이지만 역시 어떤 종류의 지속이기 때문이다. 그렇다면 지속이 본성을 변화시키면서 나누어진다고 말하지 못할 이유가 있겠는가? 그것이 더 정확한 이야기 아닐까? 나눔과 분화는 분명히 뉘앙스의 차이를 가지고 있지만 본성을 변화시킨다는 조건에서 그것들은 결국 같은 현상이 된다. 들뢰즈는 이와 같이 생각하지 않았을까? 실제로 베르그손은 나눔과 분화를 그렇게 뚜렷이 구분하여 사용하지 않는다. 『시론』에서 주로 사용되는 용어인 나눔에는 부정적인 뉘앙스가 있고 『창조적 진화』의 주요 개념인 분화는 매우 적극적인 의미를 함축한다. 그러나 분화는 종종 나눔(분할division)이라는 말과 혼용되고 있기 때문에 들뢰즈의 생각에는 일리가 있다. 그러나 문제는 용어상의 것보다 더 심층적인 수준에 있다.

차이에 관한 논문에서 주장된, 지속이 본성을 변화시키면서 나누어진다는 해석은 나중에 『베르그손주의』에서 채택되고 『차이와 반복』에서도 그대로 유지된다. 그러면 지속은 본성상 가분적이고, 따라서 지속의 나뉨 혹은 분화는 그 스스로 일어나야만 한다. 이것은 들뢰즈가 "지속은 자기 자신과 달라지는 것"이라고 한 차이화 운동을 다른 말로 바꾼 것이다. 그런데 현상을 설명하기 위해서는 이것으로 충분할까? 이는 원리적인 대답에 지나지 않는다. 현실의 구체적 변화를 설명하기 위해서는 동인이 필요하다. 왜 바로 거기서 그렇게 현상이 일어나는지 그 현존재성^{eccéité}을 설명하기 위해서 말이다. 들뢰즈의 입장을 유물론이라고 한다면, 여기서 그것은 동시에 물활론이라는 비판을 피할 수 없을 것이다. 한 마디로 차이의 일원론에는 잠재성의 현실화라는 도식은 존재하지만 현실화의 동력, 동인 혹은 계기는 존재하지 않는다. 말브랑슈의 용어로 기회원인^{occasion}에 해당하는 것이 보이지 않는다. 베르그손은 물질과 생명을 하나의 지속으로 설명할 때조차 운동의 대립하는 두 방향을 설정함으로써 분화, 현실화의 계기를 마련한다. 대립하는 두 방향은 지속의 운동 자체의 역전에 의해 생겨난다. 앞서 우리는 이것을 분극^{polarisation}이라고 불렀다.[2] 원리적인 면에서 볼 때 지속 혹은 잠재성 그 스스로 나누어지거나 분화되는 것이 아니고 우선 분극된다. 이로부터 양극성을 띠게 된 생성의 운동이 두 방향으로 대립하며, 이 대립에 의해 비로소 차이나 경향들이 분화되거나 나누어지는 것이다. 역전 혹은 분극이라는 과정은 생성과 모순관계가 아니라 단지 방향차를 낳을 뿐이다. 그것은 직접적인 나눔의 과정도 아니다. 베르그손에게서 역전은 현실적으로 존재하는 방향차를 설명하기 위한 가정이다. 그것은 현실화되는 다양한 경향들의 조건 혹은 기반을 이룬다. 다른 방식으로 말하면 생성은 열림을 향하고 역전은 닫힘을 향한다. 열림과 닫힘은 서로 대립되는 원리지만 상호작용함으로써 자연계의 운동과 변화를 가능하게 한다. 생명과 물질이 상호작용함으로써 생명체들의 진화가 가능한 것과 같다. 결과적으로 이러한 양극성의 원리는 나눔이나 분화의 원리 혹은 동인이지 그 자체가 나눔이나 분화인 것이 아니다.

들뢰즈는 『베르그손주의』에서 나타나는 동인의 결핍이라는 문제를 『차이와 반복』에서 해결하려 시도한다. 이것은 강도의 개념에 대한 새로운 의미부여를 통해 이루어진다. 그러나 이에 앞서 들뢰즈가 잠재태le virtuel의 개념을 어떻게 세심히 재규정하고 있는지를 보자. '자기 자신과의 차이화 운동'으로 규정한 지속의 특성을 구체화하기 위해 들뢰즈는 이제 '잠재성의 현실화'의 도식을 기술적인 내용으로 채움으로써 차이화 운동의 역동성의 원인을 찾아낸다. 이런 내용으로부터 들뢰즈 철학의 독창적 개념틀이 마련된다. 우선 그는 잠재태를 설명하기 위해 미분의 개념을 도입하고 있다. 즉 잠재태를 이루는 다양한 단계들(정도들)을 미분적 관계로 설명하는 것이다. 잠재태의 모형 역할을 하는 베르그손의 기억의 원뿔을 다시 생각해 보자. 여기서 무한수의 동심원(절단면)들은 모두 기억 전체를 나름의 방식으로 압축하고 있는데 들뢰즈식으로 말하면 그것들이 동일한 미분비를 가진다고 할 수 있다. 그것들은 현실(신체)과의 거리에 있어서만 차이를 보인다. 이 거리에 의해 각각의 원은 자신의 특이성을 갖게 되는 것이다. 마치 미분을 나타내는 도함수들이 상수에 의해서만 달라지는 것과 같다.

『창조적 진화』와 『물질과 기억』을 하나로 묶는 베르그손의 도식은 어떤 거대한 기억을 설명하면서 시작한다. 그 기억은 '원뿔'의 모든 절단면들이 잠재적으로 공존하면서 형성하는 어떤 다양체이다. 이 원뿔에서 각각의 절단면은 다른 모든 절단면들의 반복에 해당하고, 또 오로지 비율적 관계들의 순서ordre와 특이점들의 분배에 의해서만 다른 모든 절단면들과 구별된다. 그리고 나서 이 잠재적 기억의 현실화는 분기되는divergente 노선들의 창조로 나타나는데 그 각각은 잠재적 절단면에 해당하며 문제를 해결하는 방식을 나타낸다. 하지만 이것은 그 선들이 해당 절단면에 고유한 비율적 관계들의 순서와 특이성들의 분배를 어떤 분화된 종과 부분들 안에서 구현하는 한에서이다.(DR, 274/457)

들뢰즈는 더 나아가 이념들과 구조들까지도 잠재태에 의해 정의한다. 이념이나 구조들은 우리가 지적으로 세계를 이해할 때 전제하는 것들인데 그것들 역시 어떤 종류의 잠재태들로서 들뢰즈는 그것들이 구성되는 방식을 보여 주려 한다. 이념들은 칸트의 이념이 그러하듯이 문제제기적problématique 장에서 나타나며 플라톤의 이데아, 물리학의 이념인 원자론, 생물학의 이념인 유기체와 유전자, 맑스의 사회적 이념들이 그런 사례들이다. 구조는 특히 구조주의적 사유의 핵심 개념이다. 이 모든 것들은 우리 사유에 고정적이고 도식적인 틀을 제공하는 것들이다. 하지만 그것들은 사실상 영원의 세계에 단번에 뿌리박은 절대적 원리들이 아니라 가변적, 상대적인 특성을 지닌다. 이 점에서 잠재태는 아리스토텔레스의 가능태나 라이프니츠의 가능성 개념과 다르다. 잠재태는 형상의 형태로 사유할 수 없고 생성의 바탕이 되는 가능성 자체로 보아야 한다. 들뢰즈의 독창성은 그것들을 미분적 관계에 의해 사유하는 것이다. 미분적 사고에서 차이들은 서로의 관계(dy/dx)에 의해서만 규정되듯이 잠재적 영역에 존재하는 즉자적 차이들은 상호변별적, 미규정적 관계 속에 있으며 그것들이 규정되는 방식은 언제나 잠정적이다. 절대적인 것은 차이들 자체의 역동적 운동뿐이다. 미분적 비율이 잠재성의 구조에서 모든 절단면들의 유비적 특징을 보여 준다면 특이점은 각 절단면의 독자적 성격을 규정한다. 이것들이 현실화 즉 분화될 경우 미분적 비율관계는 종이나 질로, 특이성들은 유기적 부분들로 구현된다. 부분들이란 특이성이 구현되는 공간을 의미한다. 예를 들면 "미분비들의 체계에 해당하는 유전자는 한 종 안에서 구현되는 동시에 그 종을 구성하는 유기적 부분들 안에서 구현된다"(DR, 271/452). 그러므로 분화는 "질화qualification나 종별화spécification인 동시에 부분화나 유기조직화 과정"이기도 하다. 미리 말해 두자면 들뢰즈는 유전자를 미분비, 즉 비율적 관계라 함으로써 형상이론이나 유전자결정론의 함정을 피하고 있다. 부분화나 유기조직화는 나중에 보겠지만 수리생물학적 모형으로 생각할 때 유전자가 배아적 삶으로 현실화되는 과정을 의미한다.

현실화의 계기와 강도 개념

강도intensité 개념의 창안과 베르그손 비판

잠재성을 나타내는 미분화différentiation와 현실화를 나타내는 분화différenciation는 분리된 두 계기가 아니라 실재의 두 반쪽이다. 미분이 수학적 개념이고 분화가 생물학적 개념인 한에서 들뢰즈는 잠재성의 현실화를 우선 수리생물학적 모형으로 설명하는데, 그 현실화의 절차는 꽤 복잡하다. 그러나 우리는 우선 잠재태의 현실화를 야기하는 동력이 무엇인가 하는 문제로부터 시작해 보자.

세계는 신이 계산을 하는 동안 '이루어진다'. 만일 이 계산이 맞아떨어진다면 세계는 존재하지 않을 것이다. 세계는 언제나 어떤 잔여와 같고, 세계 안의 실재는 오로지 가분수나 심지어 무리수들을 통해서만 사유될 수 있다. 모든 현상의 배후에는 그것을 조건짓는 어떤 비동등함이 자리한다. 모든 잡다성, 모든 변화의 배후에는 그 충족이유로서 어떤 차이가 자리한다. 일어나는 모든 것, 나타나는 모든 것은 어떤 차이들의 순서들, 가령 고도차, 온도차, 압력차, 장력차, 전위차, 강도차 등의 상관항이다.(DR, 286/476)

일어나는 변화들의 '충족이유'가 차이라는 것은 차이가 곧장 사건을 야기하는 원인이 된다는 말이다. 우리가 앞서 물었던 것, 즉 현실화의 동력은 무엇인가 하는 물음은 들뢰즈에게서 이런 방식으로 일단 해결의 실마리를 취한다. 들뢰즈는 모든 차이들 중에서 강도차를 가장 근본적인 것으로 채택한다. 강도는 "감성적인 것의 근거 raison du sensible에 해당하는 차이의 형식"이다(DR, 287/476). 들뢰즈는 감성적인 것의 조건이 칸트에서처럼 공간과 시간, 즉 주관의 형식이 아니라 "즉자적 비동등" l'inégal en soi이라고 함으로써 강도의 실재적 측면을 강조한다(DR, 287/477). 실제로 그는 온도차, 압력차 등 물리적 힘들의 차이들을 사례로 제시한다. 그런데 물리 세계에서 우리는 시간과 더불어 이러한 차이가 소멸하는 것을 목격하게 된다. 예를 들면 자연적 상태에서 높은 온도는 낮은 온도로 내려가게 되어 있다. 이는 들뢰즈도 지적하지만 엔트로피 법칙과 더불어 강도가 소멸을 향해 가는 것을 보여 준다. 강도를 단순히 현상적인 것으로 본다면 그럴 수밖에 없다. 그러면 강도란 정확히 무엇이며 그것은 단순히 물리적인 개념인가, 아니면 이를 넘어서는 개념인가?

들뢰즈에게 강도는 단지 경험적인 것이 아니다. 그는 이것을 주장하기 위해 강도량에 대한 베르그손의 비판에서 시작한다. 우선 베르그손이 『시론』에서 질적인 의식상태를 부당하게 양화量化하려는 심리물리학에 대항해 지속의 표현으로서의 질적 영역을 보존하려고 노력했던 것을 기억해 보자. 심리물리학은 강도량(내포량 quantité intensive)에 대한 칸트적 영감으로부터 감각질을 측정하는 것이 가능하다고 보고 이를 시도하였다.[3] 그러므로 강도량은 일정한 물리량의 자극에 대응되는 의식의 질적 특징을 양적 척도로 환원하여 표현하는 개념이다. 예를 들어 내가 못에 찔렸다고 하면 그 찔린 강도만큼 강렬한 고통의 감각을 느끼게 된다. 그런데 이때 고통의 강도라는 개념은 베르그손에 의하면 질과 양, 주관성과 객관성을 부당하게 결합한 개념이다(E, 34). 그러나 들뢰즈는 이런 이분법이 문제를 해결할 수 없는 방식으로 제기하는 것이라고 생각한다. 물론 우리는 이미 어떤 에너지의 형태로 결합되어 있는 양과 질, 즉 '질화된 연장'을 경험하는 것이 사실이다. 물통에 들어 있는 뜨거운 물을 예로 들어 보자. 원기둥 모양의 1차적 성질(양적, 연장적 성질)을 가진 물체 안에 들어 있는 물은 열역학적 에너지의 형태로 뜨거움이라는 2차적 성질 즉 질적 특성을 보여 준다. 하지만 들뢰즈에

니꼴라 레오나르 사디 까르노
(Nicolas Léonard Sadi Carnot,
1796~1832)

의하면 질 자체는 하나의 기호일 뿐이고 그 배후에는 강도차가 있다. 즉 질이란 원리가 아니라 현상일 뿐이고 강도가 더 근본적이라는 것이다. 그래서 들뢰즈는 질 자체가 발생하는 과정을 문제 삼고 이를 강도차의 운동과 연관시킨다. 그는 까르노, 퀴리 등을 참조하면서, 질은 "어떤 동등화의 시간" 즉 "차이가 자신이 분배된 연장 안에서 소멸하기까지 걸리는 시간"을 점한다고 한다(DR, 288/479). 위의 사례를 다시 보면 물의 다양한 온도로 인한 특성들, 뜨거움, 미지근함, 차가움 등은 물통 안의 온도와 외부의 온도 간의 차이가 소멸하는 과정에서 발생한다. 즉 까르노가 보여준 것처럼 열의 다양한 질적 양태들은 온도차가 소멸해 가는 유일한 과정으로 환원된다. 들뢰즈는 이 방향으로 베르그손에 대한 비판을 가차없이 밀어붙이는 것처럼 보인다.

질에 부여되고 있는 지속이란 것도, 강도가 그것을 팽팽하게 떠받치고 다시 취하지 않는다면 무덤으로 향하는 어떤 줄달음질 이외에 또 무엇일 수 있겠는가? 그것은[지속은] 상응하는 연장 안에서 차이가 무화되기까지 필요한 시간, 질들 사이의 균일화에 필요한 시간 이외에 또 어떤 시간을 취할 수 있단 말인가?(DR, 307~308/510)

들뢰즈에 의하면 강도량에 대한 베르그손의 비판은 생산된 질과 이미 구성된 연장, 즉 경험적 개념들로부터 출발할 경우에만 타당하다. 사실 베르그손이 『시론』에서 비판한 강도량은 이미 느껴진 질을 양으로 환원하는 것이라는 점에서 경험적 개념이다. 그런데 들뢰즈가 여기서 말하는 것처럼 차이가 무화된 질을 지속이라 부른다면 베르그손의 지속이 가진 모든 생명력은 제거되고 전혀 베르그손적이지 않은 중립적 의미로 한정될 것이다. 이 경우 시간은 정지를 향해 가고 엔트로피 법칙이 말해 주는 것 이외에 아무 것도 의미하지 않는다. 그래서 들뢰즈는 소멸이 아닌 생성의 방향으로 나아가기 위해서 차이들을 생산하는 강도(강도차)가 있어야 한다고 주장한다. 다시 말하면 베르그손의 지속이 그 본래적 의미에 해당하는 생성과 창조일 수 있기 위해서 들뢰즈는 차이와 강도가 있어야 한다고 말하는 것이다. 이는 결국 베르그손이 지속의 특성으로 지목했던 것을 차이와 강도로 재규정할 필요성을 제시하는 것이다.

이제 강도는 경험적 차원을 넘어선다. 들뢰즈의 비판은 강도를 질과 양의 기저에 있는 특수한 실체적 힘으로 취할 경우에만 의미가 있다. 그러나 베르그손에게 질과 양은 동등한 차원의 대립이 아니다. 질은 경험적 감각을 나타내기도 하지만 존재의 모든 본성차를 포함하는 이질성과 다양성을 함축하고 있다. 반면 양은 정도차만을 함축한다. 극단적으로 말해 양적인 것(공간)은 실재가 아니라 실재를 보는 지성의 사유방식에서 나온다. 들뢰즈는 이것을 『베르그손주의』에서 잘 드러내고 있다. 그럼에도 불구하고 들뢰즈는 질은 실제로 안정성, 부동성, 유사성, 일반성 등과 무관하지 않다는 점을 강조한다. 하지만 베르그손 자신은 질의 이러한 측면을 다음과 같이 설명한다. 경험론자들이 제1성질(양적인 것)과 제2성질(질적인 것)을 나누었지만 오늘날의 과학은 이를 모두 양적으로 표현하는 방식을 발견하고 있다. 가령 색깔은 파장과 진동수의 관계에 의해 표현될 수 있다. 그러나 베르그손에 의하면 우리가 질을 지각하는 것은 우리의 지각능력이 일정한 파장의 영역에서 생물학적으로 구조화되어 있기 때문이다. 이러한 유적 지각이 '유사성'과 '일반성'의 근원이다. 그럼에도 불구하고 하나의 질, 예를 들어 노란색은 노랑이라는 감각이 함축하는 무수한 뉘앙스 차이를 지닌다. 베르그손이 뉘앙스들의 유희와 고정된 질 사이에서 동일한 용어를 쓰고 있다는 것은 사실이다. 베르그손은 이것을 『물질과 기억』의 말미에서 보완하려 시도한다. 이 시도는 결국 질과 양의 이원론을 극복하는 매우 급진적인 방식으로 진행되며 『창조적 진화』의 지속 일원론, 특히 긴장과 이완의 이중운동에 토대를 놓는다.

　『물질과 기억』의 후반부에서 베르그손은 생성된 질이 아니라 생성되는 과정으로서의 질을 이야기한다. 그것은 감각질을 물질과 화해시키려는 시도이다. 이제 밖으로 드러난 질은 더 심층적인 무언가를 내부에 포함하고 있는 것으로 설명된다. 가령 지각 속에서 두 색이 서로 구분되는 것은 "우리 의식의 한 순간에 그것들이 행사하는 수조의 '파동들'vibrations이 짧은 지속 안에 응축되어 있기 때문"이다(MM, 228). 베르그손은 이러한 파동들을 "질의 객관성"이라 부른다.

질의 객관성, 즉 질이 자신이 제공하는 것 이상으로 가지고 있는 것은, 바로 그것이, 말하자면, 자신의 유충 안에서 행사하는 막대한 양의 운동들로 이루어질 것이다. 질은 표면에서는 펼쳐져 있고 부동적이다. 그러나 그것은 심층에서는 살아 있고 진동하고 있다.(MM, 229)

게다가 베르그손은 이 파동들 각각은 우리 의식이라는 조건이 없다면 "과학이 구분하는 만큼의 순간들로 분절"된다고 한다. 그러나 우리는 표면에서 나타나는 변화들만을 가지고 "질에 관해서는 안정적이고, 그것들의 위치에 관해서는 움직이는 물체들을 구성한다"(MM, 235). 바로 이것이 들뢰즈에 의하면 "베르그손이 질과 연장의 이중적 발생에 대해 질문하는 순간"인 것이다(DR, 308/511). 결국 베르그손은 질과 연장의 이면에서 진동이나 파동의 형태로 훨씬 더 심층적인 무언가를 제시하지만 이것들을 여전히 질이라는 특성 안에 포함시킨다. 따라서 들뢰즈는 베르그손이 강도량에 해당하는 모든 것을 이미 질 안에 가져다 놓았으며 또한 질적인 지속을 우리가 앞에서 본 것처럼 '본성을 바꾸면서 나누어질 수 있는 것'(분화, 생성의 과정)으로 설정해 놓았다고 주장한다. 결국 들뢰즈는 베르그손의 질 개념에서 고정된 양태와 생성되는 과정을 구분하고 후자를 강도량의 영역에 귀속시키는 것이다. 사실 진동이나 파동과 같은 새로운 개념의 등장 앞에서 우리는 베르그손이 본성차의 이원성으로부터 다시금 정도차의 일원성으로 돌아갔다고 볼 여지가 있다. 『물질과 기억』의 4장의 한 대목에서 베르그손은 자유로운 존재자들의 삶 속에서 그들의 "지속의 긴장의 높거나 낮은 정도는 사실상 이 존재자들의 크거나 작은 활력의 **강도**intensité de vie를 표현한다"고 말하고 있는데(MM, 236 – 강조는 필자) 이러한 묘사 방식으로부터 베르그손과 들뢰즈의 차이는 더욱 더 좁혀짐을 알 수 있다. 무엇보다도 강도에 관한 들뢰즈의 새로운 개념규정은 베르그손 내부에서의 개념상의 변화를 반영하는 것임을 알 수 있다.

강도차의 이중운동

강도량의 영역은 질과 연장을 초월하는 차이와 생성의 영역이다. 강도의 원리는 들뢰즈에 의하면 칸트식으로 말해 '초월론적transzendental 원리'이다. 초월론적 영역이 잠재태가 아니라 강도차의 영역인 이유는 그것이 칸트에게서처럼 경험의 가능조건이 아니라 베르그손의 지속처럼 경험의 '실재적' 조건을 규정하기 때문이다. 그렇다면 강도차는 엔트로피 법칙과 다른 방식으로 작동하는 원리인가? 들뢰즈에 의하면 그렇다. 엔트로피 법칙은 강도차의 소멸에 의해 고정된 질과 양을 산출한다. 하지만 그렇게 해서 세계가 정지, 죽음으로 직행한다는 생각은 들뢰즈에 의하면 '초월론적 가상'에 지나지 않는다. 이제 우리는 들뢰즈의 차이 철학에서 가장 독창적이면서도 사변적인 부분에 접근하고 있다.

강도차는 감성적 세계의 존재 근거이고 현실화의 동력이다. 다시 한번 강조하자면 들뢰즈가 해결해야 할 문제는 강도차가 점점 소멸의 방향으로 간다는 사실이다. 현실화가 소멸의 방향으로 간다면 세계에 존재하는 생성과 창조는 설명할 수 없게 된다. 베르그손의 경우 엔트로피 법칙은 무엇보다도 해체되는 방향, 소멸의 방향을 암시하는 물질의 운동의 결과이다. 반대로 본래적 의미의 지속과 생명은 무한한 창조와 생성의 운동이다. 그러므로 베르그손은 이러한 운동의 방향차이를 열쇠로 해서 현실화의 동력을 생성하는 운동과 해체하는 운동의 대립과 거기서 유래하는 폭발로 설정하는 것이다. 들뢰즈는 어떠한가? 강도차는 방향차는 아니다. 들뢰즈는 물질의 운동에서 비롯하는 양과 질의 발생 및 생명체의 발생과 정도 일관되게 강도차로 설명한다. 강도는 질과 양의 이면에 존재할 뿐 아니라 생명과 물질의 이면에 존재함으로써 그 초월론적 위상을 획득하고 일원론적 요구에 응답한다. 하지만 역시 강도차가 어떻게 해서 단지 소멸이 아니라 생성과 창조의 동력이 되는지는 설명해야 한다.

들뢰즈가 제안하는 원리는 안-주름운동implication과 밖-주름운동explication이라는 이중의 운동이다. 우선 밖-주름운동이란 차이가 스스로를 밖으로 펼치면서 소멸되는 운동, 그리하여 연장과 질을 산출하는 과정이다. 이것은 엔트로피 증가의 과정이다. 그러나 들뢰즈는 역시 베르그손의 제자답게 "질이 가지는 이중적 측면"에 주목한다. 질은 차이들이 소멸되는 연장적 질서 안에서 차이들을 소멸시킴으로써 탄생하지만, 그 배후에는 어떤 "구성적 차이들의 질서"를 함축impliquer하고 있다(DR, 294/488). 물론 들뢰즈는 질의 이러한 측면이 강도차의 창조적 운동에 잇따른다고 설명함으로써 강도차의 선행성을 분명히 하고는 있지만 실제적으로는 베르그손이 제시한 질의 생성적 측면이 자신이 말하는 강도차의 영역이라는 것을 말하고자 하는 것 같다. 굳이 내용이 같은 두 가지를 구분해서 말할 필요가 없기 때문이다. 여기서 들뢰즈가 자신의 주장을 정당화하기 위해 몇 가지 물리학적 증거들을 제시하고는 있으나 그는 무엇보다도 엔트로피 증가 법칙이 가상이라고 주장하는 레옹 셀므L. Selme에 의존한다. 그러나 들뢰즈에게서 강도의 원리는 형이상학적, 초월론적 원리로 제시되고 있기 때문에 물리학자에의 참조는 썩 호소력을 주지는 않는 느낌이다. 다만 온도차와 속도차에 대한 들뢰즈의 해석은 음미할 필요가 있다.

> 강도로서의 차이는 연장 안에서 밖-주름운동을 펼침으로써 소멸되지만 그때도 여전히 자기 자신 안으로 안-주름운동을 일으키고 있다.(DR, 294/489)

안-주름운동이라는 비유적 표현은 강도적 차이들이 내부적으로 봉인되어 있는 상태를 말한다. 예를 들어 하나의 온도는 다수의 온도들로 구성되지 않으며 속도도 마찬가지다. 50도는 20도와 30도의 합으로 이루어지지 않는다. 들뢰즈에 의하면 "각각의 온도는 이미 차이"이고, 차이들은 "이질적인 항들로 이루어진 어떤 계열들을 함축하고 있다", 그리고 그것들은 동질적 양이 아니므로 "나누어진다 해도 본성을 바꾸지 않고서는 나누어지지 않는다"(DR, 306/507). 강도량에 대한 이러한 묘사는 정확히 베르그손이 의식 상태의 지속에 대해서 했던 것과 같다. 사실 온도차는 베르그손이 『시론』에서 열의 감각을 온도의 증감으로 설명하는 심리물리학자들을 비판할 때 논하고 있는 사례이다. 더 정확하게는 강도량(내포량)에 대한 칸트의 정의에까지 거슬러 올라갈 수 있다. 칸트에 의하면 강도량의 영역은 내적 감각의 영역이고 외연량과 달리 양적으로 측정할 수는 없다. 즉 하나의 감각은 요소 감각들의 합이 아니다. 그럼에도 불구하고 칸트는 모든 감각이 정도를 가지고 있다는 것, 즉 영(0)으로부터 점차로 어떤 양에까지 올라가면서 균일하게 시간을 채운다는 것은 선험적으로 알 수 있다고 말한다.[4] 심리물리학자들은 이런 칸트적 영감으로부터 경험적 감각을 미분적 크기로 취급함으로써 측정을 시도하는 것이다. 베르그손은 이러한 시도가 자의적이라고 비판하고 있는데 들뢰즈는 어떠한가?

들뢰즈는 외연량과 강도량을 구분하고 전자가 본성을 변화시키지 않고 분할되는 것이라면 그것은 외연적(연장적) 영역에 머물러 있으며 강도량과는 아무 관련이 없는 것으로 본다. 물론 그것은 강도량이 칸트나 베르그손에게서처럼 감각적인 것이기 때문이 아니다. '즉자적 비동등'인 한에서 그것은 실재의 영역이다. 예를 들면, 온도차들로 나타나는 각각의 강도차들은 이미 실재적 차이들이고 하나의 온도가 다른 온도들의 합으로써 이루어지지 않는 것은 실재의 모습을 반영한 것이다. 물론 베르그손의 지속 역시 의식 상태를 넘어서 실재 자체의 생성으로 확장되는 것을 생각한다면 들뢰즈의 강도량 개념은 확장된 지속의 개념과 유사성을 갖는다. 결론적으로 말하면 강도량은 어떤 식으로 들뢰즈가 묘사한다고 해도 베르그손의 지속 개념의 자장 안에 있음을 부인하기 어렵다. 질적 다양체와 양적 다양체, 긴장과 이완, 차이의 생성과 소멸이라는 특징들은 강도량의 존재방식과 직접적 관련을 맺는다. 그렇다면 들뢰즈는 왜 굳이 칸트에 기원을 갖는 이 용어를 자신의 핵심 개념으로 택했을까?

여기에는 다소간 수수께끼같은 면이 있다. 이 문제가 단순히 용어 선택의 문제가 아니라면 강도량은 어떤 유의미한 내용을 가지고 있을까? 우리는 두 가지 정도의 이유를 들 수 있지 않을까 추측해 본다. 첫째로 강도량은 미분적인 크기를 나타내는 데 유용하며 이는 강도의 서수적ordinal이고 벡터적인vecteur 특징과 연관된다(DR, 299/497). 칸트는 영에서부터 일정한 온도까지 균일하게 이어지는 미소감각들의 (벡터적) 계열을 이야기함으로써 심리물리학자들에게 감각을 미분적으로 측정하려는 구상을 가능하게 했다. 이는 잠재태를 미분화différentiation로 정의하는 들뢰즈의 의도와 맞물린다. 잠재태가 미분화라면 분화와 현실화의 영역인 강도량에도 적어도 형식상으로는 그와 유사한 것이 대응한다고 생각하는 것이 합리적이다. 두 번째로 강도량은 초월론적transcendantal 영역을 정의하기에 적절하다. 강도는 경험적 개념이 아니고 경험의 가능조건도 아니며 단지 경험의 실재적 조건과 관련된다. 강도량은 강도차로부터 질과 양의 실제적 생성을 가능하게 하기 때문이다.

초월론적 조건이 필요한 이유는 현상적으로 나타나는 질과 양의 이분법을 극복하기 위해서이다. 들뢰즈는 강도량을 "양에 고유한 질" 혹은 "양적 차이 안에 있는 말소 불가능한 것, 양 자체 안에 있는 동등화 불가능한 것"이라고 표현하기도 한다(DR, 299/496). 이런 내용은 베르그손에게서는 바로 질에 해당하는 속성이다. 그런데 질은 원초적으로 지속과 같은 것을 지시하면서도 고정된 양태, 생산된 양태를 표현하기도 한다. 분명히 들뢰즈는 너무 많은 내용을 함축하면서도 질이라는 하나의 개념으로 뭉뚱그려진 베르그손의 생각을 명료화할 필요를 느꼈던 것 같다. 그가 강도량이 "양이라는 유genre에 속하는 어떤 종espèce이 아니라 모든 양에 현전하는 어떤 근본적이거나 원천적인 계기moment의 형태"로 드러난다고 말할 때(DR, 299/496) 우리는 실재를 질과 양 이전에 작용하는 어떤 힘, 즉 강도량의 일원적 체계로부터 재구성하고자 하는 그의 야심을 엿볼 수 있다. 그렇다면 이러한 일원적 체계는 어떻게 성공할 수 있을까.

강도가 미분적 양처럼 표현됨에도 불구하고 부분들의 합이 아닌 것은 안-주름운동을 하기 때문이다. 강도는 밖으로 펼쳐지는 동시에 안으로 접히는 운동을 한다. 그러므로 베르그손에게서 이원론이 문제라면 들뢰즈의 안-주름운동과 밖-주름운동이라는 구상도 이원적 성격을 가짐에 주목해야 한다. 양자 모두 『물질과 기억』의 일원론적 영감을 경유하여 세계의 창조적 분화, 현실화를 설명하는 대목에서는 어떤 종류의 이원성 또는 대립을 말하지 않을 수 없다. 베르그손은 생성하는 운동과 해체되는 운동의 방향차이에 대해 말했고 들뢰즈는 곧장 강도들의 차이를 말하지만 동시에 강도차를 봉인(함축)하는 운동과 그것을 펼치는 이중의 운동에 대해서도 말한다. 이 둘의 관계는 본성차인가, 방향차인가? 접힘과 펼침은 아무래도 그 구상적 특징상 방향차를 함축하는 것 같지 않은가? 차이의 소멸에 의한 엔트로피 증가, 그럼에도 불구하고 내부적으로 접히고 봉인되는 운동이라는 이중적 활동 역시 생성하는 운동과 해체되는 운동, 긴장과 이완이라는 베르그손의 개념틀 안에 있는 것처럼 보인다.

베르그손이 잠재태의 현실화를 설명할 때 동력이 되는 것이 두 힘의 대립과 폭발이라면 들뢰즈에게 현실화의 동력은 강도들 간의 차이이다. 이 과정에서 잠재태와 현실태의 관계 내부에 초월론적 영역이 개입한다. 들뢰즈는 베르그손의 잠재성을 이념으로서의 잠재태와 강도량의 영역으로 이분한다. 그는 칸트를 상기시키는 방식으로 그것들을 "변증론적 반쪽과 감성론적 반쪽"이라 부른다(DR, 285/473). 강도량의 영역은 잠재성으로부터 현실화하면서도 경험적 영역과 대립하면서 초월론적 영역의 위상을 점하는 이중의 관계 속에 있다. 하지만 이 차이들은 소멸을 향하기 때문에 분화와 현실화의 원인으로 제시하기 위해서는 많은 보완이 필요하다. 차이를 낳는 안-주름운동은 차이를 소멸시키는 밖-주름운동을 선행하거나 적어도 동시적이어야 한다. 이제 우리의 문제로 다시 돌아온다면, 강도량의 이중적 운동이 어떻게 가능한가 하는 문제, 무엇보다도 차이를 낳는 생성의 운동, 즉 안-주름운동이 어떻게 가능한가는 아직 설명되지 않았다.

그 대답의 적어도 일부는 생명체의 탄생이라는 특권적 사례를 통해 나타나는 듯하다. 현실화가 단지 차이의 소멸인 것만이 아니라 창조인 것처럼 보이는 명확한 사례는 생명체의 탄생이다. 하나의 생명체가 탄생하기 위해서는 안에 봉인된 강도적 운동이 스스로를 펼치는 과정이 존재한다. 여기서는 시공적 역동성 속에서 나타나는 높은 수준의 차이가 주요한 동력이 된다. 들뢰즈가 앞서 제시한 수리생물학적 모형을 다시 참조해 보자. 미분비와 특이성이 이념의 세계를 묘사한다면 생명의 분화는 현실화를 나타낸다. 유전자가 잠재태의 영역에 속한다면 현실화는 그것이 종별화와 유기적 부분들로, 더 정확히 말하면 "미분비들은 종 안에서, 특이성들은 부분들 안에서" 구현되는 것이다(DR, 281/467). 그런데 종이 추상적 실체라면 현실화의 기본적 양태는 유기적 부분들이 개체를 구성하는 데서 나타난다. 즉 잠재성을 구성하는 미분비와 특이성은 "국소적 분화로 나타나는 동시에 내부 환경의 전반적 형성으로 나타나고, 또 유기체가 구성되는 장 안에서 제기된 어떤 문제의 해결로 나타난다"(DR, 272/454). 내부 환경이나 유기체가 구성되는 장이란 개체화의 장을 말한다. 잠재성이 국소적으로 무수히 분화된다면 이를 통합시킬 장이 필요하고 이는 개체화과정을 독립적으로 다룰 필요성을 야기한다. 그래서 베르그손처럼 현실화를 곧 분화와 등치시키는 것으로는 부족하다. 분화는 생명이 유와 개체들로 분산되는 과정인데 여기서 베르그손은 유기체의 개체성을 중요하게 취급하면서도 상세한 탐구의 대상으로 삼지는 않는다. 반대로 시몽동에게서는 전개체적 퍼텐셜로부터 직접 개체화 과정이 유래한다. 거기서 개체화는 개체와 유의 형성을 동시에 설명한다.

이런 이유로 들뢰즈는 자신의 차이 철학의 가장 난해하고도 중요한 부분에서 시몽동을 참조하는 것이다. 강도량은 시몽동이 주장하는 전개체적인 퍼텐셜로부터 개체화과정을 이끌어내는 것을 묘사하기 위해서 유용한 개념일 수 있다. 들뢰즈에게서 강도량은 에너지와 유사하게 묘사되는 경우가 종종 있으며 무엇보다도 즉자적 비동등이라는 그것의 존재방식 자체가 시몽동이 주장하는 전개체적 상태와 유사하다. 들뢰즈는 강도를 즉자적 비동등, 다른 말로는 '불균등성'disparité이라고 한다. 이 불균등성은 시몽동에게서 전개체적 상태를 묘사하는 핵심 용어이며 바로 그 성질에 의해 전개체적 상태는 상전이를 겪고 개체화된다. 들뢰즈에 의하면 "강도의 차이 안에, 차이로서의 강도 안에 감싸여 있고 그 안에서 규정되는 불균등화가 감성적인 것의 근거이자 나타나는 것의 조건이다"(DR, 287/477). 다른 한편 잠재태는 문제의 제기이고 개체화는 제기된 문제의 해결이다. 잠재태가 형상이라면 문제의 해결을 모두 내포할지도 모른다. 하지만 잠재태의 현실화는 유사성의 관계에 의해서가 아니라 예측불가능한 창조와 같이 진행한다. 이러한 예측불가능성을 감내하는 것이 바로 개체화이다. 그래서 예를 들자면 유전자가 개체화 과정을 모두 결정하는 것이 아니고 배아는 새로운 강요된 운동을 겪어내야만 한다. 들뢰즈는 생명체의 탄생 과정, 특히 배아의 발생과정을 '극화'dramatisation라는 문학적 용어로 제시한다.

> 사실 바로 이 극화를 통해 현실적인 것의 **분화**는 비로소 규정되거나 개시되고, 또 이 분화가 이념의 미분화와 교감하는 가운데 다시 분화되는 것이다. 이런 드라마를 연출하는 능력, 극화의 능력은 어디서 오는 것일까? 그것은 종과 부분들, 질과 수들 아래서 일어나는 지극히 강렬하거나 지극히 개체적인 활동이 아닐까?(DR, 285/473)

물론 수리생물학적 체계는 기술적인 모형에 지나지 않는다. 그래서 들뢰즈는 이를 개체화 일반으로 즉 생성 일반으로 확대시킨다. 그러므로 "세계 전체는 알이다"(279/464). 잠재태의 도식이 현실화되는 것은 바로 도식에 존재하지 않는 '역량'puissance에 의해서이다(281/468). 개체화 이전의 이념적 차이 자체는 역량에 의해 현실화되는데 이는 니체적 뉘앙스를 띠는 힘이나 시몽동의 전개체적 실재에 가깝다. 역량은 강도의 실체이며 강도는 개체화를 추동하는 현실적 차원의 즉자적 차이이다.

나가는 말 ─ 베르그손과 들뢰즈

베르그손과 들뢰즈의 관계를 살펴보는 일은 미로에서의 길찾기와 유사하다. 문제는 들뢰즈가 베르그손을 자신의 방식으로 해석하던 시기에 두 저자의 생각들이 씨실과 날실처럼 얽혀 버린 데 있다. 어디서 아리아드네의 실을 당길 것인가? 들뢰즈는 『차이와 반복』에서 자신의 길을 찾기 위해 초인적 노력을 기울인다. 무엇보다도 그는 베르그손의 가설의 이원론적 함축 혹은 유심론적 뉘앙스를 피하고자 칸트의 강도량 개념과 시몽동의 개체화이론에 의지한다. 차이를 생성하는 봉인된 강도량의 영역과 차이를 펼치는 강도량의 영역, 다시 말하면 차이와 반복의 관계는 개체화과정을 매개로 중요한 계기를 맞이한다. 차이들은 왜 반복하는가? 왜 차이 자체로 남아 있지 않은가? 사실 이런 질문은 베르그손에게서처

존 윌리엄 워터하우스, 〈아리아드네〉, 1898. 베르그손과 들뢰즈의 관계를 살펴보는 일은 미로에서의 길찾기와 유사하다. 문제는 들뢰즈가 베르그손을 해석하면서 두 저자의 사유가 씨실과 날실처럼 얽혀 버린 것이다. 어디서 아리아드네의 실을 당길 것인가?

럼 들뢰즈에게도 넌센스라 할 것이다. 생성은 해체하는 힘을 통해서만 실현될 수 있다. 강도량의 안-주름운동은 밖-주름운동을 통해 펼쳐짐으로써만 질과 연장을 생산할 수 있다. 그것들은 거울상처럼 실재의 이중적 운동을 나타낸다. 하지만 이 이중운동을 설명하는 장치야말로 두 철학자의 차이를 가늠하는 첫 번째 척도가 될 것이다.

1부에서 본 것처럼 베르그손은 물질과 생명으로 대표되는 이원적 현실을 설명하기 위해 우리가 관념적 기획이라고 부른 바 있는 더 심층적인 차원으로 거슬러 올라가, 대립하는 두 방향의 운동들이 분극되기 이전의 창조적 운동 자체인 초의식에 도달한다. 우리는 이러한 기획은 관념적인 것인 한에서만 유의미한 작업이라는 것을 주장한 바 있다. 이원적 실재가 보여 주는 양극성은 베르그손이 발견한 주요한 업적이다. 다만 그것이 물질과 생명으로 '실체화'된다면, 더 나아가 생명적 운동의 기원에 있는 '의식'으로 실체화된다면 받아들이기 어렵다. 비록 베르그손이 그것들을 생성이나 창조, 해체와 같은 중립적 용어들로 대체하고는 있지만 말이다. 들뢰즈는 베르그손의 관념적 기획을 직접 언급하고 있지는 않다. 하지만 그가 칸트적인 문제제기적 차원에서 언급하는 일종의 형이상학적 가정들, 즉 플라톤의 이데아, 물리학의 입자, 생물학의 유전자, 맑스의 이념 같은 것들에 베르그손의 초의식 개념을 추가하는 데 별 문제는 없어 보인다. 들뢰즈가 베르그손의 잠재성의 현실화 도식을 차이철학의 주요한 도식으로 채택하면서도 이념으로서의 잠재태와 강도량으로서의 초월론적 차원을 구분한 것은 베르그손 입장의 이러한 어려움을 의식하고 있었기 때문이었던 것 같다. 이제 초의식 개념을 이념의 세계로 밀어넣는다고 해도 이원적 실재는 현실에서 생성과 해체라는 두 운동에 상응하는 대립된 방향을 여전히 보여 주게 될 것이다. 깊이의 공간에서 새롭게 나타나는 접힘의 운동과 외적인 연장으로의 펼침의 운동이 그것들이다. 이러한 들뢰즈의 작업은 이원론적 일원론이라는 장껠레비치의 난해한 존재론적 해석을 명료화하는 측면이 있다. 장껠레비치에게서는 하나인 지속 자체가 물질과 생명의 두 가지 양상으로 드러나지만 지속 자체는 의식이자 생명성인 것으로 파악된다. 즉 베르그손이 본래 가지고 있는 어려움을 그대로 보여 주는 것이다. 하지만 들뢰즈에게서는 초의식 혹은 의식은 이념이며 현실에서는 물질과 생명이 아니라 강도량의 구성적 운동과 펼치는 운동이 대립된다고 할 수 있다. 이와 같은 존재론적 명료화의 차원에 들뢰즈는 인식론적 명료화의 차원을 추가한다. 강도량의 접힘과 펼침의 운동은 베르그손의 질 개념에서 그것이 생성되는 과정과 고정된 양태를 구분하게 해 주는데 들뢰즈는 전자에 초월론적 위상을, 후자에 경험적 위상을 부여한다. 초월론적 위상은 경험의 가능조건이 아닌 실재적 조건을 규정하는 것이다. 베르그손에게 지속은 추상이 아니라 무엇보다 경험이고 직관할 수 있는 상태이다. 그러나 그 경험은 고정된 감각이 아니라 생성을 향한다. 들뢰즈의 용어로는 초월론적 경험이 되는 것이다.

베르그손과 들뢰즈가 갈라지는 두 번째 지점은 실재의 이중운동이 현실화되는 계기를 말하는 대목에서이다. 베르그손에게 현실화는 무엇보다도 생명의 약동에 따르는 종과 개체들로의 분화이다. 생명의 약동은 생명적 힘과 물질적 필연성의 대립 즉 상승하는 운동과 하강하는 운동의 대립에서 유래한다. 생명적 힘은 무수한 "불안정한 경향들의 균형"(EC, 99)을 나타내며 물질은 동질적인 "요소적 진동들"(EC, 202)로 분할되는 경향이다. 분화 혹은 개체화는 두 힘의 접촉에서 일어난다. 여기서 생명과 물질의 접촉은 역사적 우연성이나 임의의 특이성이 아니라 필연적 원리들의 대립이라는 성격을 띤다. 또한 이미 두 원리의 역할이 그것들의 정의 안에 내포되어 있기 때문에 생명의 운동이 생성을 향하고 물질의 운동이 해체를 향한다는 것은 분명하다. 한편 들뢰즈는 『차이와 반복』 이전의 베르그손에 관한 연구들에서 지속이 스스로 달라지는 활동에 의해 차이의 정도들을 분리함으로써 다양하게 현실화되는 일원론적 관점을 선보인 바 있다. 기계론적 물질 현상조차도 지속의 차이화 운동의 마지막 단계로 설명된다. 하지만 이것이 내포하는 문제점은 지속의 물활론적 뉘앙스와 더불어 베르그손에게서 중요한 물질적 운동의 대립각이 주목되지 않는다는 것, 그럼으로써 현실화의 직접적 계기가 설명되지 않고 있다는 점이다. 『차이와 반복』에 이르러 이 문제는 강도의 이중운동을 도입함으로써 설명된다. 거기서 우선 서로 다른 강도들은 강도차에 의해 현실화된다. 현실화의 동력은 여전히 차이 자체의 활동이다. 들뢰즈의 장점은 생명과 물질의 대립적 역할을 배제하고 강도라는 하나의 개념으로 현실화 과정을 설명하는 것이다. 그런데 강도차는 경험적 차원에서 엔트로피 법칙과 연결되고 따라서 소멸을 향한다. 세계가 무로 향하리라는 논리적 결론을 피하기 위해서는 강도가 안으로 접히면서 새로이 구성되는 운동을 설명해야 한다. 바로 이 지점에서 개체화 이론의 중요성이 대두된다. 강도가 안으로 접히는 과정은 시몽동의 개체화 과정에 대한 연구로 보완되며 이로써 들뢰즈는 강도량의 일원론에 어떤 종류의 양극성을 재도입한다.

다만 시몽동의 개체화이론은 생명계의 분화, 다양화를 설명하기보다는 개체 자체의 동일화과정을 설명한다는 것을 다시 한 번 지적해 두자. 전개체적 상태의 불균등성이 특이성의 작용에 의해 상전이하여 나타나는 개체화과정은 무엇보다 이질성들을 통합하는 과정이다. 개체화과정은 끝이 없으나 이는 차이를 낳는 과정이기보다는 그것들을 양립시키면서 안정화하는 과정이다. 시몽동 식의 자기조직화하는 개체화과정의 문제점은 앞 절에서도 본 것처럼 종별화와 유성생식으로부터 나타나는 생명계의 무한한 다양성을 설명하기 쉽지 않다는 것이다. 시몽동에게서 개체화라는 개념 자체가 무척 포괄적이기는 하지만 그 핵심에 충실할 경우 다양성의 기원은 개체화과정 자체보다는 오히려 전개체적 불균등성에서 찾아야 한다. 결국 차이의 철학자 들뢰즈는 잠재성의 현실화과정을 시몽동의 결정 모형보다는 베르그손의 발생학 모형에서 찾는다. 사실 『차이와 반복』은 베르그손의 발생학 모형을 포기한 적이 결코 없다. 결정이 동일화, 안정화를 향한다면 생명체의 발생은 폭발과 분산으로 이루어진다. 하지만 들뢰즈는 발생이 동시에 개체화의 장이라는 특정한 환경 안에서 이루어진다는 것을 강조한다. 배아는 이러한 환경 안에서 무수히 접히는 강요된 운동을 겪어낸다. 폭발로서의 잠재태의 현실화와 개체화의 장이라는 강제의 불안정한 동거가 시작되는 것이다.

생성의 문법을 만들기

생명 현상이 정밀한 지식으로 구체화되기 시작한 것은 19세기의 일이다. 생리학과 진화론이 과학이라는 형식의 옷을 입고 우리에게 새로운 차원의 에피스테메를 제공하기 시작한 것이다. 하지만 그것들이 우리의 일상적 삶에 구체적인 내용을 제공하기 시작한 것은 20세기 후반이다. 한편으로 유전학과 공학의 합작으로 생명은 우리가 모르는 사이에 산업의 대상이 되었다. 다른 한편으로 그것은 건강과 질병, 노화와 죽음, 환경이라는 통속적인 주제들과 접속되면서 일상적 삶의 전면에 등장했다. 이처럼 삶의 조건을 양분하는 두 개의 축 사이에서 우리는 정작 생명이란 무엇일까 라는 중요한 물음에는 눈을 감는다. 사실 생명에 대해 설명하고자 하는 사람은 누구나 어떤 벽 앞에 서 있는 느낌을 받고 종종 '신비'라는 말을 떠올린다. 이른바 법칙과 지식으로 무장한 과학자들도 예외가 아니다. 대중에게 쉽게 전달할 목적으로 쓰여진 많은 과학서들을 보면 생명 현상이 보여 주는 설명하기 어려운 대목에서 종종 이런 태도를 취하는 것을 볼 수 있다. 생명에 대한 물음이 이 무한한 우주의 무한한 침묵 속에서 느끼는 빠스깔적인 현기증같은 것을 불러일으킨다면 이를 외면하고자 하는 것도 무리는 아닐 것이다.

물론 실증주의자들은 다른 영역에서와 마찬가지로 생명에 대해서도 이러한 신비에 끈질기게 도전해 왔다. 의학과 생명공학의 발달로 오늘날 우리가 누리는 전례 없는 혜택은 이러한 노력의 결과이다. 하지만 이러한 '진보'의 결과는 부분적으로 근본적인 물음에 눈을 감는다는 조건에서 이루어졌다. 실증주의가 내포하는 형이상학, 모든 것은 현상들에 불과하며 우리는 그것들 간의 관계를 법칙을 통해 설명할 수 있고 그 외의 것은 인식의 영역에서 배제해야 한다는 태도야말로 생명에 대한 몰이해의 근원에 있다. 이러한 부정, 배제, 몰이해는 다른 측면에서 생명에 대한 신비화를 부추긴다. 생명 현상이 물리화학적 법칙에 의해 모두 이해될 수 있다는 생각이나 그것이 다가갈 수 없는 어떤 심연을 내포한다는 생각은 동전의 양면을 이룬다. 과학과 종교라는 양립가능하지 않은 사유가 항상 짝을 이루어 문화 전반에 영향력을 행사하는 것과 마찬가지다.

생성의 철학으로부터 생명을 사유하는 시도는 이러한 문제상황에 대한 하나의 답을 제시하려는 것으로 이루어진다. 생명은 그 자체로 신비도 아니고 법칙적 질서에 완벽하게 종속되어 있지도 않다. 그것은 무한한 생성의 순환이 내포하는 독특한 창조의 한 형태이다. 우리가 대면시키는 네 명의 철학자들, 즉 베르그손에서 깡길렘, 시몽동, 들뢰즈에 이르는 생성철학자들이 보는 관점은 그러하다. 사실 이들의 계보는 프랑스에서조차 뚜렷한 흐름으로 알려져 있지는 않다. 이들을 이어주는 사유의 혈통 자체보다는 각 철학자들의 독창성이 더 많이 알려져 있다고 해야 할 것이다. 이것은 모든 사상을 일정수의 공통적 항목 안에서 분류하는 영미의 전통과는 달리 사상가의 개별적 독창성 자체를 존중하는 프랑스적 태도 때문으로 생각된다. 하지만 그들로부터 지구의 반 바퀴를 도는 우리의 지평에서 사유할 때 맥락이 배제된 독창성에 대한 지나친 존중은 종종 한 사상가에 대한 우상화에 이르기 쉽다. 별빛의 강도는 우리로부터 위치한 거리에 따라 달라진다. 게다가 멀리서 보면 별들 하나하나보다는 그것들이 함께 만들어내는 별자리 모양이 우리 눈에 크게 들어온다. 이 모양은 가까운 곳에서는 볼 수 없는 또 다른 의미 있는 그림을 우리에게 보여줄 수 있다. 그래서 우리는 이들 생성철학자들 각각이 스스로의 생애 동안 전력을 다해 씨름한 문제들을 서로 연결하고 서로 대면시키고 서로 대화하게 함으로써 그들이 이루어낸 어슴프레한 그림을 더 밝은 곳에서 드러내 보이고자 한다.

철학에서 생성이라는 문제의식은 현상을 고정된 본질이나 법칙에 의해 설명하는 경향에 저항하는 일군의 사상가들에 의해 제기된다. 동아시아의 사상을 제외하면 서양에서는 멀리 헤라클레이토스에 이르는 오래된 전통이지만 사실 우리에게는 이를 되살려낸 헤겔이나 니체, 베르그손 그리고 들뢰즈 등을 통해 매우 현대적인 맥락에서 알려져 있다. 프랑스적 전통에서 생성의 개념은 베르그손에게서 상당히 명료한 용어들로 표현되어 있고 그를 잇는 깡길렘, 시몽동, 들뢰즈에게서도 각각의 개성적인 표현을 통해 생성이 지닌 다양한 특성들을 점차로 구체화하는 것을 볼 수 있다.

우선 베르그손에게서 시작해 보자. 그에게 생성은 시간과 동의어이다. 시간은 작용한다. 작용하는 시간은 그 족적을 남긴다. 시간의 족적은 세계에 존재하지 않던 새로움을 드러낸다. 그래서 시간의 작용은 곧 창조이다. 우리는 1부에서 창조로서의 시간을 유심론적 함의를 넘어서는 중립적인 용어들로 설명하고자 했다. 우리는 우발성이라는 개념에서 시작했으나 이 개념은 사실 '사건성'événementialité이라는 더 근원적인 특징에서 유래한다. 사건이란 우발적contingent으로 일어나는 것을 특징짓는 용어이다. 필연적으로 일어날 수밖에 없는 것들은 본질이나 법칙에 종속되어 있다. 따라서 그것들은 예측과 반복이 가능하다. 예측에서 벗어나고 반복되지 않는 것은 오류이거나 우연으로 간주된다. 반대로 자신보다 상위의 힘에 종속되지 않은 날것으로서의 사건은 각자가 최초로 세상에 던져지는 한에서 탄생의 의미를 갖는다. 그것은 예측가능하기는커녕 자신의 독자성과 더불어 생겨나고 또 그렇게 진행된다. 그러므로 사건은 세계에 단 한 번 주어진다. 일회성과 현존재성éccéité이 바로 그것의 본질이라면 본질이다. 베르그손이 생명의 약동조차도 유한한 것이고 단 한 번 주어진 것이라고 말할 때 의도한 것은 우발성과 일회성 곧 사건성을 원리의 차원으로 격상시키는 것이라고 할 수 있을 것이다. 한편 일회적 사건들은 서로 다를 수밖에 없는데 물론 이 다름은 한 범주 내에서의 개별적 차이가 아니라 이미 범주 자체로 환원할 수 없는 차이들이다. 그래서 그것들은 타자성 혹은 이질성 자체라고 할 수 있다. 그런데 이질적 사건들은 전개되면서 단지 흩어지는 과정이 아니라 우리가 나름의 틀로 어렵사리 인식할수 있는 '경향들'을 보여 준다. 경향은 단어 자체의 의미에서 필연성과는 관련이 없으며 우발성이 어떤 방향성을 띠고 집적된 것으로 이해되어야 한다. 이러한 경향들의 축적이 곧 기억과 역사를 이룬다. 역사는 생성의 운동이다. 생명과 의식은 물론이고 물질조차 시간의 흔적을 보여 준다. 어딘가에 시간의 흔적이 있다는 것은 우주 안에 어떤 근본적인 미완결성이 있다는 것이다. 사건에서 출발하는 철학은 결코 완결된 우주, 닫힌 우주를 주장하지 않는다. 결국 사건성은 우발성과 일회성, 타자성 그리고 열린 우주를 내포한다.

우리가 사건성만큼 강조하지는 않았지만 창조로서의 시간의 또다른 특징을 이루는 것은 '생산적 순환성'이다. 물론 이 특징도 사건성을 전제로 이해되어야 한다. 사건들은 단선적으로 진행되지 않는다. 복수의 사건들이 뒤엉킨 실타래처럼 무언가는 되풀이되고 다시 돌아온다. 기억과 역사는 이와 다른 것이 아니다. 그것들은 일정한 경향들로 응집되면서 스스로를 자신 안에 반영하는 '자기지시적'autoréférentiel 체계를 이룬다. 베르그손이 제시하는 다양체 또는 잠재성의 현실화 도식은 바로 이러한 복잡성의 근원을 설명하기 위해 제시된 것이다. 잠재성으로서의 초의식은 상호침투하는 무수한 경향들을 내포하며 생명적 약동의 폭발을 통해 현실화된다고 가정된다. 잠재성은 이질성들의 상호공존이며 현실화는 개체화를 향하는 분산의 과정이다. 이 두 가지 작용으로 인해 사건들은 매번 독립적으로 일어나는 것이 아니라 다양성 속에서도 어떤 종류의 자기동일성을 만들어낸다. 자기동일성은 실체로서 주어지는 것이 아니라 무수한 자기지시적 과정의 축적이다. 의식 존재자의 자기동일성은 말할 것도 없이 이러한 맥락과 관련된다. 가령 우리가 무엇을 하는가 하는 것은 보통 우리가 무엇인가에 달려 있지만 반대로 우리가 무엇인가 하는 것은 우리가 무엇을 하는가에 달려 있기도 하다(EC, 7). 이러한 순환은 지속하는 존재자에게는 필연적이다. 우리는 끊임없이 스스로를 만들어가는 존재이며 안정된 경향은 그 결과에 불과하기 때문이다. 생명과 의식 현상에서 우리가 자발성이나 능동성이라 부르는 힘은 순환을 생산적으로 이끄는 힘이다. 생명의 진화에서도 이런 종류의 순환성이 작용한다. 베르그손에게서 유전이란 현상은 고정된 법칙이 아니라 약동의 전달이다. 하지만 약동은 유한한 힘이고 생명의 사건들은 무엇보다 지나간 흔적 위에서 그리고 자신을 둘러싼 환경과의 역동적 상호작용 속에서 일어난다. 그것은 자신이 처한 역사적 맥락과 환경 속에서 자신의 다른 얼굴을 만난다. 생명 현상들은 내적 역사이든, 외부 환경이든 간에, 주어진 조건들의 결과로서 나타나는 것이 아니라 그 조건들 자체와 일체를 이룬다(EC, 28). 즉 생명체와 그 조건들은 구분되기보다는 서로를 서로 안에 반영하는 관계 속에 있다. 이러한 생산적인 순환성이 없다면 성장은 물론이고 적응이라는 것도 가능하지 않을 것이다.

지속이라는 독특한 시간의 개념을 통해 생성을 설명하는 베르그손의 철학은 세부적인 설명에서는 의식과 생명의 현상에 기초하여 그 모형을 제공한다. 주로 의식의 자유, 유기체의 발생과정, 생명의 진화라는 세 가지 현상들에 의존하고 있는 것을 볼 수 있다. 생성과 생명현상의 친화성에서 출발하는 이런 태도는 깡길렘에게 전달된다. 깡길렘은 베르그손이 많이 다루지 않은 생명체의 생리적 현상에 집중하여 이를 역동적 규범성으로부터 이해하는 생명철학을 제시한다. 유기체의 생리 현상을 이해하고자 할 때 가장 눈에 띠는 것은 무수한 내외적 자극에도 불구하고 그것이 항상성을 유지하고 있다는 점이다. 항상성이라는 말은 오늘날 우리가 매우 자주 사용하고 있지만 그 기원이 베르나르의 '내부 환경'의 개념에서 유래한다는 것은 별로 알려져 있지 않다. 깡길렘은 이 견고한 개념을 공략함으로써 유기체를 보는 새로운 관점을 수립하는데 이는 사실 베르나르의 스승에 해당하는 비샤를 다시 불러냄으로써 가능하게 된다.

비샤에 의하면 유기체의 근본적인 상태는 항상성이 아니라 끝없는 변화이다. 불안정성, 불규칙성, 변화가 유기체의 본성 자체를 구성한다는 것은 비샤와 베르그손에 공통되는 생각이다. 비샤에게서 유기체의 모든 현상은 조직의 수준에서 외부 자극을 수용하는 감수성과 이에 반응하는 수축성이라는 두 생기적 속성의 작용으로 이루어진다. 생기적 속성들은 변질되기 쉬운 허약한 능동성이며 생명체의 겉으로 드러나는 안정성은 이 속성들의 불안정한 균형에 지나지 않는다. 바로 이 점에 착안하여 깡길렘은, 유기체가 가장 하위의 형태에서부터 이미 긍정적 가치에 대한 선호와 부정적 가치에 대한 거부로 이루어지는 역동적 양극성을 보여 준다고 한다. 역동적 양극성의 작용으로 생명체는 부정적 변화에 대처하고, 긍정적 변화를 전유하는 자신만의 규범을 설정한다. 규범을 설정하는 유기체의 능력은 자신의 내부에 긍정적 가치와 부정적 가치에 대한 기억을 축적하는 데서 비롯한다. 또한 규범은 기존재하는 자기동일성을 고집해서는 설정불가능하다. 규범이란 내외적 변화를 적극적으로 수용함으로써 그 자체가 변화하는 것, 즉 새로운 자기동일성을 세우는 과정이다. 생명체의 자기동일성은 생명체 자신이 만드는 것이라는 베르그손적 영감에 따라 우리는 규범성의 능력이 생명체가 수행하는 고도의 자기지시적 활동이자 생산적 순환성임을 알 수 있다.

깡길렘은 생명 현상이 물리화학적 변화와는 다른 수준에서 진행된다는 것을 강력히 주장한 점에서도 베르그손의 충실한 제자로 머물러 있음을 알 수 있는데 흥미로운 것은 그가 생성의 용어로 이를 설명하고 있는 점이다. 가령 생명체에게 환경은 물리화학적인 필연적 현상의 총체가 아니라 매번 달라지는 '사건'의 형태로 나타난다. 생명체에게 환경의 변화가 불확실한 이유는 바로 그 때문이다. 깡길렘이 "새를 받쳐주고 있는 것은 나뭇가지이지 탄성의 법칙이 아니다……환경의 불확실함infidélité이란 엄밀하게 말해서 그 생성devenir이며 역사이다"라고 말할 때 그는 생명의 세계가 법칙적 세계와는 다른 새로운 수준의 현상이라는 것, 즉 생성이라고 부를 수 있는 수준에서만 이해될 수 있는 현상이라는 것을 파악하고 있다.

물질계는 엄밀한 법칙들로 모두 형상화될 수 있을까? 깡길렘과 달리 시몽동은 물질계에서 출발하여 그 생성의 특징을 찾아낸다. 베르그손의 경우 물질적 우주와 관련해서는 『창조적 진화』의 1장 초반부에서 과학적 지성의 닫힌 체계 속에서 법칙으로 조작되는 물질 개념을 보여 주고, 3장의 후반부에서는 생명과 물질이 궁극적으로 하나의 원리로부터 분극되는 과정으로, 생성과 해체의 상보적 과정으로 설명하고 있다. 후자의 관점에서 물질은 우주적 연속성과 하나를 이루고 있으며 엔트로피 법칙이 그 운동을 잘 보여 주는 증거가 된다. 따라서 물질이 스스로 질서를 만드는 것은 불가능하다. 시몽동의 철학은 이 점에서 베르그손과 대립점에 위치한다. 결정의 형성과정은 물질이 단지 흐름이 아니라는 것, 그것조차도 개체화과정을 겪음으로써 개체로 생성된다는 것을 보여 준다. 이로써 그는 물질적 연속성에 단절이 도입되는 정확한 계기가 있음을 보여 준다. 결정화 과정은 마치 생명체가 엔트로피의 과정을 거슬러 올라가는 것처럼 주어진 에너지조건을 이용하여 구조화되는 비가역적 과정이다. 시몽동은 개체화과정이 모든 종류의 실체주의에 대립하는 생성의 가장 기본적인 특징이라는 것을 분명히 한다. 결정화과정은 무엇보다도 하나의 사건으로 일어난다. 그것은 계의 가장 기본적인 에너지적 조건에 특이성 조건이 부가됨으로써 가능하다. 에너지 조건만으로는 새로운 구조가 나타나지 않으며 외부로부터 투입되는 싹이나 환경적 요소들처럼 우발적 요인들이 도입됨으로써 비로소 계는 변화를 가능하게 하는 임계점에 도달하기 때문이다.

결정의 형성과정은 물질계 내에서 일어나는 사건적 특징을 보여 줄 뿐만 아니라 우리가 생성의 또 다른 특징으로 지목한 생산적 순환성을 나타낸다. 시몽동이 정보이론으로부터 차용한 '내적 공명'이라는 말에 그러한 생각이 잘 표현되어 있다. 개체화가 진행될 때 한 지점에서 일어나는 일은 계의 다른 모든 지점들에 반향된다. 결정의 형성은 싹으로부터 극성을 띠고 응집되면서 이 특징을 주변의 다른 분자들에 계속 전달하는 과정이다. 구조의 탄생은 에너지 조건이 내적 공명에 의해 계 전체에 반향됨으로써 가능한데 이는 일종의 자기지시적 활동이라 볼 수 있다. 무엇보다도 시몽동이 생성을 존재와 대립시키지 않고 그 자체로 적극적 존재로 인정한다는 것, 생성이 "존재가 자신과 관련하여 스스로 상전이하는 능력, 그러면서 스스로 용해되는 능력에 상응한다"(IFI, 25)는 주장에서 우리는 생성하는 존재자는 스스로를 만들어가는 것이라는 베르그손적 영감의 생산적 순환성이 심층적으로 작용하고 있다는 것을 지적할 수 있다. 사실 질서를 구성하는 과정인 개체화 자체가 이질성과 자기성의 순환을 잉태하고 있는 것 아닌가? 이러한 순환성은 생명적 개체화에서 더욱 두드러진다. 그가 생명적 개체는 단순히 개체화의 결과가 아니라 개체화의 무대라고 할 때 그리고 생명적 개체화는 물질적 개체화처럼 특이성들을 단순히 반복하면서 안정화하는 과정이 아니라 여러 개의 특이성들을 양립시키고 지연시키며 증폭시키는 자가제한적인 구조화를 겪는다고 할 때 존재자의 자기지시적 자발성은 극대화되는 것처럼 보인다.

베르그손이 생명과 의식의 현상에서 생성의 문법을 발견하고 물질계에 대해서는 이를 소극적으로 적용하고자 했다면 시몽동은 그것을 물질계와 생명계에서 공통적으로 확립하고 그 관계를 공고화하려는 것으로 보인다. 이제 우리 결론의 말미를 장식하는 들뢰즈의 경우 어떤 발견의 논리보다는 종합의 논리로 자신의 철학을 일구고 있다는 인상을 갖게 된다. 베르그손과 깡길렘, 시몽동이 각각 생물학과 의학, 물리학에 직접 조회하고 그 자료들을 분석하는 가운데 자신들의 기초 개념들을 구성했다면 들뢰즈는 무엇보다 철학적 사유의 역사에 조회하여 주요 개념들을 종합하고 그것들을 자신의 것으로 새롭게 전유하는 것 같다. 물론 이러한 작업이 그가 말한 것처럼 '개념의 발명'으로 이어지는 한에서 들뢰즈는 생성철학의 역사에 중요한 획을 긋게 된다. 『차이와 반복』의 초반부터 들뢰즈가 플라톤주의의 전복을 주요 화두로 삼는 것도 이런 맥락에서 볼 수 있다. 이것은 허상에 기초하여 일관된 근거를 잃고 마는 소피스트에 대한 애정어린 시선을 동반한다. 허상은 복사물과 달리 이데아와 어떤 유사성도 갖지 않은, 어떤 유비적 조작에 의해서도 파악될 수 없는 불균등함, 차이 자체이다. 차이는 존재론의 새로운 근거가 아니라 근거의 와해이다. 아니 들뢰즈는 존재론이 불변의 근거 위에서 성립하는 것이 아니라 차이들 자체를 긍정하는 존재의 일의성 위에서 가능하다고 보는 점에서 존재론의 개념 자체를 전복시킨다. 이렇게 볼 때 차이는 들뢰즈의 주요 개념들 중에서도 발명에 해당하기보다는 서양철학의 주류에서 소외된 내용에 대한 대담한 재조명 혹은 복권을 함축한다고 할 수 있겠다. 이와 같은 차이 개념을 통해 들뢰즈는 베르그손의 지속 개념을 '자기 자신과 달라지는 운동'으로 재정의하여 자신의 생성철학의 단초로 삼을 수 있었다. 차이는 베르그손에게서와 마찬가지로 우발성, 일회성, 현존재성, 타자성을 내포하는 사건의 원초적 단위가 된다. 다만 보통 들뢰즈를 사건의 철학자로 묘사할 때는 이와는 맥락이 다르다는 것을 지적해야 한다. 『의미의 논리』에서 사건이란 의미를 낳는 단위로서 상당히 구체적으로 설명되고 있다. 사건성에 의해 생성하는 존재자의 원초적인 우발성을 지시하는 우리의 맥락에서 차이는 의미보다는 새롭게 이해된 존재론적 혹은 존재적 특징에 관련된다.

차이화 운동이 산출하는 개체들은 일회적이고 독특한 것을 구성하며 생성, 소멸, 변화에 노출된다. 그러나 우리가 관찰하는 세계에는 유사한 것들의 반복이 있다. 사건들은 무수히 흩어지는 것들 한가운데서 일정하게 관계를 가진 경향들, 순서들, 계열들을 이루기도 한다. 반복이라는 말은 모호하나마 자기동일성을 가진 어떤 것을 상정한다. 사실 얼핏 보면 도처에서 안정성과 규칙성을 발견할 수 있다. 천체의 운동을 이상적인 원운동으로 본 그리스인들은 반복의 즉자를 탐했던 것이다. 이것이 플라톤적 기원을 갖는 학문적 사고의 시작이다. 형상이든, 법칙이든, 고정적 원리들은 시간과 차이의 운동을 추상하는 데서 일치하며, 이 경우 베르그손이 말했듯이 물리학은 논리학의 자연적 귀결이다. 들뢰즈는 반복을 동일한 것의 반복과 차이를 낳는 반복으로 구분함으로써 전자를 이념에 후자를 생성에 각각 관련시킨다. 동일한 반복은 재현적 주체를 가정하며 사실상 개념의 자기동일성을 시간적으로 전개시킨 것에 불과하다. "즉자로서의 반복은 없다"(DR, 169). 차이만이 즉자적이다. 생성으로서의 반복은 언제나 일회적이고 독특한 차이와 관계하고 있다. 이념의 세계에서 차이가 잠재태로 존재한다면 생성–반복의 세계에서 그것은 강도차로 나타난다. 강도차는 언제나 어떤 불균형, 불안정, 비대칭, 일종의 틈새와 간격들로 구성되는 역동적인 질서이다. 강도차로 나타나는 반복은 개체화 속에서 애벌레 주체의 강요된 운동에 의해 새로운 질서를 구성한다. 생성은 플라톤에게서와 같이 영원성의 타락이 아니라 베르그손에게서처럼 잠재성의 현실화, 니체에게서처럼 유일무이한 힘이 자신의 역량을 창조적으로 실현하는 방식이다. 이 모든 비교와 은유에서 반복은 니체의 영원회귀가 그러한 것처럼 생성 자체의 회귀와 관련된다. 우리는 여기서 우리가 관찰한 모든 생성철학자들이 그러한 것처럼 자연의 무한히 풍요로운 순환성을 보게 된다. 이제 차이들이 반복 속에서 서로 부딪히면서 어떻게 의미를 창조하는가 하는 것이 『의미의 논리』의 주제라면, 반복들이 어떻게 서로 계열화되면서 지층들을 만들어내는가 하는 것은 『천의 고원』의 주제가 된다.

무슨 비밀의 문이라도 있는 것처럼 인기척이 없는 숲으로, 동굴 속으로 혼자 숨어들어가 무엇을 찾는 것인지조차 잘 모르면서 무언가를 찾아 헤매기 시작한지도 꽤 오랜 시간이 흘렀다. 가끔 이름도 모를 덩굴이 잔뜩 드리워진 울타리 너머로 밖을 흘끗 바라보면 잘 포장된 넓은 도로가 햇볕 아래 반짝인다. 하지만 그 길로 가면 차조심도 해야 하고 발밑이 단단해 걷기에 편치 않다. 별 주저 없이 가던 길로 다시 가게 된다. 그러기를 여러 번……돌아서면 때때로 만나는 유쾌한 공기가 반갑다. 그리고, 어라! 여기에도 괜찮은 길이 있네.

철학을 하다 보면 이른바 주류가 있고 그렇지 않은 비주류가 있다는 걸 알게 된다. 누구나 처음부터 그런 맥락에 따라 선택하는 건 아니다. 자신의 취향에 맞추어 혹은 우발적 환경에 따라 선택하게 된다. 그렇게 하다 보면 매끈한 포장도로가 나 있는 분야가 있고 그렇지 못한 분야가 있다는 걸 알게 된다. 개인적인 이유라 해야겠지만 추리소설을 좋아하고 퍼즐 풀기를 좋아하는 취미로 인해 잘 알려지지 않은 분야를 발굴하는 데 자주 이끌렸다. 불가항력이 없지는 않았으나 홈패인 공간을 피해 다니고자 했다. 그러다 보니 어느 새인가, 적당한 비유일지는 모르겠는데, 정당으로 치면 정권을 잡을 가능성도, 권력의지도 없이 선의지와 이념에만 충실한 소수 정당과 같은 처지가 됐다.

하지만 그러한 생각을 지지하는 이들에게 자연은 꿈이라고 불리는 또 다른 선물을 마련하고 있지 않을까. 이 어머니에게 좀 더 많은 것을 기대해도 좋지 않을까. 설계된 인생의 도시에서 빠져나와 우발적 미래를 향해 자신을 열어젖히면, 아직도 진도의 작은 항에서 스산함에 몸서리치는 그대들과 함께 울기, 우주 안에 유일한 작은 생명체의 현존재성과 공감하기, 화산암을 이루는 결정들의 무리에 스며 있는 오랜 역사를 깨닫기까지 선물들의 목록은 끝이 없다……

세계를 바꾸기 위해 우리는 무엇을 더 필요로 하는가?

이 책이 나오기까지 누군가의 도움을 받은 일이 있다면 그들의 이름을 나열하고 싶지만, 생각나지 않는다. 나의 부모님은 내가 하는 일을 잘 모르신다. 나의 자매, 형제 그리고 친구들에게는 진작부터 너무 낯선 이야기로 인해 미안한 감을 가지고 있다. 나의 철학적 동료들조차 내가 하는 작업을 잘 모른다. 다만 역설적으로 깡길렘이라는 이름, 시몽동이라는 이름 자체가 주는 낯설게 하기의 효과만큼은 충분히 전달될 수 있으리라.

그러나 생각나지 않을 뿐 무수한 인연이 거기 분명히 있었으리라 생각한다. 분명히 바로 그것이 이 책을 있게 한 잠재성이리라. 이 책을 꼼꼼이 보시고 오탈자나 어색한 표현을 지적해 주신 갈무리 출판사 여러분과 프리뷰어님들에게 감사한다.

2014년 9월 10일
황수영

:: 후주

들어가며

1. François Jacob, *La logique du vivant, une histoire de l'hérédité*, Paris, Gallimard, 1970, p. 320 [프랑수아 자콥, 『생명의 논리, 유전의 역사』, 이정우 옮김, 민음사, 1994].
2. Descartes, *Principe de la philosophie* in *Oeuvres et lettres*, Texte présenté par André Bridoux, Gallimard, 1970, p. 654.
3. 황수영, 『근·현대 프랑스철학 : 데까르뜨에서 베르그손까지』, 철학과 현실사, 2005, 29쪽.
4. 앙드레 삐쇼도 유사한 지적을 하고 있다. 그에 의하면 생명은 "물리적 수준의 일반성도, 사유의 고결함도 갖고 있지 못한" 것으로 취급되어 왔다. André Pichot, *Histoire de la notion de vie*, Paris, Gallimard, 1993, p. 5.

1부 베르그손, 『창조적 진화』의 생명철학

1장 생성철학과 진화론의 만남

1. 이러한 연구가들 중에는 Milic Capek, Pete A. Y. Gunter, Keith A. Pearson, Pierre Montebello, Paul-Antoine Miquel 등을 들 수 있다.
2. Jean Gayon, "*L'évolution créatrice* et la théorie synthétique de l'évolution," *Annales bergsoniennes IV*, PUF, 2009, p. 59~60. 다원주의의 어두운 시기에 대해서는 보울러의 책을 참조할 수 있다. Peter J. Bowler, *Evolution : The History of an Idea*, Berkeley, University of Califonia Press, 1984.
3. 에른스트 마이어, 『이것이 생물학이다』, 최재천 외 옮김, 몸과 마음, 2002, 204~205쪽.
4. 같은 책, 292쪽.
5. 킴 스티렐니, 『유전자와 생명의 역사』, 장대익 옮김, 몸과 마음, 2002. 이 책에서 저자는 도킨스와 굴드를 비교하면서 양자의 차이를 부각시키는 동시에 몇몇 지점에서 두 사람의 접근가능성을 조심스럽게 짚치고 있다.
6. Henri Gouhier, *Bergson dans l'histoire de la pensée occidentale*, Paris, Vrin, 1989, p. 48
7. Richard Dawkins, *The Selfish Gene*, Oxford University Press Inc., 1989 (1st edition, 1976), pp. 21, 34~35 [리처드 도킨스, 『이기적 유전자』, 홍영남 옮김, 을유문화사, 2002].
8. Motoo Kimura, *Population genetics, Molecular Evolution, and The Neutral Theory*, Chicago, The University of Chicago Press, 1994; 木對資生, 『生物進化を 考える』, 岩波書店, 1988, 222~230쪽 (이성규의 다음 논문에서 재인용, 「다윈의 자연선택설과 유전자 개념의 역사」, 『한국과학사학회지』 제27권 제1호, 2005, 20쪽.)
9. Armand De Ricqlès, "*L'évolution créatrice* et l'évolutionnisme contemporain," *Annales berg-*

soniennes IV, PUF, 2009, p. 118.

10. 같은 글, p. 115.

11. B. Balan, "L'Oeil de la coquille Saint-Jacques : Bergson et les faits scientifiques," *Raison présente*, numéro spécial *Des sciences dans l'histoire* (sous la supervision de J.-P. Thomas), 119, 1996, pp. 87~106.

12. 이 점에 대해서는 프랑수아(Arnaud François)의 『창조적 진화』 해제를 참조할 것. Henri Bergson, *L'évolution créatrice*, La première édition critique de Bergson sous la direction de Frédéric Worms, p. 422 [앙리 베르그손, 『창조적 진화』, 황수영 옮김, 대우학술총서, 아카넷, 2005].

13. 이 문제에 대해서는 2부 3장의 마지막 절 '생성과 로고스'를 참조할 것.

14. Henri Atlan, *La fin du "tout génétique"? Nouveaux paradigmes en biologie*, Paris, INRA., 1999, p. 56. 유전자의 지위에 의문을 제기하는 학자들은 Lewontin, Keller, Sarkar, Griffith, Jablonka, Longo(G.), Sotto(A.) 등이다. 이 문제에 대해서는 장대익의 다음 논문을 참조할 것. 「철학이 생물학을 만날 때」, 『과학과 철학』 제13집 (생물학의 시대), 2002. 12.

15. 이블린 폭스 켈러, 『유전자의 세기는 끝났다』, 이한음 옮김, 지호, 2002, 50, 57, 58쪽.

16. 스티렐니, 『유전자와 생명의 역사』, 63쪽.

17. Julian Huxley, *Essays of a biologist*, London, Chatto & Windus, 1923, p. 33 (Jean Gayon에게서 재인용, "*L'évolution créatrice* et la théorie synthétique de l'évolution," p. 69).

18. J. Gayon, "*L'évolution créatrice* et la théorie synthétique de l'évolution," pp. 69~70.

19. 스티븐 제이 굴드, 『풀하우스』, 이명희 옮김, 사이언스북스, 2002, 62~67쪽

20. 스티븐 제이 굴드, 『판다의 엄지』, 김동광 옮김, 세종서적, 225쪽.

21. Stephen Jay Gould, *Wonderful life, The Burgess Shale and the Nature of History*, New York, London, W. W. Norton & Co., 1989, p. 51 [스티븐 제이 굴드, 『생명 그 경이로움에 대하여』, 김동광 옮김, 경문사, 2004]. 우리말 번역서는 'contingency'를 'randomness'와 구분하지 않고 동일하게 우연성으로 번역하고 있는데, 이것은 오류이다.

22. 스티렐니, 『유전자와 생명의 역사』, 152쪽.

23. Gould, *Wonderful life*, pp. 64, 304.

24. 굴드, 『풀하우스』, 195쪽.

25. Gould, *Wonderful life*, p. 49.

26. 스티븐 제이 굴드, 『다윈 이후』, 홍동선·홍욱희 옮김, 범양사, 1988, 195~197쪽.

27. 스티렐니의 지적, 『유전자와 생명의 역사』, 179~181쪽.

28. 켈러, 『유전자의 세기는 끝났다』, 59쪽.

29. 마이어, 『이것이 생물학이다』, 307~308쪽.

30. 스티렐니, 『유전자와 생명의 역사』, 210쪽.

31. 마이어, 『이것이 생물학이다』, 115.

2장 『창조적 진화』에 나타난 몇 가지 근본적 모순들을 이해하기

1. Xavier Bichat, *Recherche physiologique sur la vie et la mort* [삶과 죽음에 대한 생리학적 연구]

(1801), GF-Flammarion, 1994, p. 122~123.

2. Édouard Le Roy, "Un positivisme nouveau," *Revue de métaphysique et de morale*, t. IX, mars-avril 1901, pp. 138~153.

3. 역전된 질서의 실재는 물질을 말한다. 이것을 생명적 질서라고 한 것은 오류이다(황수영, 『근·현대 프랑스철학』, 370쪽).

4. 이 이론의 중요성에 대해서는 다음 논문을 참고할 수 있다. Paul-Antoine Miquel, "De la signification de la vie," *L'Évolution créatrice de Bergson*, Arnaud François (éd.), Paris, Vrin, 2010, p. 188.

5. 『정신적 에너지』에 수록된 「의식과 생명」(1911)에서도 의식을 생명과 동외연적인(coextensive) 것으로 설명하고 있다(ES, 7~8, 13).

6. Jacques Maritain, *La philosophie bergsonienne*, Paris, Rivière, 1914, pp. 31, 149 (자끄 슈발리에의 『베르그손』에서 재인용. Jacques Chevalier, *Bergson*, Paris, Plon, 1926, p. 192).

7. 이 문제에 대해서는 베르그손의 다음 책을 참조할 것, MR, 56.

8. 트로띠뇽과 장껠레비치의 해석이 대표적이다. Patrick Trotignon, *L'idée de vie chez Bergson et la critique de la métaphysique*, PUF, 1968. Vladimir Jankélévitch, *Bergson*, PUF, 1931.

9. 유비의 방법에 대해서는 보름스가 잘 설명해 놓고 있다. Frédéric Worms, *Bergson ou les deux sens de la vie*, Paris, PUF, 2004, pp. 182~192.

10. Jankélévitch, *Bergson*, p. 174 (이 책은 1931년에 출판되었다가 후에 윤리학을 포함하는 마지막 장을 보완하여 1959년 재출간되었다). 이제부터 이 책은 본문 내에서 (Jankélévitch, 1931 : 168)와 같은 식으로 인용한다.

11. 『창조적 진화』에는 이 같은 표현이 3번 등장한다. EC, 4, 39, 360.

12. Gilles Deleuze, *Le bergsonisme*, PUF, 1966 [질 들뢰즈, 『베르그손주의』, 김재인 옮김, 문학과 지성사, 1996]. 여기에서 선보이는 생각들은 1956년에 쓴 「베르그손에 있어서 차이의 개념」("La conception de la différence chez Bergson," *Les études bergsoniennes* IV)이라는 논문에 나오는 주요한 개념들에 토대를 두지만 해석의 전체적 체계를 갖춘 것은 물론 이 책의 독창성이다. 자세한 내용은 다음 책을 참조할 것. 황수영, 「베르그손과 들뢰즈 — 들뢰즈의 베르그손 해석」, 『근·현대 프랑스철학』, 374~416쪽.

13. Deleuze, "La conception de la différence chez Bergson," *Les études bergsoniennes* IV, p. 88.

14. Ilya Prigogine et Isabelle Stengers, *La nouvelle alliance*, Folio, essais, 1979, p. 155 (우리 번역서 제목은 『혼돈으로부터의 질서』, 신국조 옮김, 자유아카데미, 2011).

2부 비샤, 깡길렘의 생기론과 베르그손

1장 프랑스 생기론과 자비에르 비샤의 의학사상

1. Jean Cazeneuve, *La philosophie médicale de Ravaisson*, Paris, PUF, 1958, p. 35.

2. 삐쇼(A. Pichot)가 편집한 책과 스리즈(Ceries)가 편집한 책의 편집자서문과 편집자주 참조.

3. Étienne Bonnot de Condillac, *Essai sur l'origine des connaissances humaines* (1746), Introduction, Edition Galilée, 1973, p. 99.

4. Étienne Bonnot de Condillac, *Traité des sensations* (1754), Corpus des Oeuvres de Philosophie en lanue française, Paris, Fayard, 1984, p. 11 sq.

5. Étienne Bonnot de Condillac, *Traité des animaux* (1755), Paris, Fayard, 1984, 1ère partie.

6. Victor Delbos, *La philosophie française*, Paris, Plon, 1919, p. 18.

7. Auguste Comte, *Cours de philosophie positive*, 40e leçon (Philippe Huneman의 지적 : *Bichat, la vie et la mort*, PUF, 1998, p. 6.)

8. 라 메트리의 주장에 대해서는 다음 논문 참조 : 여인석, 「라메트리의 인간기계론과 뇌의 문제」, 『의철학연구』, 통권 제7호, 2009, 6., 88~89쪽.

9. Roselyne Rey, "Diderot et les sciences de la vie dans l'Encyclopédie," *Recherches sur Diderot et sur l'Encyclopédie*, numéro 18~19, 1995, pp. 51~52.

10. André Pichot, *Histoire de la notion de vie*, Paris, Gallimard, 1993, p. 259.

11. François Duchesneau, *La physiologie des lumières, Empirisme, Modèle et Théories*, Nijhoff publishers, 1982, p. 2.

12. Georg Ernst Stahl, "Différence entre mécanisme et organisme," *Oeuvres médicco-philosophiques et pratiques* II, traduction de T. Blondin, Paris, Baillère, 1859~1864, p. 285.

13. 같은 글, pp. 227~228.

14. 삐쇼의 지적 : Pichot, *Histoire de la notion de vie*, p. 463.

15. Cazeneuve, *La philosophie médicale de Ravaisson*, p. 16~17.

16. Duchesneau, *La physiologie des lumières*, p. 391.

17. Paul-Joseph Barthez, *Nouveax éléments de la science de l'homme* (1778), t. I, ch. IV- ch. VI, Paris, Goujon et Brunot, 1806.

18. 같은 책, p. 338.

19. Huneman, *Bichat, la vie et la mort*, p. 23.

20. Pichot, présentation de *Recherches physiologiques sur la vie et la mort*, 1994, p. 25.

21. Pichot, *Recherches physiologiques sur la vie et la mort* (1800), p. 57~58의 마장디의 주석 b.

22. Pichot, *Histoire de la notion de vie*, pp. 545~546.

23. *Recherches physiologiques sur la vie et la mort*, GF-Flammarion, 1994, p. 367 (Pichot의 주석 18)

24. Huneman, *Bichat, La vie et la mort*, p. 63~64.

25. Pichot, *Histoire de la notion de vie*, p. 565~567.

26. 깡길렘의 지적, Georges Canguilhem, *Etudes d'histoire et de philosophie des sciences* (1975), Paris, Vrin, 1994, 156~157.

27. Claude Bernard, *Leçon sur les phénomènes de la vie communs aux animaux et végétaux*, Paris, Baillère, 1878, p. 105 (Huneman, *Bichat, la vie et la mort*에서 재인용)

28. Claude Bernard, *Principe de la médecine expérimentale*, 1847, ch. XV. (Canguilhem에게서 재인용, *Connaissance de la vie*, Vrin, 1989, p. 157).

29. 적어도 이 개념의 성립 시기에는 그러했다. 한기원의 논문 참조, 「클로드 베르나르의 일반생리학, 형성과정과 배경」, 『의사학』 19권 제2호(통권 제37호) 2010. 12. 또한 Pichot, *Histoire de la notion de vie*, p. 565.

30. Canguilhem, *Connaissance de la vie*, p. 158.

31. 같은 책, p. 115.

2장 깡길렘의 의철학에서 개체성과 내재적 규범의 문제

1. 랄랑드 사전을 참조함. André Lalande, *Vocabulaire technique et critique de la philosophie*, Presses universitaires de France, 1926.

2. François Dagognet, *Georges Canguilhem. Philosophe de la vie*, Paris, Le Plessis-Robinson, Institut Synthélabo, collection « Les Empêcheurs de penser en rond », 1997, p. 22.

3. 황수영, 「서양 근대사상에서 진보와 진화 개념의 교착과 분리」, 『개념과 소통』 7호, 2011. 6, 116쪽.

4. François-Joseph-Victor Broussais (1828), p. XI. (P. F. Daled éd., *L'Envers de la raison. Alentour de Canguilhem*, Paris, Vrin, coll, « Annales de Philosophie de l'Université Libre de Bruxelles », 2009, p. 10에서 재인용).

5. Auguste Comte, "Science — Physiologie. De l'irritation et de la folie, ouvrage dans lequel les rapports du physique et du moral sont établis sur les bases de la médecine physiologique, par F.J.V. Broussais," *Nouveau Journal de Paris, politique, littéraire et industriel*, lundi 11, août 1828, p. 3. (référence éclairée par P. F. Daled).

6. Comte, *Cours de philosophie positive* (1838), Paris, Scleicher, t. III, 28. I., 1908, pp. 651~653 (Canguilhem에게서 재인용).

7. 황수영의 「서양 근대사상에서 진보와 진화 개념의 교착과 분리」(2011)를 참조할 것.

8. Claude Bernard, *Leçon sur le diabète et la glycogenèse animale*, Paris, Baillière et Fils. Bernard, 1877, 9ème leçon, p. 132 (Canguilhem에게서 재인용).

9. 스트라스부르 문과대학에서 행한 미출판 강의록, 르블랑의 책에서 재인용, Guillaume Le Blanc, *Canguilhem et les normes*, Paris, PUF, 1998, p. 17~18.

10. 꽁디약에 의하면 감각의 어떠한 상태도 생명체에게 유쾌하거나 불쾌하게 다가온다. 무관심한 감각은 존재하지 않는다. Condillac, *Traité des sensations*, p. 11.

11. 이 논문은 『디오젠느』(*Diogène* n° 40 octobre-décembre 1962)에 발표되었다가 나중에 『생명의 인식』(1965)에 수록되었다.

12. René Leriche, "Recherches et réflexions critiques sur la douleur," *La Presse médicale*, 3 janv. 73, 1931, p. 490 (Canguilhem에게서 재인용, NP, 55~56).

13. Kurt Goldstein, *La structure de l'organisme* (1931), traduction française par E. Burckhardt et J. Kunts, Paris, Gallimard, 1951, p. 124.

14. 같은 책, p. 340. 골드슈타인의 이론과 칸트의 관계에 대해서는 드브뤼의 책을 참조하였다. Claude Debru, *George Canguilhem, Science et non-science*, Paris, Edition Rue d'UlmDebru, 2004, pp. 37~38.

15. 이 글은 1946~47년 사이에 이루어진 강연으로 『생명의 인식』에 수록되어 있다.

16. 깡길렘은 베르그손의 『도덕과 종교의 두 원천』도 인용하고 있다. MR, 329~330.

17. 이러한 대조에 대해서는 르블랑의 논문을 참조할 것. Guillaume Le Blanc, "Le problème de la création, Canguilhem et Bergson," *Annales bergsoniennes* II, Paris, PUF, 2004.

18. Gilbert Simondon, *L'individu à la lumière des notions de forme et d'information* (1958), Paris : Millon, 2005, p. 190 [질베르 시몽동, 『형태와 정보 개념에 비추어 본 개체화』, 황수영 옮김, 그린비(근간)].

19. 깡길렘의 멘 드 비랑에 대한 평가에 관해서는 다음 글을 참조할 것. Céline Lefève, "La lecture épistémologique de la psychologie de Maine de Biran par Georges Canguilhem," *L'envers de la raison, alentour de Canguilhem*, Paris, Vrin, 2008.

20. Georges Canguilhem, *Études d'histoire et de philosophie des sciences concernant les vivants et la vie* (1968), 7e rééd. Paris, Vrin, 1990, p. 374.

3장 베르그손과 깡길렘의 생명철학, 수렴과 분기의 지점들

1. '영원한 형상들'과 '가능한 형상들'에 대한 강조는 필자.

2. Pierre Janet, *L'automatisme psychologique*, Paris, Félix Alcan, 1889, p. 440.

3. Pierre Janet et al., *L'individualité*, Félix Alcan, 1933, pp. 43~44.

4. Janet, *L'automatisme psychologique*, p. 440.

5. Paul Foulquié, *La psychologie contemporaine*, PUF, 1951, p. 334.

6. Frédéric Worms, "La théorie bergsonienne des plans de conscience," *Bergson et les neurosciences*, Institut Synthélabo, 1997, p. 100.

7. Le Blanc, "Le problème de la création, chez Canguilhem et Bergson," p. 500.

8. 베르그손의 비판은 주로 플라톤, 아리스토텔레스, 칸트를 겨냥하며 헤겔에 대한 언급은 거의 없다.

9. 에른스트 마이어, 『진화론논쟁』, 신현철 옮김, 사이언스북스, 1998, 172쪽.

10. 미셸 모랑쥬, 『실험과 사유의 역사, 분자생물학』, 강광희 외 옮김, 몸과 마음, 2002, 355쪽.

11. Ernst Mayr, "Cause and effect in biology," *Science* 134, 1961, pp. 1501~1506; *This Is Biology : The Science of the Living World*, Cambridge : Belknap Press of Harvard University Press, 1997, pp. 64~66 [마이어, 에른스트, 『이것이 생물학이다』, 최재천 외 옮김, 몸과 마음, 2002].

12. Jacques Monod, *Le hasard et la nécessité*, Paris, Edition du Seuil, 1970, p. 136 [자크 모노, 『우연과 필연』, 조현수 옮김, 궁리, 2010].

13. 같은 책, p. 144.

14. 같은 책, p. 148.

15. 도킨스, 『이기적 유전자』, 44~45쪽.

16. 이 책의 현재성에 대해서는 다음 연구를 참조할 것. Collectif, *Actualité de Georges Canguilhem. Le Normal et le pathologique*, Paris, Le Plessis-Robinson, Institut Synthélabo, collection « Les Empêcheurs de penser en rond », 1998.

17. Atlan, *La fin du "tout génétique" vers de nouveaux paradigmes en biologie*, pp. 19, 44.

18. Evelyn Fox Keller, *The Century of the Gene*, Harvard University Press, 2000, pp. 6~31 [켈러, 『유전자의 세기는 끝났다』].

19. J. R. Haynes, "Biological context of DNA repair" in *Mechanisms and Consequences of DNA Damage Processing*, pp. 577~584. UCLA symposium held at Taos. N. M., January 24~30, 1988, New York : Alan R. Liss (위의 Keller의 책에서 재인용, p. 31).

20. Keller, *The Century of the Gene*, pp. 32~34 [켈러, 『유전자의 세기는 끝났다』].

21. Miroslav Radman, "Mutation : enzymes of evolutionary change," *Nature* 401, 1999, p. 866~869 (Keller, *The Century of the Gene*에서 재인용, p. 34, 주 35).

22. Keller, *The Century of the Gene*, p. 37 [켈러, 『유전자의 세기는 끝났다』]. 진화가능성의 진화라는 개념은 역설적으로 신다윈주의자인 도킨스가 창안했다.

3부 베르그손에서 시몽동, 들뢰즈로

1장 시몽동, 생성의 단위로서의 개체화를 사유하다

1. Félix Ravaisson, *De l'habitude*, Paris, Alcan, 1933, p. 6~7.

2. 물리학에서 '퍼텐셜에너지'는 그대로 쓰이는 경우도 있고 잠재에너지로 번역되는 경우도 있다. 하지만 철학에서 잠재성은 'virtualité'의 번역어로 사용되기 때문에 우리는 퍼텐셜(le potentiel)이라는 물리적 용어를 그대로 사용하기로 한다.

3. Jean-Hugues Barthélémy, *Penser l'individuation, Simondon et la philosophie de la nature*, Paris, L'Harmattan, 2005, p. 114.

4. 동사 'déphaser'는 상전이한다는 뜻이지만 명사 'déphasage'는 단순히 위상차라는 뜻을 가지고 있다. 하지만 시몽동은 동사에서 출발하여 이 의미를 명사에까지 확대해서 쓰고 있기 때문에 '상전이'로 번역한다.

2장 베르그손과 시몽동, 유와 개체를 보는 두 시각

1. Félix Ravaisson, *De l'habitude* (1838), Paris, Fayard, 1984, p. 12.

2. 다형성에 대한 설명은 우리 책 183쪽을 참조하라.

3. Charles Darwin, *On the Origin of Species by Means of Natural Selection, or the Preservation of Favoured Races in the Struggle for Life*, Londres, John Murray (1st edition), 1859, pp. 15~16 [찰스 다윈, 『종의 기원』, 송철용 옮김, 동서문화동판, 2013].

4. Berthelot, René, *Un Romantisme utilitaire, étude sur le mouvement pragmatiste. 2. Le pragmatisme de Bergson*, Paris, Alcan, 1911.

5. Anne Fagot-Largeault, "L'individuation en biologie," *Gilbert Simondon, Une pensée de l'individuation et de la technique*, Albin Michel, 1994, p. 41.

6. 같은 글, p. 28.

7. 다음을 참조할 것. 황수영, 『근·현대 프랑스철학』, 411~415쪽.

8. 베르그손과 에너지론의 관계에 대해서는 다음 책을 참조할 것. Milic Capek, Bergson and *Mod-*

ern Physics. A Reinterpretation and Reevaluation, Dordrecht, Reidel, 1971.

9. Émile Boutroux, *De la contingence des lois de la nature* (1874), Paris, F. Alcan, dixième édi-
tion 1929, p. 80.

10. Fagot-Largeault, "L'individuation en biologie," p. 41.

11. Stuart A. Kauffman, "What is life? : Was Schrödinger right?", *What Is Life ? Next Fifty
Years* by Michael P. Murphy, Luke A. J. O'Neill (1995), Cambridge University Press, reprint-
ed 1997 [스튜어트 카우프만, 「슈뢰딩거는 옳았는가」, 『생명이란 무엇인가? 그후 50년』, 이한
음·이상헌 옮김, 지호, 2003]; A. Graham Cairns-Smith, "The Origin of Life : Clays," *Frontiers
of Life*, Academic Press 4-Volume Encyclopedia edited by David Baltimore, Renato Dul-
becco, François Jacob & Rita Levi-Montalcini. Volume I, 2001.

12. Prigogine & Stengers, *La nouvelle alliance* [프리고진·스텐저스, 『혼돈으로부터의 질서』]

13. Michel Serres, *Hermès IV La distribution*, Minuit, 1977, p. 132 [미셸 세르, 『헤르메스』, 이규
현 옮김, 민음사, 1999].

3장 들뢰즈의 베르그손주의와 차이철학의 기획

1. Pierre Montebello, *Deleuze*, Vrin, 2008, p. 63.

2. 이 책 192쪽 참조.

3. 황수영, 『근·현대 프랑스철학』, 347~351쪽을 참조할 것.

4. 황수영, 『근·현대 프랑스철학』, 350쪽.

:: 출처

이 책에 수록된 글들의 초고의 출처는 다음과 같다.

1부 베르그손, 『창조적 진화』의 생명철학

1장 : 「생성철학과 진화론의 만남 ─ 베르그손의 진화론 해석의 현재성에 관하여」, 『동서철학연구』 57집, 2010.9.30.

2장 : 「『창조적 진화』에 나타난 몇 가지 근본적 모순들을 이해하기 ─ 지성과 직관, 생명과 물질, 의식과 초의식」 (원제목 : 창조적 진화의 정합성 탐구, 발생학적 독법에 의한 몇 가지 모순들의 검토), 『인문논총』 (서울대학교 인문학연구원) 68집, 2012.12.

2부 비샤, 깡길렘의 생기론과 베르그손

1장 : 「프랑스 생기론과 자비에르 비샤의 의학사상」 (원제목 : 자비에르 비샤의 의학사상 ─ 프랑스 생기론의 역사적 맥락에서), 『의사학』 제21권, 1호, 2012. 4.

2장 : 「깡길렘의 의철학에서 개체성과 내재적 규범의 문제」, 『의철학 연구』 15집, 2013. 6.

3장 : 「베르그손과 깡길렘의 생명철학, 수렴과 분기의 지점들 ─ 생명원리와 개체성, 정상과 병리, 생성과 로고스」, 『철학사상』 (서울대학교 철학사상연구소) 50호, 2013.11

3부 베르그손에서 시몽동, 들뢰즈로 ─ 생성철학의 급진화

1장 : 「시몽동, 생성의 단위로서의 개체화를 사유하다」 (원제목 : 시몽동의 개체화 이론), 『동서철학연구』 53집, 2009. 9.30

2장 : 「베르그손과 시몽동, 유와 개체를 보는 두 시각」 [원제목 : 베르그손과 시몽동, 유와 개체를 중심으로(Bergson et Simondon, autour du genre et de l'individu)], *Revue philosophique de Louvain*, 109(2), 2011. 5.

3장 : 「들뢰즈의 베르그손주의와 차이철학의 기획」 (원제목 : 베르그손의 『창조적 진화』 다시 읽기 ─ 들뢰즈의 해석을 중심으로), 『철학』 99집, 2009. 5.31.

아래에서 원전의 제목 뒤에 붙은 괄호 안의 숫자는 출간 연도이며 뒤의 것은 이 책에서 참조한 최신판의 연도이다. 번역본이 있는 경우 원전에 이어서 대괄호 속에 번역본의 서지사항을 표기하였다.

앙리 베르그손(Henri Bergson)

2007년부터 프레데릭 보름스의 주도 아래 PUF 출판사에서 간행되기 시작한 베르그손 전집에는 주석과 더불어 상세한 문헌 소개가 되어 있어 매우 유익하다. 특히 『창조적 진화』는 아르노 프랑수아의 '정성스런' 편집 아래 풍부한 자료에 접근할 통로가 제시되고 있다. 베르그손의 주요저서의 번역에는 원전의 쪽수가 표시되어 있어서 쉽게 대조할 수 있다.

Essai sur les données immédiates de la conscience (1889), Paris, PUF, 2007 『의식에 직접 주어진 것들에 관한 시론』, 최화 옮김, 대우학술총서, 아카넷, 2001].

Matière et mémoire (1896), Paris, PUF, 2007 『물질과 기억』, 박종원 옮김, 대우학술총서, 아카넷, 2006].

La pensée et le mouvant (1934), Paris, PUF, 2009 [『사유와 운동』, 이광래 옮김, 종로서적, 1981].

L'énergie spirituelle (1919), Paris, PUF, 2009.

Les deux sources de la morale et de la religion (1932), Paris, PUF, 2009 『도덕과 종교의 두 원천』, 박종원 옮김, 대우학술총서, 아카넷, 출간예정].

L'évolution créatrice (1907), Paris, PUF, première édition critique de Bergson sous la direction de Frédéric Worms, 2007 『창조적 진화』, 황수영 옮김, 대우학술총서, 아카넷, 2005].

Mélanges, PUF, 1972.

자비에르 비샤(Xavier Bichat)

비샤의 책 『삶과 죽음에 대한 생리학적 탐구』(1800)는 뻬쇼와 스리즈의 두 가지 판을 참조하였다.

Recherches physiologiques sur la vie et la mort, et autres textes, Présentation, notes, bibliographie et chronomogie par André Pichot, GF-Flammarion, 1994 (이 판에는

마장디의 주석과 비판이 첨가되어 있을 뿐만 아니라 삐쇼의 꼼꼼한 주석도 유용해서 우리는 인용시에 이 판을 참고하였다. 다만 이 판은 1부만을 게재하고 있기 때문에 2부의 경우는 아래 스리즈의 판을 참조하였다. 또 『생리학과 의학에 적용된 일반해부학』 (*Anatomie générale appliquée à la physiologie et à la médecine*, 1801)의 서문도 이 판을 이용했다.).

Recherches physiologiques sur la vie et la mort (1800) précédée d'une notice sur la vie et les travaux de Bichat et suivi de notes par le docteur Cerise, Paris, Charpentier, 1866.

조르주 깡길렘(Georges Canguilhem)

Connaissance de la vie, Vrin, 1989. (이 책 『생명의 인식』은 1952년까지 발표한 몇몇 글을 모아 초판이 발행되었고 1965년 「괴물성과 괴물적인 것」(La monstruosité et le monstrueux)을 추가한 2판이 발행되었다. 우리는 본문에서 2판의 연도를 기입하였다.)

Écrits sur la médecine, Paris, Éd. du Seuil, Coll, 2002.

Études d'histoire et de philosophie des sciences (1975), Paris, Vrin, 1994.

Études d'histoire et de philosophie des sciences concernant les vivants et la vie (1968), 7e rééd. Paris, Vrin, 1990.

Idéologie et rationalité dans l'histoire des sciences de la vie (1977), 4e tirage de la 2e éd. augmentée, Paris, Vrin, 2000.

La Formation du concept de réflexe aux xviie et xviiie siècles, Paris, PUF, 1955.

Le normal et le pathologique, PUF, 1966. (이 책 『정상적인 것과 병리적인 것』은 본래 박사학위논문 『정상적인 것과 병리적인 것에 관한 몇 가지 문제들에 관한 시론』(*Essai sur quelques problèmes concernant le normal et le pathologique*)이라는 제목으로 1943년 브랭(Vrin) 출판사에서 출판되었지만, 1963년부터 3년 간의 새로운 연구를 더하여 1966년 PUF에서 위의 제목으로 재출간된다. 오늘날에는 이 재출간된 저서로 인용하는 것이 일반적이다.) [『정상과 병리』, 이광래 옮김, 한길사, 1996 /『정상적인 것과 병리적인 것』, 여인석 옮김, 인간사랑, 1999].

"Qu'est-ce que la psychologie?", *Revue de métaphysique et de morale*, 1958.

질베르 시몽동(Gilbert Simondon)

Du mode d'existence des objets techniques, Aubier, 1989 (1958년 박사학위 부논문으로 제출되어 같은 해에 오비에 출판사에서 출판되었고 1969년과 1989년과 2001년에 재판이 출간되었다.) [『기술적 대상들의 존재양식에 대하여』, 김재희 옮김, 그린비, 2011].

L'individuation à la lumière des notions de forme et d'information, Paris, Millon, 2005 (이 책 『형태와 정보 개념에 비추어 본 개체화』는 1958년에 박사논문으로 제출되었다. 논문의 전반부는 『개체와 그 물리생물학적 생성』이라는 제목으로 1964년 밀롱(Millon) 출판사에서 출판되고 후반부는 『심리집단적 개체화』(*Individuation psychique et collective*)라는 제목으로 1989년 오비에 출판사에서 출판되었는데 편집과정에서 약간의 변화가

가해졌다. 2005년에 밀롱 사에서 최초의 박사논문 형태 그대로 다시 출판되었다. 최근에 같은 출판사에서 몇 가지 작은 교정 작업을 거쳐 신판을 출간 예정이다.) [『형태와 정보 개념에 비추어 본 개체화』, 황수영 옮김, 그린비(근간)].

질 들뢰즈(Gilles Deleuze)

Différence et répétition, PUF, 1968 [『차이와 반복』, 김상환 옮김, 민음사, 2004].

"La conception de la différence chez Bergson," p. 88, *Les Études bergsoniennes* IV, 1956.

Le bergsonisme, PUF, 1966 [『베르그송주의』, 김재인 옮김, 문학과 지성사, 1996].

Mille plateaux, Minuit, 1980 [『천 개의 고원』, 김재인 옮김, 새물결, 2001].

Nietsche et la philosophie, PUF, 1962.

"Simondon, L'individu et sa genèse physico-biologique," *Revue philosophique de la France et de l'étranger*, vol. CLVI, n°1~3, janv.-mars 1966.

그 외의 연구서들

Aristote, *La métaphysique*, nouvelle édition avec commentaire par Tricot, Vrin, 1986

Atlan, Henri, *La fin du "tout génétique" vers de nouveaux paradigmes en biologie*, Paris, INRA., 1999.

Azouvi, François, *La gloire de Bergson*, Paris, Gallimard, 2007.

Balan, B., "L'Oeil de la coquille Saint-Jacques : Bergson et les faits scientifiques", *Raison présente*, numéro spécial *Des sciences dans l'histoire* (sous la supervision de J.-P. Thomas), 119, 1996.

Barthélémy, Jean-Hugues, *Penser l'individuation. Simondon et la philosophie de la nature*, Paris, L'Harmattan, 2005.

_____, *Simondon ou l'encyclopédisme génétique*, PUF, 2008

Barthez, Paul-Joseph, *Nouveax éléments de la science de l'homme* (1778), t. I, II, Paris, Goujon et Brunot, 1806.

Bergson la durée et la nature, Coordonné par Jean-Louis Vieillard-Baron, Paris, Presses universitaires de France, 2004.

Bernard, Claude, *Principe de la médecine expérimentale*, Paris, Baillère, 1847.

_____, *Introduction à l'étude de la médecine expérimentale* (1866), Paris, Garnier-Flammarion, 1966.

_____, *Leçon sur le diabète et la glycogenèse animale*, Paris, Baillière et Fils, 1877.

_____, *Leçon sur les phénomènes de la vie communs aux animaux et végétaux,* Paris, Baillère, 1878

Berthelot, René, *Un Romantisme utilitaire, étude sur le mouvement pragmatiste. 2. Le pragmatisme de Bergson*. Paris, Alcan, 1911.

Boutroux, Émile, *De la contingence des lois de la nature* (1874), Paris, F. Alcan, dixième édition 1929.

Bowler, Peter J., *Evolution : The History of an Idea*, Berkeley, University of Califonia Press, 1984.

Braunstein, Jean-François ed., *Canguilhem : Histoire des sciences et politique du vivant*, avec des textes de Jean-François, François Dagognet, Claude Debru, François Delaporte, Ian Hacking, Dominique Lecourt, Arild Utaker, Paris, PUF, 2007.

Broussais, François-Joseph-Victor, *De l'irritation et de la folie, ouvrage dans lequel les rapports du physique et du moral sont établis sur les bases de la médecine physiologique*, Paris-Bruxelles, Melle Delaunay-Librairie médicale française, 1828.

Cairns-Smith, A. Graham, "The Origin of Life : Clays," *Frontiers of Life*, Academic Press 4-Volume Encyclopedia edited by David Baltimore, Renato Dulbecco, François Jacob & Rita Levi-Montalcini. Volume I, 2001.

Capek, Milic, *Bergson and Modern Physics. A Reinterpretation and Reevaluation*, Dordrecht, Reidel, 1971.

Cazeneuve, Jean, *La philosophie médicale de Ravaisson*, Paris, PUF, 1958.

Chabot, Pascal, *La philosophie de Simondon*, Paris, Vrin, 2003.

Chevalier, Jacques, *Bergson*, Paris, Plon, 1926.

Collectif, *Actualité de Georges Canguilhem. Le Normal et le pathologique*, Paris, Le Plessis-Robinson, Institut Synthélabo, collection « Les Empêcheurs de penser en rond », 1998.

Collectif, *Georges Canguilhem, philosophe, historien des sciences*, Actes du colloque organisé au Palais de la découverte les 6, 7 et 8 décembre 1990 par Étienne Balibar, M. Cardot, F. Duroux, M. Fichant, Dominique Lecourt et J. Roubaud, Bibliothèque du Collège international de philosophie, Paris, Albin Michel, 1993.

Combe, Muriel, *Simondon Individu et collectivité*, PUF, 1999

Comte, Auguste, "Science — Physiologie. De l'irritation et de la folie, ouvrage dans lequel les rapports du physique et du moral sont établis sur les bases de la médecine physiologique, par F.J.V. Broussais," *Nouveau Journal de Paris, politique, littéraire et industriel*, lundi 11, août 1828.

_____, *Cours de philosophie positive*, I-VI (1830~42), Paris, Scleicher, 1908.

Condillac, Étienne Bonnot de, *Essai sur l'origine des connaissances humaines* (1745), Edition Galilée, 1973.

_____, *Traité des sensations* (1754), Corpus des Oeuvres de Philosophie en lanue française, Paris, Fayard, 1984.

_____, *Traité des animaux* (1855), Paris, Fayard, 1984.

Conry, Yvette, *L'évolution créatrice d'Henri Bergson*, Paris, L'Harmattan, 2000.

Crick, Francis, "On Protein Synthesis," *The Symposia of the Society for the Experimental Biology* 12 : 138~163, Cambridge University, 1958.

Dagognet, François, *Georges Canguilhem. Philosophe de la vie*, Paris, Le Plessis-Robinson, Institut Synthélabo, collection « Les Empêcheurs de penser en rond », 1997.

Daled, P. F. ed., *L'Envers de la raison. Alentour de Canguilhem*, Paris, Vrin, coll. « Annales de Philosophie de l'Université Libre de Bruxelles », 2009.

Darwin, Charles, *On the Origin of Species by Means of Natural Selection, or the Preservation of Favoured Races in the Struggle for Life*, Londres, John Murray (1st edition), 1859 [찰스 다윈,『종의 기원』, 송철용 옮김, 동서문화동판, 2013].

Dawkins, Richard, *The Selfish Gene*, Oxford University Press Inc., 1989 (1st edition, 1976) [리처드 도킨스, 『이기적 유전자』, 홍영남 옮김, 을유문화사, 2002].

Debaise, Didier, "Les conditions d'une pensée de la relation selon Simondon," *Simondon*, Coordination scientifique Pascal Chabot, Paris, Vrin, 2002.

Debru, Claude, *George Canguilhem, Science et non-science*, Paris, Edition Rue d'Ulm, 2004.

Delbos, Victor, *La philosophie française*, Paris, Plon, 1919.

Descartes, *Oeuvres et lettres*, Texte présenté par André Bridoux, Paris, Gallimard, 1953.

Duchesneau, François, *La physiologie des lumières, Empirisme, Modèle et Théories*, Nijhoff publishers, 1982.

Duhem, Pierre, *L'évolution de la mécanique* (1903), Paris, Vrin, rééd. 1992.

Fagot-Largeault, Anne, "L'individuation en biologie," *Gilbert Simondon, Une pensée de l'individuation et de la technique*, Albin Michel, 1994.

Foulquié, Paul, *La psychologie contemporaine*, PUF, 1951.

Gayon, Jean, "L'évolution créatrice et la théorie synthétique de l'évolution," *Annales bergsoniennes IV*, PUF, 2009.

Gernez, Désiré, "Sur les circonstances de production des deux variétés prismatique et octaédrique du soufre," *Journal physique*, t. 5, n° 1, pp. 279~283, 1876.

Goldstein, Kurt, *La structure de l'organisme*, traduction française par E. Burckhardt et J. Kunts 1934), Paris, Gallimard, 1951.

Gouhier, Henri, *Bergson dans l'histoire de la pensée occidentale*, Paris, Vrin, 1989

Gould, Stephen Jay, *Ontogeny and Philogeny*, Belknap Press of Harvard University Press, 1977.

_____, *Wonderful Life : The Burgess Shale and the Nature of History*, New York, W.W. Norton & Co., 1989 (*La vie est belle, les surprises de l'évolution*, traduit par Marcel Blanc, Paris, Seuil, 1991) [스티븐 제이 굴드, 『생명 그 경이로움에 대하여』, 김동광 옮김, 경문사, 2004].

Hamelin, Octave, *Le système d'Aristote*, Vrin, 1985.

Haynes, J. R., "Biological context of DNA repair," *Mechanisms and Consequences of DNA Damage Processing*, pp. 577~584. UCLA symposium held at Taos. N. M., January 24-30, 1988, New York, Alan R. Liss.

Huxley Julian, *Essays of a biologist*, London, Chatto & Windus, 1923.

Huneman, Philippe, *Bichat, La vie et la mort*, PUF, 1998.

Hwang, Su Young, "Bergson et Simondon, autour de l'individu et du genre," *Revue philosophique de Louvain*, 109(2), mai, 2011.

_____, "Le monisme de la différence : examen de l'interprétation deleuzienne de Bergson," *Annales bergsoniennes IV*, Paris, Presses universitaires de France, 2008.

Jablonka, Eva and Lamb, Marion J., *Epigenetic Inheritance and Evolution, The Lamarkian dimension*, Oxford University Press, 1995.

Jacob, F., *La logique du vivant, une histoire de l'hérédité*, Paris, Gallimard, 1970 [프랑수아 자콥, 『생명의 논리, 유전의 역사』, 이정우 옮김, 민음사, 1994].

Janet, Pierre, *L'automatisme psychologique*, Paris, Félix Alcan, 1889

Janet, Pierre et al., *L'individualité*, Félix Alcan, 1933

Jankélévitch, Vladimir, *Bergson*, PUF, 1931.

Kauffman, Stuart A., "What is life? : Was Schrödinger right?", *What Is Life? Next Fifty Years* by Michael P. Murphy, Luke A. J. O'Neill (1995), Cambridge University Press, reprinted 1997 [스튜어트 카우프만, 「슈뢰딩거는 옳았는가?」, 『생명이란 무엇인가? 그후 50년』, 이한음·이상헌 옮김, 지호, 2003].

Keller, Evelyn Fox, *The Century of the Gene*, Harvard University Press, 2000 [이블린 폭스 켈러, 『유전자의 세기는 끝났다』, 이한음 옮김, 지호, 2002].

Kimura, Motoo, *Population genetics, Molecular Evolution, and The Neutral Theory*, Chicago, The University of Chicago Press, 1994.

Lalande, André, *Vocabulaire technique et critique de la philosophie*, Presses universitaires de France, 1926.

Le Blanc, Guillaume, *Canguilhem et les normes*, Paris, PUF, 1996.

_____, *Anthropologie et biologie chez Georges Canguilhem*, Paris, PUF, 2002.

_____, "Le problème de la création, Canguilhem et Bergson," *Annales bergsoniennes II*, Paris, PUF, 2004.

Lecourt, Dominique, *Georges Canguilhem*, Paris : PUF/Que sais je?, 2008.

Lefève, Céline, "La lecture épistémologique de la psychologie de Maine de Biran par Georges Canguilhem," *L'envers de la raison, alentour de Canguilhem*, Paris, Vrin, 2008.

Leriche, René, "Recherches et réflexions critiques sur la douleur," *La Presse médicale*, 3 janv. n° 73, 1931.

Le Roy, Édouard, "Un positivisme nouveau," *Revue de métaphysique et de morale*, t. IX, mars-avril 1901.

Macherey, Pierre, *De Canguilhem à Foucault, la force des normes*, Paris, La fabrique éditions, 2009.

Maritain, Jacques, *La philosophie bergsonienne*, Paris, Rivière, 1914.

Mayr, Ernst, "Cause and effect in biology," *Science* 134, 1961, pp. 1501~1506.

_____, *One long argument, Charles Darwin and the Genesis of Modern Evolutionary Thought*, Harvard University Press, 1991 [에른스트 마이어, 『진화론 논쟁』, 신현철 옮김, 사이언스북스, 1998].

_____, *This is Biology : the Science of the Living World*, Cambridge : Belknap Press of Harvard University Press, 1997 [에른스트 마이어, 『이것이 생물학이다』, 최재천 외 옮김, 몸과 마음, 2002].

Miquel, P.-A., "De la signification de la vie," *L'Évolution créatrice de Bergson*, Arnaud François (éd.), Paris, Vrin, 2010.

Monod, Jacques, *Le hasard et la nécessité*, Paris, Editions du Seuil, 1970 [자크 모노, 『우연과 필연』, 조현수 옮김, 궁리, 2010].

Montebello, Pierre, "La question de l'individuation chez Deleuze et Simondon," in Jean-Marie Vaysse (éd.), *Vie, monde, individuation*, Georg Olms Verlag, Hildesheim-Zürich-New-York, 2003.

_____, *Deleuze*, Vrin, 2008.

_____, "Simondon et la question du mouvement," *Revue philosophique et de la France et de l'étranger*, 2006, 131e année, Tome CXCVI.

Morange, Michel, *Histoire de la biologie moléculaire*, Paris, Edition La découverte, 1994 [미셸 모랑쥬, 『실험과 사유의 역사, 분자생물학』, 강광일·이정희·이병훈 옮김, 몸과 마음, 2002].

Pichot, André, *Histoire de la notion de vie*, Paris, Gallimard, 1993.

Prigogine, Ilya et Stengers, Isabelle, *La nouvelle alliance*, Folio, essais, 1979 [일리야 프리고진·이사벨 스텐저스, 『혼돈으로부터의 질서』, 신국조 옮김, 자유아카데미, 2011].

Radman, Miroslav, "Mutation : enzymes of evolutionary change," *Nature* 401, 1999.

Ravaisson, Félix, *De l'habitude* (1838), Paris, Alcan (rééd. dans *De l'habitude ; La philosophie en France au XIXe siècle*, Paris, Fayard, 1984).

Ricqlès, Armand De, "L'évolution créatrice et l'évolutionnisme contemporain," *Annales bergsoniennes IV*, PUF, 2009.

Roselyne, Rey, "Diderot et les sciences de la vie dans l'Encyclopédie," *Recherches sur Diderot et sur l'Encyclopédie*, numéro 18~19, 1995.

Serres, Michel, *Hermès IV, La distribution*, Minuit, 1977 [미셸 세르, 『헤르메스』, 이규현 옮김, 민음사, 1999].

Stahl, Georges Ernest, *Oeuvres médicco-philosophiques et pratiques*, traduction de T.

Blondin (6 volumes), Paris, Baillère, 1859~1864.

Trotignon, Patrick, *L'idée de vie chez Bergson et la critique de la métaphysique*, PUF, 1968.

Worms, Frédéric, "La théorie bergsonienne des plans de conscience," *Bergson et les neuro-sciences*, Institut Synthélabo, 1997.

_____, *Bergson ou les deux sens de la vie*, Paris, PUF, 2004.

木對資生, 『生物進化を 考える』, 岩波書店, 1988.

국내문헌과 번역서

굴드, 스티븐 제이, 『다윈 이후』, 홍동선·홍욱희 옮김, 범양사, 1988.

_____, 『판다의 엄지』, 김동광 옮김, 세종서적, 1998.

_____, 『풀하우스』, 이명희 옮김, 사이언스북스, 2002.

데이비스, 폴, 『제 5의 기적, 생명의 기원』, 고문주 옮김, 북힐스, 1998.

_____, 『확장된 표현형』, 홍영남 옮김, 을유문화사, 2004.

스티렐니, 킴, 『유전자와 생명의 역사』, 장대익 옮김, 몸과 마음, 2002.

슈뢰딩거, 에르빈, 『생명이란 무엇인가』, 서인석, 황상익 옮김, 한울, 1992.

여인석, 「역사, 철학, 그리고 의학 ― 프랑스의 의철학 전통」, 『의철학 연구』 1호, 61~81쪽, 2006.

_____, 「라메트리의 인간기계론과 뇌의 문제」, 『의철학연구』, (통권 제7호), 2009. 6.

이성규, 「다윈의 자연선택설과 유전자 개념의 역사」, 『한국과학사학회지』 제27권 제1호, 2005.

장대익, 「철학이 생물학을 만날 때」, 『과학과 철학』 제13집 (생물학의 시대), 2002. 12.

한기원, 「클로드 베르나르의 일반생리학, 형성과정과 배경」, 『의사학』 19권 제2호(통권 제37호) 2010. 12.

한희진, 「폴 조제프 바르테즈의 생기론」, 『의사학』 19권 제1호(통권 제36호) 2010. 6.

황수영, 『근·현대 프랑스철학 : 데까르뜨에서 베르그손까지』, 철학과 현실사, 2005

_____, 「서양 근대사상에서 진보와 진화 개념의 교착과 분리」, 『개념과 소통』 7호, 2011, 105~134쪽.

본문에 참고한 이미지 출처

3쪽 : https://www.flickr.com/photos/computerhotline/4202902381

53쪽 : http://www.hablandodeciencia.com/articulos/2012/05/21/10-sin-stephen-j-gould/

56쪽 : https://www.flickr.com/photos/jsjgeology/15113335009

105쪽 : https://www.flickr.com/photos/jdennes/5937707451

183쪽 : http://commons.wikimedia.org/wiki/File:Termites_polymorphism.jpg

210쪽 : http://alfiescience.blogspot.kr/2014/02/the-discovery-of-double-helix.html

222쪽 : http://bit.ly/ZqgFjA

232쪽 : https://www.flickr.com/photos/brenda-starr/3503046152

246쪽 : http://www.tankonyvtar.hu/hu/tartalom/tamop425/0033_SCORM_MFFAT6101/sco_20_02.scorm

253쪽 : https://www.flickr.com/photos/dkeats/5782377486

254쪽 : http://megavselena.com/wp-content/uploads/2012/12/Hydra_oligactis.jpg

268쪽 : http://bit.ly/1o92MlX

279쪽 : https://www.flickr.com/photos/yellowcloud/3196754993

279쪽 : https://www.flickr.com/photos/wheatfields/3255698058/

286쪽 : https://www.flickr.com/photos/picksfromoutthere/14997391862

303쪽 : https://commons.wikimedia.org/wiki/File:Stuart_Kauffman.jpg